道路与桥梁工程

王国福　赵永刚　武晋峰　主编

吉林科学技术出版社

图书在版编目（CIP）数据

道路与桥梁工程 / 王国福，赵永刚，武晋峰主编
. — 长春：吉林科学技术出版社，2020.4
ISBN 978-7-5578-6985-4

Ⅰ．①道… Ⅱ．①王… ②赵… ③武… Ⅲ．①道路工
程②桥梁工程 Ⅳ．① U41② U44

中国版本图书馆 CIP 数据核字（2020）第 050863 号

道路与桥梁工程

DAOLU YU QIAOLIANG GONGCHENG

主　　编	王国福　赵永刚　武晋峰	
出 版 人	宛　霞	
责任编辑	朱　萌	
封面设计	李　宝	
制　　版	长春美印图文设计有限公司	
开　　本	16	
字　　数	410 千字	
印　　张	18.5	
印　　数	1-500 册	
版　　次	2021 年 6 月第 1 版	
印　　次	2021 年 6 月第 1 次印刷	
出　　版	吉林科学技术出版社	
发　　行	吉林科学技术出版社	
地　　址	长春净月高新区福祉大路 5788 号出版大厦 A 座	
邮　　编	130118	

发行部电话／传真　0431—81629529　　81629530　　81629531
　　　　　　　　　 81629532　　81629533　　81629534

储运部电话　0431—86059116

编辑部电话　0431—81629520

印　　刷　北京宝莲鸿图科技有限公司

书　　号　ISBN 978-7-5578-6985-4

定　　价　75.00 元

前　言

　　随着城市建设脚步的加快，道路逐渐成为连通各个区域的重要枢纽，在国家相关政策的大力支持下，我国道路中公路建设取得了显著成就。与此同时，由于现阶段道路建设施工管理是一项涉及多部门协作、各环节协调的复杂工作，在实际工作中更加应该得到应有的重视。道路施工管理工作要求施工企业摒弃落后陈旧的管理方法，引进现代管理制度，为道路建设提供强有力的后备保障，只有这样，才能实现资源的优化配置，有效保障道路施工质量，从而达到经济效益和社会效益双赢的局面。

　　本书则通过对道路中公路方面的路基、路面、沥青路面、水泥混凝土路面的施工进行说明，并通过对桥梁基础施工、桥梁墩台施工，钢筋混凝土简支梁桥施工、预应力混凝土的预制、桥梁的悬臂施工等做一简单讲解。

目　录

第一章　公路工程的概述 ………………………………………… 1

第一节　公路的分级与组成 ……………………………………… 1

第二节　公路工程简介 …………………………………………… 3

第二章　路基施工 ……………………………………………… 12

第一节　路基施工方法及施工准备 …………………………… 12

第二节　路堑开挖 ……………………………………………… 38

第三节　土方机械化施工 ……………………………………… 48

第四节　路基的整修及检查验收 ……………………………… 70

第三章　路面基层施工 ………………………………………… 73

第一节　半刚性基层材料 ……………………………………… 73

第二节　半刚性基层施工 ……………………………………… 80

第三节　粒料类基层施工 ……………………………………… 84

第四节　基层质量控制与检查验收 …………………………… 87

第四章　沥青路面施工 ………………………………………… 103

第一节　材料质量要求 ………………………………………… 103

第二节　热拌沥青混合料路面施工 …………………………… 105

第三节　沥青路面施工质量控制与验收 ……………………… 109

第五章　水泥混凝土路面施工 ………………………………… 119

第一节　材料要求 ……………………………………………… 119

第二节　水泥混凝土路面施工 ………………………………… 120

第三节　水泥混凝土路面质量检查和竣工验收 ……………… 134

第四节　安全生产 ……………………………………………… 139

第六章　桥梁基础施工 ··· 147

　第一节　明挖扩大基础施工 ··· 147

　第二节　钢筋混凝土预制桩 ··· 155

　第三节　钻孔灌注桩 ··· 160

第七章　桥梁墩台施工 ··· 168

　第一节　混凝土墩台、石砌墩台施工 ································· 168

　第二节　装配式墩台施工 ··· 180

　第三节　滑动模板施工 ··· 183

　第四节　v 型墩施工 ··· 212

　第五节　支座安设 ··· 220

第八章　钢筋混凝土简支梁桥施工 ······································· 227

　第一节　模板与支架 ··· 227

　第二节　钢筋工程 ··· 250

　第三节　混凝土 ··· 256

第九章　预应力混凝土梁的预制 ··· 266

　第一节　先张法预应力混凝土简支梁的制造工艺 ····················· 266

　第二节　后张法预应力混凝土简支梁的制造工艺 ····················· 271

第十章　桥梁的悬臂施工 ··· 280

　第一节　桥梁的悬臂施工概述 ······································· 280

　第二节　悬臂施工法 ··· 281

结　语 ··· 288

第一章 公路工程的概述

第一节 公路的分级与组成

一、公路的分级

（一）按行政等级划分

公路按行政等级可分为：国家公路、省公路、县公路和乡公路（简称为国、省、乡道）以及专用公路五个等级。一般把国道和省道称为干线，县道和乡道称为支线。

国道是指具有全国性政治、经济意义的主要干线公路，包括重要的国际公路，国防公路、连接首都与各省、自治区、直辖市首府的公路，连接各大经济中心、港站枢纽、商品生产基地和战略要地的公路。国道中跨省的高速公路由交通部批准的专门机构负责修建、养护和管理。

省道是指具有全省（自治区、直辖市）政治、经济意义，并由省（自治区、直辖市）公路主管部门负责修建、养护和管理的公路干线。

县道是指具有全县（县级市）政治、经济意义，连接县城和县内主要乡（镇）、主要商品生产和集散地的公路，以及不属于国道、省道的县际间公路。县道由县、市公路主管部门负责修建、养护和管理。

乡道是指主要为乡（镇）村经济、文化、行政服务的公路，以及不属于县道以上公路的乡与乡之间及乡与外部联络的公路。其中，乡道由乡人民政府负责修建、养护和管理。

专用公路是指专供或主要供厂矿、林区、农场、油田、旅游区、军事要地等与外部联系的公路。专用公路由专用单位负责修建、养护和管理，也可委托当地公路部门修建、养护和管理。

（二）按使用任务、功能和适应的交通量划分

根据我国现行的《公路工程技术标准》（JTJ001-1997），公路按使用任务、功能和适应的交通量分为高速公路、一级公路、二级公路、三级公路、四级公路五个等级：

1. 高速公路为专供汽车分向分车道行驶并应全部控制出入的多车道公路。

四车道高速公路应能适应将各种汽车折合成小客车的年平均日交通量 25000 ~ 55000 辆。

六车道高速公路应能适应将各种汽车折合成小客车的年平均日交通量 45000 ~ 80000 辆。

八车道高速公路应能适应将各种汽车折合成小客车的年平均日交通量 60000 ~ 100000 辆。

2. 一级公路为供汽车分向分车道行驶并可根据需要控制出入的多车道公路。

四车道一级公路应能适应将各种汽车折合成小客车的年平均日交通量 15000 ~ 30000 辆。

六车道一级公路应能适应将各种汽车折合成小客车的年平均日交通量 25000 ~ 55000 辆。

3. 二级公路为供汽车行驶的双车道公路。

一般能适应每昼夜 3000 ~ 7500 辆中型载重汽车交通量。

4. 三级公路为主要供汽车行驶的双车道公路。

一般能适应每昼夜 1000 ~ 4000 辆中型载重汽车交通量。

5. 四级公路为主要供汽车行驶的双车道或单车道公路。

双车道四级公路能适应每昼夜中型载重汽车交通量 1500 辆以下。

单车道四级公路能适应每昼夜中型载重汽车交通量 200 辆以下。

二、公路的组成

公路是指城市间、城乡间、乡间主要供汽车行驶的公共道路，主要有路基、路面、桥梁、涵洞、隧道、公路渡口、防护及支撑工程、公路用地及公路附属设施组成。

路基：路基是公路的基本结构，是支撑路面结构的基础，与路面共同承受行车荷载的作用，同时承受气候变化和各种自然灾害的侵蚀和影响。路基结构形式可以分为：填方路基、挖方路基和半填半挖路基三种形式。

路面：路面是铺筑在公路路基上与车轮直接接触的结构层，承受和传递车轮荷载，承受磨耗，经受自然气候和各种自然灾害的侵蚀和影响。对路面的基本要求是：具有足够的强度、稳定性、平整度、抗滑性能等。路面结构一般由面层、基层、底基层与垫层组成。

桥涵：桥涵是指公路跨越水域、沟谷和其他障碍物时修建的构造物。按照《公路工程技术标准》规定，单孔跨径小于 5 米或多孔跨径之和小于 8 米称为涵洞，大于这一规定值则称为桥梁。

隧道：公路隧道通常是指建造在山岭、江河、海峡和城市地面下，供车辆通过的工程构造物。按所处位置可分为山岭隧道、水底隧道和城市隧道。

公路渡口：公路渡口是指以渡运方式供通行车辆跨越水域的基础设施。码头是公路渡口的组成部分，可分为永久性码头和临时性码头。

交通工程及沿线设施：公路交通工程及沿线设施是保证公路功能、保障安全行驶的配套设施，且是现代公路的重要标志。公路交通工程主要包括交通安全设施、监控系统、收费系统、通信系统四大类，沿线设施主要是指与这些系统配套的服务设施、房屋建筑等。

第二节　公路工程简介

一、公路工程基本建设程序

（一）立项阶段

1.建设单位根据规划，委托有资质的咨询公司编制项目建议书；

2.项目建议书按项目隶属原则报发改委审批。

（二）工可阶段

1.建设单位根据批准的项目建议书，委托有资质的单位编制可行性研究报告；

2.根据最终的可行性研究报告，建设单位委托有资质的单位进行水保、环评、林业、压矿、地质灾害、文物、防洪、通航等调查，并编制影响评价报告，同时申请项目控制性工程用地预审，按项目隶属原则报请相关主管部门审批；

3.建设单位委托有资质的咨询公司组织专家对可行性研究报告进行评审；

4.可行性研究报告评审通过后，按项目隶属原则和审批权限报发改委审批。

（三）勘察设计招标阶段

1.根据发改委批准的可行性研究报告和招标方式，建设单位自行选定招标代理公司编制勘察设计招标文件。

2.建设单位将项目法人、招标文件、招标公告按项目隶属原则报行业主管部门核备；

3.招标代理发布公告，出售招标文件；建设单位报财政评审中心审核招标控制价；

4.公布招标控制价；

5.招标代理组织开标，从专家库抽取专家组织评标；

6.经建设单位同意，招标代理发布勘察设计中标公示。公示结束后，建设单位将评标报告报行业主管部门核备。

（四）勘察设计阶段

1. 建设单位与中标勘察设计单位签订合同，开始勘察工作；

2. 勘察完成，建设单位组织外业验收；

3. 勘察设计单位进行初步设计工作。如采用一阶段设计方式，可根据工程直接进行施工图设计工作；

4. 初步设计完成后，建设单位委托有资质的咨询公司组织专家评审初步设计；

5. 初步设计评审通过后，建设单位报财政评审中心评审概算；

6. 建设单位按项目隶属原则报行业主管部门审批初步设计；

7. 勘察设计单位根据初步设计批复进行施工图设计工作。同时，建设单位向规划部门申报规划许可证，进行土地勘察定界、土地权属调查、土地权属确认，向土地主管部门申报建设用地，报建设用地批复后进行征地拆迁；

8. 施工图设计完成后，建设单位委托有资质的咨询公司组织专家评审施工图设计；

9. 施工图设计评审通过后，建设单位报财政评审中心评审预算；

10. 建设单位按项目隶属原则报行业主管部门审批施工图设计。

（五）施工招标阶段

1. 建设单位自行选定招标代理公司编制监理、施工招标文件；

2. 招标文件、招标公告按项目隶属原则报行业主管部门核备；

3. 招标代理发布公告，出售招标文件；建设单位报财政评审中心审核招标控制价；

4. 公布招标控制价；

5. 招标代理组织开标，从专家库抽取专家组织评标；

6. 经建设单位同意，招标代理发布监理、施工中标公示。公示结束后，建设单位将评标报告报行业部门核备。

（六）开工准备阶段

1. 建设单位与中标监理、施工单位签订合同。施工单位进场进行开工准备；

2. 建设单位按项目隶属关系向行业主管部门所属质量监督单位申请监督；

3. 建设单位按项目隶属关系向行业主管部门申请开工许可。

（七）施工阶段

1. 开工许可批复后，项目开工建设；

2. 质监部门对施工过程进行监督；

3. 施工中重大、较大设计变更要报原设计审批单位审批。超过概算 10% 的须报原工可审批单位审批，报财政评审中心评审概预算，重新审批概预算。

4. 完工后建设单位向质监部门申请交工验收前质量检测；

5. 质监部门组织对工程质量进行检测；

6. 质量合格后，建设单位组织交工验收。

（八）试运营阶段

1. 交工验收通过后，项目交付运营单位试运营；

2. 建设单位报请相关主管部门申请环评、水保、档案等专项验收；

3. 建设单位向财政评审中心申报竣工决算评审或向审计机关申报竣工决算审计；

4. 建设单位申请行业主管部门组织竣工验收；

5. 竣工验收合格后，项目正式运营。

二、公路工程施工过程

（一）施工前的准备工作

1. 用经纬仪定位道路中心线，放出桩号，两侧栓桩，并记录数据，以待后用；

2. 依据已有高程，每隔 100 米，引一固定高程点（设在施工范围外，不宜移动之处），做好标记，记录数据，以防丢失；

3. 施工前，在道路两头，放置明显警示标志，并对道路以围挡进行半封闭；

4. 探明并记录道路沿线管道、线路等隐蔽构筑物位置，做好保护措施，在地面做好明显标志，并对所有施工人员进行交底，以防止施工过程中造成破坏；

5. 施工前，应与道路沿线住户提前进行沟通，将施工范围内的物品清理干净；

6. 提前联系好管材厂家生产管材（雨 600 水泥管，污 600HPDE 钢带管）、砖、水泥、沙等施工材料，以待施工过程中，可以随时送达，或提前储备，存放料场，以便随时取用；

7. 沟槽开挖前将道路两侧花砖及路缘石起出，与土分类堆放，素土回填管顶后，用渣土回填。

（二）雨污管道

1. 依据道路中心线，放出沟槽内外边线，东侧（北侧内边线 8.7m，外边线 10.5m，南侧内边线 5.5m，外边线 7.5m），西侧（内边线 7.5m，外边线 10.5m），需验算后进行；

2. 开挖前，应提前测量出两头的老雨水井深度，并预留 20m 距离顺接到设计槽底高度；

3. 选定两辆中小型挖掘机（带油锤），与道路的南北两头同时施工（东侧南头需破碎路面），并分别派专人在现场看顾指挥，测量标高，防止超挖、挖偏，以及对沿线管线造成损坏。（槽深为设计路基高程下 1.3m，路东槽底宽度为 1.5m，路西槽底宽度为 2.5m）；

4. 沟槽开挖后，联系管材按照开挖速度提前进场卸车，需有专人验收并安排堆放位置

（提前进行交底）；

5. 两头沟槽开挖各有 50m 后，选定一辆中小型挖掘机、一辆铲车并委派队伍，开始下管；（10cm 砂石垫层，用挖机和铲车配合倾洒，人工整平，下管前，应放出管道中心线，以便管道顺直，并提前在预留井口位置做好明显标记，具体施工措施，参考技术交底）；

6. 管道安装完毕 200m 以上后，安排检查井砌筑班组进场，进行检查井砌筑及抹带（检查井高度比人行道设计高程底 5cm，检查井浆底，抹带外罩铁丝网，抹口到底，检查井预留雨水口）；

7. 检查井砌筑完毕后，进行管道分层回填（注意盖住井口及集水口），并对人行道进行整平，挖填至设计标高（虚数 1.3），并碾压密实（成型后，比设计高程高 8cm）；

8. 联系中型挖掘机油锤，对车行道路面病害处，进行切割破碎挖除，并利用混凝土修补，病害四周需分别加大 20-50cm，设台阶，（此项工作可在人行道整平后进行）。

（三）水稳摊铺

1. 摊铺前，恢复桩号，放出道路中心线及边线，测量高程，为摊铺做好准备（分两组，一组恢复一组测量）；

2. 摊铺前，提前封堵道路，以免车辆碾压，造成路面破坏；

3. 摊铺前，对两头接茬处进行处理，下挖 25cm，便于水稳顺接；

4. 摊铺后，及时进行毛毡覆盖，洒水养护至少一周，摊铺标准参照水稳摊铺技术交底）。

（四）路缘石、集水井砌筑及集水管安装

1. 水稳摊铺后，利用全站仪，恢复道路中心线，并与道两边 7m 处，每隔 40m 砸钉定位，并以此为依据，放出道路边线；

2. 依据道路边线，开挖集水井，联系开槽机，开槽路缘石边沟；

3. 安装集水管，并进行集水井砌筑（砌筑高度与水稳摊铺高度等高，注：需验算，可仅挖水稳，后抹灰遮盖）；

4. 安装路缘石（注：比水稳面层高 22cm，具体施工标准参照路缘石砌筑技术交底）；

5. 定位及砌筑树池（注：高度参照已修道路高度）。

（5）人行道

1. 人行道回填 15（10）cm 碎石垫层（预留树池位置，以便后期恢复绿化），碾压密实（完成后，比水稳面高 1cm，注：需验算）；

2. 联系施工队伍，进行 15cm（12cm）厚人行道混凝土垫层浇筑（注意外侧宽度预留）。

（六）沥青铺设

1. 沥青层施工前，应先对路基进行清扫，在基层表面少量洒水，并对路缘石进行薄膜覆盖，随后洒布乳化沥青，当有遗漏及路边缘喷洒不到部位，应人工补洒，乳化沥青洒布

24 小时之后，方可铺筑沥青层；

2.底层沥青摊铺前，需按照井篦尺寸切割模板，对集水井进行覆盖，顶层沥青摊铺前，需将集水井篦提前安装完成。（此项工作可在人行道混凝土垫层浇筑完毕两天后进行）；

（七）人行道花砖铺设及绿化恢复（花砖铺设完成后，内侧比沥青路面高15cm）；

（八）每项结构层施工前，按交底安排机械及人员分工。

三、公路工程施工管理

（一）公路施工管理存在的常见问题

1.公路建设的施工难度大

一方面，我国公路建设通常需要在较短的周期内完成，加之整个建设任务需要多个职能部门或者相关单位参与其中，其建设任务可以说是非常繁重的；另一方面，由于野外作业难免会遇到由于自然环境和地质构造导致的突发性状况，实际施工过程往往要根据具体情况对设计方案做出适度的调整，这又在无形中加大了项目施工的难度。由于长期受到传统作业方式的影响，我国公路施工还大量采用陈旧落后的施工测绘方式，低效率的操作方式往往会造成测量工程事故或者无法准确控制土石方费用，进而延误施工进度，从而不利于公路建设顺利进行。

2.施工管理程序欠缺一定的规范性

在实际操作中，施工人员往往无法做到施工管理程序的规范化，具体体现在以下几个方面：首先："先开工后报告"现象长期存在于施工管理过程中。部分施工单位管理不严谨，在工程开工之后才打开工报告，甚至于在未经审批通过的情况下擅自施工，严重违反施工监理的相关程序；其次，检验申请报告晚于检验过程而存在。监理工作不到位，导致部分承包方在并未提出质量检验申请报告的情况下，盲目执行了质量检验工作；最后，由于部分承包方片面追求施工进度，没有按照相关规定的频率进行自检，相应的，监理也未能按照规定的频率进行抽样检查，导致施工监理程序形同虚设。

3.相关施工技术材料的管理存在缺陷

施工技术资料的管理不完善是我国公路施工企业长期存在的问题。造成这一局面的重要原因在于承包方缺乏专业的技术资料管理人员或者管理人员责任心不够，造成技术资料无法准确及时地归档到位，部分资料缺乏真实性，甚至会导致部分重要资料的遗失，进而直接影响施工的整体质量。

4.企业自检环节薄弱

相关规定指出，凡是没经过承包人自检以及自检不合格的工序，监理工程师可以拒绝

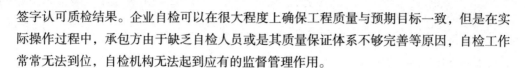

签字认可质检结果。企业自检可以在很大程度上确保工程质量与预期目标一致，但是在实际操作过程中，承包方由于缺乏自检人员或是其质量保证体系不够完善等原因，自检工作常常无法到位，自检机构无法起到应有的监督管理作用。

（二）公路施工管理存在问题的原因分析

1. 施工管理得不到应有重视

我国建筑施工企业在很长一段时间内，片面重视施工技术对整个工程质量的作用，忽视了施工管理的重要调节作用。在施工企业内部，即使建立了相关的施工管理部门，但是由于责权不明晰、职责界定模糊，导致整个施工管理长期处于一种无序的状态。施工企业对管理工作的重视程度缺乏，直接导致自上而下的管理疏失，造成施工过程中的混乱无序和不必要的生产资源浪费，进而直接影响整个公路施工项目的质量，甚至延误工期。

2. 管理者自身素质不高

管理者作为施工管理的直接参与者，可以称之为公路施工管理的关键，但是在实际工作中，我们不难发现，部分项目施工管理人员无法从长远角度进行考虑，只注重眼前某些工程分项目局部利益，因小失大，不仅没有做到资源的最优配置，甚至还会对整个项目造成难以挽回的损失。

3. 管理制度的缺失

公路建设作为建筑施工的一个分支，同样需要相应的规章制度对其进行约束，以促进其健康发展，但是现阶段部分施工企业的管理制度形同虚设，施工队伍和管理队伍脱节的现象屡见不鲜，加之相关监督机制的匮乏，更是导致了施工企业绩效考核无法正常进行，不仅破坏了工作人员的管理积极性，更是导致了施工人员缺乏有效约束的重要原因。长此以往，无疑会造成工程建设者无法听从管理，工程质量得不到有效保障、施工进度一再延误的恶性后果。

（三）强化公路施工管理的有效措施

1. 践行相关法律法规，建立高效的施工管理制度

（1）政府部门严格执行有关规定

相关政府主管部门要在严格执行《合同法》《建筑法》《公路法》和《建设工程质量管理条例》等相关法规的基础上，全面落实合同管理制度、工程监理制度、项目法人制度和质量监督制度等有效机制，对项目建设的业主方、监理方和承包方进行有效监督。

（2）落实公路质量管理责任制

做好公路施工管理，必须引入分级管理责任制，将施工管理落实到每一层，做到责权分明。其具体做法是，建立以项目经理部、工程施工处和专业工程施工队为首的三级质量管理体系，各级管理体系自成一体，同时又受到企业的统一管理。在公路质量管理责任制的规范下，明确各级的岗位职责，层层落实质量责任。

2. 加强管理人员队伍建设

（1）建立健全施工企业和技术人员的信用制度

在整个建筑施工行业之间建立起施工企业和相关技术人员的信用档案，并对其数据进行实时更新。一旦发生安全事故或是违反行业法律法规的行为，相关部门应该及时将其具体情况公布在相关信息平台上，建立起有效的信用制度。

（2）提高监理人员的素质

加强监理人员的综合素质，促使监理人员具备完善的专业知识体系和相当的工程管理践行经验，一方面需要改革监理培训上岗的相关制度，将监理细分为设计监理、决策监理和施工监理，随后依据不同的特点进行区别化培训；另一方面，获得培训上岗资质的监理必须参加国家注册监理工程师资格考试，通过之后还要对其进行动态跟踪管理，一旦发现违规行为，应当及时予以处罚。

3. 做好施工现场管理

施工现场管理工作首先要加强其质量控制，项目经理部应该在统一规划下建立工地试验室，严格开展工地试验，组织专业技术人员对公路路基、预制构件和导线点进行仔细测量，将误差尽力缩小到可控范围内；其次，施工企业应该严格执行公路质量控制程序，根据公路项目的合同要求，制作项目施工流程图，严格控制施工质量程序。切实做到先上报后开工，同时，施工企业按照规定频率进行定期自检，并在自检合格后申报监理抽样检查，保障施工监理程序有效进行。

4. 遵循施工原则，加强施工资料管理

公路建设项目档案是路桥工程建设过程的真实记录，它包括各种施工组织设计、施工原始记录、隐蔽工程记录、工程质量检查、验收记录、报告、批复、开（交、竣）工申请、报告批准文件；竣工图表等。真实是归档文件的生命，是公路工程竣工验收的关键，也是检验工程建设质量的基点。只有真实、完整的施工资料，才能为工程质量评定与质量查询提供简洁有效的信息。既可充分发挥文件效能，反映工程全貌，又可为以后的公路改造、维修、扩建提供基本的依据。

（四）公路施工管理重要性

1. 对圆满完成公路工程具有促进作用

有效完成公路工程与在施工过程中进行合理有效管理有着十分密切的关系，在施工过程中，只有对施工管理作用加强重视，在公路工程建设过程中才能够使失误减少，使公路施工质量得到提高，从而能较好地将公路工程完成。对于任何项目而言，其完成结果均和建设过程中质量有着十分密切的联系。从当前情况来看，在有些施工企业内部，在实际施工管理过程中，对于管理工作在认识上存在明显不足，从而导致出现一些较大问题。比如，由于施工管理较差，造成威胁施工人员安全；在进行监管时缺乏足够力度，造成无法保证施工质量，进而导致"豆腐渣"工程出现，所以，在公路工程施工过程中，对施工进行良好管理具有十分重要的作用。

2. 使企业施工管理能力提升

对于公路工程而言，在施工过程中进行良好管理有利于提升施工企业管理能力。对于公路工程施工管理而言，其所具有的特点就是系统化以及复杂化，在公路工程实际施工过程中，积极实施管理工作，能够帮助企业对管理统筹经验进行不断地积累，能够使企业在宏观上对工程进行整体把握，这样能够使企业管理能力得到逐渐提升，对于企业进一步发展也具有十分积极作用。在公路工程施工过程中，若企业将施工管理重要性忽视，在施工管理中选择随意性态度，随机时间不断增长，将会对企业发展造成十分不利影响。

3. 使城市居民的生活水平得到提升

公路工程的施工质量直接决定着人民和国家的财产安全，毫不夸张地说，人们的人身财产安全与社会的稳定直接取决于公路工程的建设质量，因此，要想让人们放心和安心，必须做好施工现场的管理工作。汽车已经走进了千家万户，而与此同时，公路是连接各个城市之间的主要载体，所以，加强公路工程管理将无疑增强公路工程施工质量，使得汽车行驶在公路上更加平稳，最终提升城市居民的生活水平和生活质量。

（五）公路施工管理要点

1. 施工前充分准备

对于任何类型的建筑工程项目来说，最为关键的就是施工质量，公路工程也不例外，保证公路工程的施工质量是直接关系到我们国家经济发展和社会稳定的要素，而加强施工管理就会从更大程度上保证施工质量，作为施工管理的第一个要点充分地做好施工前的准备工作是我们务必要高度重视的问题。整个公路工程施工项目的进行包括很多的组成阶段与环节，公路工程施工之前的准备工作具体包括以下几点：首先，在详细考察施工企业具体情况的基础上制定并完善管理制度，为了激发工作人员的工作积极性和热情，应该建立激励机制，做到有奖有罚、奖罚分明，促使每一位施工人员和管理人员在其位谋其职，保证每一位管理人员在自己的工作岗位上做好自己的本职工作；其次，在施工之前进行施工沿线的调查，在仔细分析实际情况的基础上检查施工场地以及附近是否存在不利于施工顺利进行的要素，如果有应该出台具有针对性和可行性的解决对策，在满足施工设计图纸要求的基础上做好施工放样工作，确保施工顺利进行；最后，详细考察施工合同的具体内容，保证其与施工现场的实际情况相符合，进行精准的工程预算，控制施工成本投入，降低不必要的浪费，控制和管理施工进度，保证公路工程严格按照施工进度计划开展。此外，还应该花费一定的时间和精力对施工人员和管理人员进行培训教育。

2. 将质量意识提高

人是施工中最为活跃的因素，同时也是最具决定性的因素，因为无论是施工材料，还是机械设备，都是在人的操控之下发挥作用的，更进一步说，人员这一大因素是决定工程质量的直接因素，所以，要想保证工程质量和进度，首先要做的是提高人员的质量意识。

在控制工程质量的时候要以人为本，将人作为整个工程管理中的核心，增强人员的综合素质，不仅包括科学文化素质，也包括思想道德素质，充分地发挥和实现人员的工作积极性和热情，从最大程度上保证施工质量。不同施工人员的个人素质是不尽相同的，因此，要分层次地对施工人员进行培训和教育，丰富施工人员的专业知识，并强化其专业能力，提高其专业素质，为促进施工顺利进行做出自己的贡献。

3. 将质量保证体系完善

一套健全而完善的质量保证体系对做好施工管理发挥着极其重要的作用，而同时要想规范施工人员的一举一动，就更加有必要建立健全质量监管体系，项目的总工程师一定要清醒地意识到自己肩负的重要职责，认真仔细地开展工程质量管理，严格做好工程的监督管理工作。充分地发挥质量保证体系的约束性和强制力，保证工程质量。

4. 做好工序管理

公路工程施工的进行需要严格遵循施工工序，只有严格按照施工工序开展施工，才能保证工程的施工质量和施工进度，同时对施工成本加以良好的控制，施工技术人员和管理人员一定要做好本职工作，前者要不厌其烦地对现场施工人员进行技术指导，确保施工人员的一举一动都符合相关规范标准，而管理人员也要不辞辛苦深入施工现场，进行严格的施工管理，一旦发现某些施工人员不按照相关施工规定进行操作要立即指出并更正，确保其下次不会出现相同或类似的错误，通过对每一道工序开展严格的管理避免类似问题甚至是安全隐患的出现，为施工的顺利进行保驾护航。

5. 对施工现场进行管理

施工现场管理是公路工程施工管理各个方面中最为核心和关键的一个，对施工现场的管理直接决定着施工项目的成品质量和后期使用效果，因此要预防分析，遵循防患于未然的原则，对施工现场中可能出现的各种问题进行预防，控制一些容易出现的质量通病，其中常见的质量通病包括路基失稳和路基开裂等，主要原因在于路基沉降不均匀，直接威胁着行车的安全，进一步说，路基之所以会发生沉降不均匀，主要就是因为路基没有被压实，所以，在压实路基的时候一定要使路基的坚固程度达到施工标准和规定，特别要注意路基交接处的压实质量。要认真处理路基以及桥涵接头出，防止桥头跳车现象的出现。压实机械操作人员要保证碾压工作符合规定，保证压实密度满足质量标准。

第二章 路基施工

第一节 路基施工方法及施工准备

一、路基施工方法

（一）土方路基填筑

填方路基采用打方格方式控制卸土量，压路机整平后采用带刻度插扦检测填土松铺厚度，控制填土厚度；松铺厚度符合要求后，采用平地机精平，最后碾压密实，该做法既简单实用，又能把路基关键环节控制好，有效提高填筑质量。路基填筑过程中，及时修筑临时排水设施保护边坡，保证路基边坡的密实稳定。

1. 根据装载车辆装土量计算堆土间距，用石灰打方格，人工指挥卸土，从源头控制好分层填土厚度；

2. 采用平地机精平，有效控制填土表面平整度，并形成路拱；

3. 采用上述工艺流程施工的填方路基密实平整、路拱横坡顺适；

4. 路基边缘设置拦水土埂，集水通过临时急流槽排除，起到防止雨水漫流冲刷边坡的作用；

5. 完成的临时急流槽较牢固稳定，满足施工期内临时排水要求。

（二）潮湿路基填土翻晒处理

结合雨季长、雨量大的特点，某高速项目配备有犁耙翻土机，对受雨水浸泡的路基填土进行犁耙翻晒晾干，重新碾压，有效地解决了路基受雨水浸泡后含水量过大及强度降低的问题，保证了路基每层填土的密实稳定。

（三）路基填土强夯处理

在路基填筑施工中，对于高填方路基，在分层填筑 3 ~ 5 层填土后，再采用冲击式压实设备对填土进行补充压实，保证路基填土压实度，达到减少工后沉降的目的；对于路基填挖交界、分阶段前后填土的路基结合部等压实质量控制薄弱部位，采用自动落锤式强夯锤进行补充夯实，保证该部位的路基填土密实稳定。

（四）石方路基填筑

填料采取石料二次破碎、二次倒运和现场挑选方法控制石料粒径，并通过网格分块堆料控制层厚；对现场碾压作业实时监测，控制沉降差，保证了石方路基的填筑质量。

（五）台阶开挖

按规范要求在路基填挖交界处、填方路基分段（幅）施工交界处开挖宽度不小于 2m 且向内侧倾斜的台阶，并采用压路机碾压密实，保证了衔接处路基填土的密实稳定。

（六）台背回填

为保证桥涵台背回填质量，减少路基工后沉降，消除桥台跳车的通病。在台背回填施工中：

1. 在桥涵台背上标记分层填筑刻度，分层回填合格填料；
2. 采用压路机碾压至密，当填料含水量偏低不便压实时，经洒水焖料再碾压；
3. 用小型打夯机夯实台身边缘压路机碾压不到的填料。

（七）预制管桩托板施工

软基处理的预制管桩托板施工质量控制：构造钢筋采用数控设备加工，采用专用胎架安装钢筋骨架，整体性好，钢筋间距均匀；采用整体钢模浇注，混凝土表面平整密实，采用土工布覆盖保湿养生，养护到位。

（八）石方路堑边坡光面爆破

石方路堑上边坡修面采用光面爆破工艺，控制炮眼间距和装药量，光爆效果好，炮眼痕迹保存率高，边坡表面平整。

（九）填石路堤码砌边坡

1. 按设计和规范要求进行填石路堤边坡码砌施工，边坡坚固稳定，大面平整，坡面顺适；
2. 码砌完成后，按设计要求施工拱形骨架，并及时进行覆土和绿化；
3. 到路基交验时，填石路基边坡绿化植物已生长茂密，具备了边坡防护功能，并使道路景观与周围自然环境协调一致，高速公路建设环保施工理念得到充分体现。

（十）边坡防护

填方路基浆砌骨架边坡施工：

1. 按设计要求开挖基坑，准确控制尺寸；

2. 采用挤浆法砌筑，利用三脚架拉线控制骨架线形；

3. 用钢条勾缝与夹板抹面相结合，使护坡骨架尺寸准确，砌体砂浆饱满，整体线形顺直美观，勾缝平整密实；

4. 根据路基填筑材料，有针对性地优化护坡植被，及时绿化，保护好坡面。

（十一）混凝土挡土墙

混凝土挡土墙通过采用定位器安装钢筋、高强砂浆垫块定位控制钢筋保护层厚度、模板使用长效脱模剂等措施，挡土墙的钢筋间距和保护层厚度合格率高，混凝土表面平整密实，颜色均匀。

（十二）排水工程

砌体排水工程砂浆饱满，内侧勾凹缝，表面平整密实；水泥混凝土排水沟采用组合钢模现浇等方法施工，轮廓线形顺直，表面平整密实，外形美观。

高速公路路堑边沟采用新型草皮生态排水沟，与传统圬工排水沟相比，具有造价低、景观效果好、生态效益高等优点。

（十三）绿化工程

重视路基绿化工作，边坡绿化工作与边坡修整同步施工，绿化植物与当地气候环境、土质适应性强，并充分利用雨季的有利时节及时种植中央分隔带的苗木。

通车前，需保证绿化防护到位，植物生长旺盛，绿化景观与周围自然环境协调一致；中央分隔带的苗木成活率高，株距合理，满足行车防眩功能要求。

二、路堤填筑

路基填筑的主要工作内容包括路基用土的正确选择和处理，填筑施工的各种方法和工艺流程以及路基压实等问题。

（一）路基填筑概述

1. 路基用土

各类公路用土具有不同的工程性质，在选择作为路基的填筑材料，应根据不同的土类分别采取不同的工程技术措施。

（1）各类土的工程性质

1）不易风化的石块

包括漂石（块石）和卵石（块石），有很高的强度和稳定性，使用场合和施工季节均不受限制，是最好的填筑路基材料，也可用于砌筑边坡，但石块之间要嵌锁密实，以免在自重和行车荷载作用下，石块松动产生沉陷变形。

2）碎（砾）石土

强度能满足要求，内摩擦系数高，水稳定性好，材料的透水性大，施工压实方便，能达到较好的密实程度，为很好的填筑材料，但若细粒含量增多，则透水性和水稳定性就下降。

3）砂土

无塑性，透水性和水稳定性均良好，毛细管水上升高度很小，具有较大的内摩擦系数，但砂土黏结性小，易于松散，对流水冲刷和风蚀的抵抗能力很弱，压实困难。经充分压实的砂土路基，则压缩变形小，稳定性好。为了加强压实和提高稳定性，可以采用振动法压实，并可适量掺些黏土，以改善级配组成，并应将边坡予以加固，以提高路基的稳固性。

4）砂性土

既含有一定数量的粗颗粒，又含有一定数量的细颗粒，级配适宜，强度、稳定性等都能满足要求，是理想的路基填筑材料。如细粒土质砂土，其粒级组成接近最佳级配，遇水不粘着，不膨胀，雨天不泥泞，晴天不扬尘，便于施工。

5）黏性土

细颗粒含量多，土的内摩擦系数小而黏聚力大，透水性小而吸水能力强，毛细现象显著，有较大的可塑性。干燥时坚硬而不易挖掘，施工时不易破碎，浸水后强度下降较多，干湿循环因胀缩引起的体积变化也大，过干或过湿时都不便施工。在给予充分压实和良好排水的条件下，黏性土可作路堤填筑材料。

6）粉性土

因含有较多的粉粒，毛细现象严重，干时易被风蚀，浸水后很快被湿透，在季节性冰冻地区常引起冻胀和翻浆，水饱和时有振动液化问题。粉性土特别是粉土，属于不良的公路路基用土。如果不得已使用时，宜掺配其他材料，即采取技术措施改良土质，同时必须加强排水和隔离水等措施。

7）膨胀性重黏土

几乎不透水，黏结力特强，湿时膨胀性和塑性都很大。膨胀性重黏土工程性质受黏土矿物成分影响较大，粘土矿物主要包括蒙脱土、伊里土、高岭土。蒙脱土，主要分布在东北地区，其塑性大，吸湿后膨胀强烈，干燥时收缩大，透水性极低，压缩性大，抗剪强度低。高岭土分布在南方地区，其塑性较低，有较高的抗剪强度和透水性，吸水和膨胀量较小。伊里土分布在华中和华北地区，其性质介于上述两者之间。膨胀性重黏土不宜用来填筑路堤。

8）易风化的软质岩石（如泥灰岩、硅藻岩等）

浸水后易崩解，强度显著降低，变形量大，一般不宜做路堤填筑材料。

总之，路基用土中，砂性土最优，黏性土次之，粉性土属不良材料，容易引起路基病害。膨胀性重黏土，特别是蒙脱土更是不良的路基土。此外，还有一些特殊土类，如有特殊结构的土（湿陷性黄土）、含有机质的土（腐殖土）以及含易溶盐的土（盐渍土）等，用以填筑路基时必须采取相应技术措施。

（2）规范中对路基用土的规定

《公路路基施工技术规范》（JTJ033—95）及《公路软土地基路堤设计与施工技术规范》（JTJ027—96）中对路基用土做了如下规定：

1）路堤填料不得使用淤泥、沼泽土、冻土、有机土、含草皮土、生活垃圾、树根和含有腐朽物质的土。采用盐渍土、黄土、膨胀土填筑路堤时，应遵照有关规定执行。

2）液限大于50%、塑性指数大于26的土，以及含水量超过规定的土，不得直接作为路堤填料。需要应用时，必须采取满足设计要求的技术处理，经检查合格后方可使用。

3）钢渣、粉煤灰等材料，可用作路堤填料，其他工业废渣在使用前应进行有害物质的含量试验，避免有害物质超标，污染环境。

4）捣碎后的种植土，可用于路堤边坡表层。

2.路基填筑施工流程

路基填筑施工的主要工序有料场选择、基底处理、填筑和碾压。现分述如下：

1）料场选择

2）填筑路堤的材料（以下简称填料）以采用强度高，水稳定性好，压缩变形小，便于施工压实以及运距短的土、石材料为宜。在选择填料时，一方面要考虑料源和经济性，另一方面要顾及填料的性质是否合适。为了节约投资和少占耕地良田，一般应利用附近路堑或附属工程（如排水沟等）的弃方作为填料，或者将取土坑布置在荒地、空地或劣地上。

3）基底处理

路堤基底的处理是保证路堤稳定、坚固极为重要的措施。在路堤填筑前进行基底处理，能使填土与原来的表土密切结合；能使初期填土作业顺利进行，能使地基保持稳定，增加承载能力；能防止因草皮、树根腐烂而引起的路堤沉陷。对于一般的路堤基底处理，应按下列规定执行：

A：基底土密实，且地面横坡不陡于1：10时，经碾压符合要求后，可直接在地面上修筑路堤（但在不填不挖或路堤高度小于1m的地段，应清除草皮等杂物）。在稳定的斜坡上，横坡为1：10～1：5时，基底应清除草皮。横坡陡于1：5时，原地面应挖成台阶，台阶宽度不小于1m，高不小于0.5m。若地面横坡超过1：2.5时，外坡脚应进行特殊处理，如修护墙和护脚。

B：当路基受到地下水影响时，应予以拦截或排除，引地下水至路堤基础范围之外，再进行填方压实。

C：路堤基底为耕地土或松土时，应先清除种植有机土，平整后按规定要求压实。在深耕地段，必要时应将松土翻挖，土块打碎，然后回填、整平、压实。经过水田、池塘或洼地时，应根据具体情况采取排水疏干、挖除淤泥、打砂桩、抛填片石、砂砾石或石灰（水泥）处理土等措施，以保持基底的稳固。

D：路堤修筑范围内，原地面的坑、洞、墓穴等，应用原地的土或砂性土回填，并按规定进行压实。

4）填筑

路堤填筑必须考虑不同的土质，从原地面逐层填起，并分层压实，每层厚度随压实方法而定。

A：填筑方式

①水平分层填筑

填筑时按照横断面全宽分成水平层次，逐层向上填筑。如原地面不平，应由最低处分层填起，每填一层，经压实合格后再填上一层。此法施工操作方便、安全、压实质量容易保证。

②纵坡分层填筑

适用于推土机或铲运机从路堑取土填筑运距较短的路堤。依纵坡方向分层、逐层推土填筑。原地面纵坡小于20º的地段可用此法施工。

③横向填筑

从路基一端按各横断面的全部高度，逐步推进填筑，适用于无法自下而上，分层填土的陡坡、断岩或泥沼地区。此法不易压实，且还有沉陷不均匀的缺点。为此，应采用必要的技术措施，如选用高效能的压实机械（振动压路机）碾压；采用沉陷量较小的砂性土或废石方作填料等。

④混合填筑

当高等级公路路线穿过深谷陡坡，尤其是要求上部的压实度标准较高时，施工时下层采用横向填筑，上层采用水平分层填筑，此种方法称为混合填筑法。

B：沿横断面一侧填筑的方法

旧路拓宽改造需加宽路堤时，所用填土应与原路堤用土尽量接近或为透水性好的土，并将原边坡挖成向内倾斜的台阶，分层填筑，碾压到规定的密实度。严禁将薄层新填土贴在原边坡的表面。

高速公路和一级公路，横坡陡峻地段的半填半挖路基，必须在山坡上从填方坡脚向下挖成向内倾斜的台阶，台阶宽度不应小于1m，其中沿横断面挖方的一侧，在行车范围之内的宽度不足一个行车道宽度时，应挖够一个行车道宽度，其上路床深度范围之内的原地面土应予以挖除换填，并按上路床填方的要求施工。

C：不同土质混填时的方法

对于不同性质的土混合填筑时，应视土的透水能力的大小，进行分层填筑压实，并采取有利于排水和路基稳定的方式。一般应遵循以下原则：

①以透水性较小的土填筑路基下层时，其顶面应做成4%的双向横坡。如用以填筑上层时，除干旱地区外，不应覆盖在透水性较大的土所填的下层边坡上。

②不同性质的土应分别填筑，不得混填。每种填料层累计总厚度不宜小于0.5m。

③凡不因潮湿及冻融而变更其体积的优良土应填在上层，强度（形变模量）较小的土

应填在下层。

D：填石路堤的填筑方法

填石路堤的填筑，其基底处理同填土路堤。石料的强度应不小于 15MPa（用于护坡的不小于 20MPa）。石料的最大粒径不宜超过层厚的 2／3。每层的松铺厚度：高等级公路不宜大于 0.5m，其他公路不宜大于 1.0m。

高等级公路和铺设高级路面的其他等级公路的填石路堤均应分层填筑，分层压实。铺设低级路面的一般公路在陡峻山坡段施工特别困难或大量爆破以挖作填时，可采用倾填方式将石料填筑于路堤下部。倾填时，路堤边坡坡脚应用直径大于 30cm 的硬质石料码砌。码砌的厚度：填石路堤高度小于或等于 6m 时应不小于 1m，高度大于 6m 时，应不小于 2m 或按设计规定。

倾填只能在路基下部进行，而在路床底面下不小于 1.0m 的范围内仍应分层填筑压实。高等级公路填石路堤路床顶面以下 50cm 范围内应填筑符合路床要求的土并分层压实，填料最大粒径不得大于 10cm，其他公路填石路堤路床顶面以下 30cm 范围内填筑应符合路床要求的土并压实，填料最大粒径不应大于 15cm。

E：土石路堤的混填方法

土石路堤的填筑，其基底处理同填土路堤。土石混合料中石料强度大于 20MPa 时，石块最大尺寸不得超过压实层厚的 2／3，否则应予剔除。当石料强度小于 15MPa 时，石块最大尺寸不得超过压实层厚，超过的应打碎。

土石路堤必须分层填筑，分层压实。每层铺填厚度应根据压实机械类型和规格确定，但不宜超过 40cm。

混合料中石料的含量多少将影响压实效果，因此，当石料含量大于 70％时，应先铺大块石料，且大而向下放平稳，然后铺小块石料、石屑等嵌缝找平，再碾压密实。当石料含量小于 70％时，土石可混合铺填，但应消除硬质石块集中的现象。

土石混合料填筑高等级公路时，其路床顶面以下 30 ~ 50cm 范围内仍应填筑符合路床要求的土并分层压实，填料最大粒径不大于 10cm，其他公路在路床顶面以下填筑 30cm 的砂类土，最大粒径不大于 15cm。

5）碾压

碾压是路基填筑工程的一个关键工序，有效地压实路基填筑土，才能保证路基工程的施工质量。有关路基压实，将在第三节 做详细叙述。

3. 路基压实

（1）路基压实的意义

路基施工破坏了土体的天然状态，使得结构松散，颗粒需要重新组合。为使路基具有足够的强度与稳定性，必须予以压实，以提高其密实程度，所以路基的压实工作，是路基施工过程中一个重要工序，亦是提高路基强度与稳定性的根本技术措施之一。

土是三相体，土粒为骨架，颗粒之间的孔隙为水分和气体所占据。压实的目的在于使土粒重新组合，彼此挤紧，孔隙缩小，土的单位质量提高，形成密实整体，最终导致强度增加，稳定性提高。

通过大量的试验和工程实践已证明：土基压实后，路基的塑性变形、渗透系数、毛细水作用及隔温性能等，均有明显改善。

（2）影响压实效果的因素

对于细粒土的路基，影响压实效果的因素有内因和外因两方面，内因指土质和湿度，外因指压实功能（如机械性能、压实时间与速度、土层厚度）及压实时外界自然和人为的其他因素等。下面就影响压实效果的主要因素进行讨论：

1）含水量对压实的影响

A　含水量 ω 与密实度（以干容重／度量）的关系

B　含水量加与土的水稳定性的关系

2）土质对压实效果的影响

土质对压实效果的影响很大。

同时通过对比可见，砂性土的压实效果优于黏性土。其机理在于土粒愈细，比表面积愈大，土粒表面水膜所需的含水量就愈多，加之黏土中含有亲水性较高胶体物质所致。另外，至于砂土的颗粒组，由于呈松散状态，水分极易散失，对其最佳含水量的概念就没有多大的实际意义。

3）压实功能对压实的影响

压实功能（指压实工具的质量、碾压次数或锤落高度、作用时间等）对压实效果的影响，是除含水量之外的另一个重要因素。据此规律，工程实践中可以增加压实功能（选用重碾，增加次数或延长作用时间等），以提高路基强度或降低最佳含水量。但必须指出，用增加压实功能的办法，以提高土基强度的效果，且有一定限度。压实功能增加到一定限度以上，效果提高愈为缓慢，在经济效益和施工组织上，不尽合理，甚至压实功能过大，一是会破坏土基结构，二是相对应含水量减少而带来的水稳定性差，其压实效果适得其反。相比之下，严格控制最佳含水量，要比增加压实功能收效大得多。当含水量不足，洒水有困难时，适当增大压实功能可以收效，如果土的含水量过大，此时如果增大压实功能，必将出现"弹簧现象，即压实效果很差，造成返工浪费。

4）压实厚度对压实效果的影响

相同压实条件下（土质、含水量与压实功能不变）实测土层不同深度的密实度（γ 或压实度）可得知，密实度随深度递减，表层 5cm 最高。不同压实工具的有效压实深度有所差异，根据压实工具类型、土质及土基压实的基本要求，路基分层压实的厚度有具体的规定数值。一般情况下，夯实不宜超过 20cm，12～15t 光面压路机，不宜超过 25cm，振动压路机或夯击机，宜以 50cm 为限。实际施工时的压实厚度应通过现场试验确定合适的摊铺厚度。

（3）压路机的选择与操作

压实机具的选择以及合理的操作，则是影响土基压实效果的另一综合因素。土基压实机具的类型较多，大致分为碾压式、夯实式和振动式三大类型。碾压式（又称静力碾压式），包括光面碾（普通的两轮和三轮压路机）、羊足碾和气胎碾等几种。夯击式中除人工使用的石碾、大夯外，机动设备中有夯锤、夯板、风动夯及蛙式夯机等。振动式中有振动器、振动压路机等。此外，运土工具中的汽车、拖拉机以及土方机械等，也可用于路基压实。

不同压实机具，适用于不同土质及不同土层厚度等条件，这些都是压实机具的主要依据。正常条件下，对于砂性土的压实效果，振动式较好，夯击式次之，碾压式较差。对于黏性土，则宜选用碾压式或夯击式，振动式较差甚至无效。不同压实机具，在最佳含水量条件下，适应于一定的最佳压实厚度以及通常的压实遍数。

压实机具对土施加的外力，应有所控制，以防压实功能太大，压实过度，并防失效、浪费或有害。一般认为，压实时的单位压力，不应超过土的强度极限。不同土的强度极限，与压实机具的质量、相互接触的面积、施荷速度及作用时间（遍数）等因素有关。实践经验证明：土基压实时，在机具类型，土层厚度及行程遍数已经选定的条件下，压实操作时宜先轻后重、先慢后快，先边缘后中间（超高路段等需要时，则从内侧至外侧宜先低后高）。压实时，相邻两次的轨迹应重叠轮宽的 1 / 3，保持压实均匀，不漏压，对于压不到的边角，应辅以人力或小型机具夯实。在压实全过程中，经常检查含水量和密实度，以达到符合规定压实度的要求。

（4）土基压实标准

土基野外施工，受种种条件限制，不能达到室内标准击实试验所得的最大干容重，应予以适当降低。它与室内标准击实试验得到的值之比的相对值，称为压实度 K。

压实度 K 就是现行规范规定的路基压实标准。对于铺筑中级或低级路面的三、四级公路路基，以及南方多雨地区天然土的含水量较大时，允许采用轻型击实试验法求得的路基压实标准。特殊干旱地区雨水较少，地下水位也较低，压实度稍有降低不致影响路基的坚固、稳定和耐久性能，加之水量稀少，天然土的含水量大大低于土的压实最佳含水量，要加水到最佳含水量并压实到规定数值确有困难，因此，特殊干旱地区的压实度可降低 2% ~ 3%。

填石路堤包括分层填筑和倾填爆破石块的路堤，不能用土质路基的压实度来判定路基的密实程度，其判定方法目前国内外各国规范尚无统一规定。我国城市道路路基工程施工及验收规范规定，填石路堤需用重型压路机或振动压路机分层碾压，表面不得有波浪、松动现象，路床顶面压实度标准是 12 ~ 15t 压路机的碾压轨迹深度不应大于 5mm。国外填石路堤有采用在振动压路机的驾驶台上装设的压实计反映的计数值来判定是否达到要求的紧密程度。但无定量值的规定，且只限于有此种装置的压路机。

我国《公路路基施工技术规范》（JTJ033——95）参考城市道路的方法，但将碾压后轮迹深度作为密实状态的判定条件。这是因为石块本身是不能压缩的，只要石块之间大部分缝隙已紧密靠拢，则重型压路机进行压实时，路堤应可达到稳定，不能有下沉轨迹，故可判为密实状态。

（5）碾压工序的控制

为了有效地压实路基填筑土，必须对碾压工序做以下的控制：

1）确定工地施工要求的密实度。路基要求的压实度根据填挖类型和公路等级及路堤填筑的高度而定。通常根据表中的规定，用标准击实试验，求出最大干密度和相应的最佳含水量，计算出施工要求的最小干密度。

2）各种压实机具碾压不同土类的适宜厚度和所需压实遍数与填土的实际含水量（最佳含水量土 2%以内）及所要求的压实度大小有关，应根据要求的压实度，在做试验段时加以确定。

高等级公路路基填土压实宜采用振动压路机或 35～50t 轮胎压路机进行。采用振动压路机碾压时，第一遍应静压，第二遍开始用振动压实。压实过程中严格控制填土的含水量。含水量过大时，应将土翻晒至要求的含水量再碾压；含水量过小时，需均匀晒水后再进行碾压。通常，天然土的含水量接近最佳含水量时，在填土后应随即压实。

3）填石路堤在压实前，应先用大型推土机推铺平整，个别不平处，应用人工配合，用细石屑找平。采用的压路机宜选 12t 以上的重型振动压路机、2.5t 以上的夯锤或 25t 以上的轮胎压路机。碾压时要求均匀压实，不得漏压。每层的铺填厚度在 0.4m 左右，当采用重型振动压路机或夯锤压实时，可加厚至 1.0m。

填石路堤所要求的密实度所需的碾压遍数（或夯压遍数）应经过试验确定。以 12t 以上振动压路机进行压实试验，当压实层顶面稳定，不再下沉（无轨迹）时，可判为密实状态，即压实度合格。

4）土石混填路堤的压实要根据混合料中巨粒土含量的多少来确定。当巨粒土含量较少时，应按填土路堤的压实方法进行压实，当巨粒土含量较大时，应按填石路堤的压实方法压实。不论何种路堤，碾压都必须确保均匀密实。

5）压实度检测方法有环刀法、灌砂法、灌水法（水袋法）和核子密度湿度仪法。在使用核子密度仪时，事先应与规定试验方法做对比试验而进行标定。

（二）湿软地基处理

路基敷设于天然地基上，自身荷载较大，要求地基应具有足够的承载能力，以保持地基稳定，另外应使某些自然因素（如地下水、坑穴、胀缩等）不致产生对路基的有害变形。当黏土或粉土微小颗粒含量极高，或由孔隙率大的有机质土、泥炭、松砂组成的土层，这一类影响填土和构造物稳定或使结构物产生沉降的地基被称为软土地基。

此外当路基受到地表长期积水，尤其是地下水位较高的影响，渗入路基土体的水分，使土体过湿而降低路基强度。我们把受地表长期积水和地下水位影响较大的软土地基称为湿软地基。软土地基其自身的工程性质差，往往不能满足路基及桥涵基础的要求，从增大密实度着眼，采取一定的加固处理措施，以提高地基的整体强度和稳定性，减小成形后的沉降与变形。软土地基处理的常用方法有换填土层法、挤密法和化学加固法，而湿软地基除了有增大密实度的要求之外，更重要的是排除路基和地基内水分的影响，两者兼顾的主要方法为排水固结法。

1. 换填土层法

换填土层法，即采用相应的处理方法，将基底下一定深度范围内的软土层挖去或挤去，换以强度较大的砂、碎（砾石）、灰土或素土，以及其他性能稳定、无侵蚀性的土类，并予以压实。

（1）开挖换土法

当采用挖掘机械，铲除软土层厚后换填好土，分层压实的方法称为开挖换土法。根据换土范围大小可分为全部挖除换土法和局部挖除换土法。前者把软土层全部铲除换以好土，适用于软土层厚度小于 2m 的地基；后者适用于软弱层较厚，特别是上部软土层较下部软土层强度低得多，有可能发生滑动破坏或沉降量过大等情况的地基。其施工要点为：

1）选择良好的填料。

2）开挖边坡的坡度。

3）填料应及时运进，随挖随填，防止挖方边坡坍塌。

（2）强制换土法

该法是指把好土直接铺撒在软土地基表层，靠土的自重将软土挤向周围，从而换上好土的施工方法，也叫挤出换土法，这种方法对于薄软土层特别有效，对于厚软土层，视工程种类及加固目的，有时也仍然是一种有效、经济的方法。

施工时，应从路中线逐渐向两侧填筑。当软土的挤出受阻时，应及时除去路堤两侧隆起酌土，同时在路堤上面加载超压。应当注意：对于宽路堤，由于软土厚度不一致，从而若在路堤下面残留部分软土，完工后会产生不利的不均匀沉降。

（3）爆破换土法

在上述的强制换土法中挤土的方式改用爆炸力，会更容易地将软土层挤出，这种方法称爆破换土法。

2. 挤密法

挤密法以增大密实度为目的。对软土地基加固处理方法可分为三类：一是在地基表面预施静载压力，加速地基（包括路基）完成沉降，达到趋于稳定，这类方法有反压护道法和堆土预压法；二是在地基表面预施冲击动压力，同样达到完成沉降变形，增大地基土密实度，这类方法称重锤夯实法；三是深入地基内钻挤成桩孔，灌以固化剂与软土混合，组成复合地基，此类方法称深层拌和法。

现对各种加固处理方法分述如下：

（1）反压护道法和堆土预压法

反压护道法主要指路堤在施工中达不到要求的滑动破坏安全系数时，反压主路堤两侧，预期达到路堤稳定的一种处理方法。

在施工过程中必须注意：

1）避免一次性高堆填，应分层填筑、分层碾压至规定的密实度。每层铺筑要有一定的向下倾斜坡度，以便排水；

2）反压护道的填筑速度不得慢于主路堤；

3）主路堤在施工中或完工后，如能确定反压护道下面的地基强度已增长到要求的值，则可将反压护道的超载部分挖除，并用这些材料填筑主路堤。

堆土预压法是指在正式施工前或施工工期内允许的前提下，在软土地基表面预先堆土加压，加速地基的下沉和软化固结，通过挤密增大土体密实度，提高土的抗剪强度。

（2）重锤夯实法

重锤夯实法，一般以钢筋混凝土制成截头圆锥体（底部垫钢板）的重锤，质量宜1.5t或稍重，锤底直径为1～1.5m；起重设备的能力为8～15t，落距高一般为2.5～4.5m。重锤夯实法加固地基，可提高地基表层土的强度。对湿陷性黄土，可降低地表的湿陷性，对杂填土，可减少表层土的强度不均匀性。重锤夯实法适用于地下水位0.8m以下稍湿的一般黏性土、砂土、湿陷性黄土、杂填土等。

重锤的夯击遍数，一般以最后两次的平坶夯沉量不超过规定值来控制，即一般黏性土和湿陷性黄土为1～2cm，砂土为0.5～1.0cm。实践结果表明：一般是8～12遍，作用深度约为锤底直径的一倍左右。

在重锤夯实法的基础上，经过研究和实践，出现所谓强夯法，亦称动力固结法。它是以8～12t（甚至20t）的重锤，8～20m落距（最高达40m），对土基进行强力夯击，利用冲击波和动压力，达到土基加固的目的。此项新技术迅速在国际上得到广泛运用，效果十分显著，我国亦正在研究和运用。

强夯法具有施工简单、加固效果好，使用经济、运用面较广等优点。国外资料表明，经强夯法处理的地基、其承载力可提高2～5倍，压缩性降低2～10倍。广泛用于杂填土（各种垃圾）；碎石土、砂土、黏性土、湿陷性黄土及泥炭和沼泽土，不但陆地上使用，亦可水下夯实。缺点是需要相应的机具设备，操作时噪声和振动较大，不宜在人口密集或附近防震要求高的地点使用。我国津、沪等地不仅成功运用，而且在饱和软黏土地基加固处理方面，取得了新的成果与经验。

（3）深层拌和法

在地基的成孔桩中，将石灰或水泥等固化剂与土基软土搅拌、混合处理的方法称为拌和法。它可分为表层土拌和法和深层（深度超过20m）拌和法。

1）混合加固土的性质

加固土的物理性质和力学性质如下：

A 密度：加固土的密度较加固前略有增加。

B 含水量：加固土的含水量较加固前地基土的含水量低。

C 强度：加固土的强度通常用无侧限抗压强度表示，用来确定地基加固的效果。影响加固土强度的因素有：

①固化剂的配比及龄期

②土的含水量

③固化剂的掺配量

④固化剂和土的拌和程度

除此之外，有机物含量高的土，硫酸盐含量高的土，加固效果较差。

2）深层拌和法的施工

在施工前，第一要确定固化剂的种类，是水泥、石灰、水泥浆，还是其他复合材料；第二根据设计强度的要求，选取施工地段有代表性的土进行固化剂配合比试验，确定施工时固化剂的掺配量；第三检查施工机械运转是否正常，特别是固化剂的排送量，以保证固化剂配比正确。下面介绍两种施工方法：

①DLM 施工法（DeepLimeMixingMethod）。该法的施工顺序是：首先在预定的位置安装好深层混合搅拌机，转动搅拌翼片，使其边切土边靠自重下沉。待搅拌翼片下沉到预定深度时开始压入固化剂；同时边提升搅拌轴边回转，使固化剂与地基土充分拌匀，形成柱状加固体。根据设计需要，也可将加固体搭接排列，形成壁状或块状加固体。这种施工方法采用的固化剂多为水泥浆。

②喷射粉体搅拌法。该法的施工顺序与 DLM 法基本相同，不同之处是固化剂。它是用压缩空气把粉状或粒状的固化剂压送到搅拌翼片处，待搅拌翼片旋转时，从翼片背面形成的空隙部位喷射出来，喷射出来的固化剂黏附在含水分的软黏土上，通过翼片来搅拌。输送固化剂的压缩空气则经回转轴的四周出地面。

为了保证加固土的均匀性和质量，喷粉搅拌后还应二次复搅，复搅深度应大于 1/3 桩长或大于 5m。施工机械由输送固化剂的粉体喷射机、空气压缩机、发电机和混合搅拌机组成。

施工结束后形成粉喷桩体，养护 7d 或 28d，必须取样检查桩体加固土的强度是否达到设计要求。

本施工方法的特点是：在短时间内可得到较高的强度，压缩性能得到改善，对周围环境影响小，几乎不需要弃土。

利用化学溶液或胶结剂，采用压力灌注或搅拌混合等措施，使土颗粒胶结起来，达到对软土地基加固的目的，称为化学加固法，又称胶结法，此法加固效果取决于土的性质和所用的化学剂，亦与施工工艺有关。

目前化学溶液主要有：

①以水玻璃溶液为主的浆液，其配方较多，常用的是水玻璃浆液和氯化钙浆液配合使用，价格昂贵，使用受到限制。

②以丙烯氨为主的浆液，我国研制的丙强就是其中的一种。加固效果较好，但因价格

高昂亦难以广泛采用。

③水泥浆液，是由高标号的硅酸盐水泥，配以速凝剂而组成的浆液。

④以纸浆溶液为主的浆液，如重铬酸盐木质素和木铵，加固效果好，但有毒性，且易污染地下水。以上四类，目前以水泥浆液使用较多。今后发展的关键应是研制高效、无毒、易渗酌化学浆液。

化学加固的施工工艺有注浆法和深层拌和法（此法见本章 第二节 所叙）。注浆法（灌浆）是利用机械压力将浆液通过注入管，均匀注入地层，浆液以填充和渗透方式，排挤土粒间或石隙中的水分和空气，占据其位置，一定时间后，浆液凝固，可使用原土层或缝隙固结成整体。其用途甚广，除了加固软土地基之外，还可加固流沙、流石地基，路基中用以防护坡面和沿河堤岸；

整治滑坡等病害，同时通过加固处理，提高了土体的强度和不透水性，可改善地下工程的开挖条件等。注浆法所用的浆液，分为无机和有机两种。以水泥为主的浆液为无机类，其料源多、价格较低，但不易灌入孔隙细微的土内，一般常用于砂卵石及岩石较大裂隙的地基中。水泥的水灰比大约为 0.8～1.0。为了改善浆液性能，可加掺外加剂。如速凝时，加水玻璃或氯化钙等；缓凝时，加岩粉或木质亚酸等。化学浆液的种类很多，以水玻璃和纸浆废渣为主剂。水泥及化学浆液均属无机化学材料，其共同特点是速凝（几分钟）、强度高（水泥浆液 28d 试验样品的抗压强度达 7.0MPa 以上），固结率高、可灌性好，但抗折强度低（0.14MPa 左右），适宜用于潮湿条忻或水中（暴露空气中会龟裂剥落）、不耐冻、难注入细缝隙内，其他化学浆液中有丙强、木铵、丙烯酰胺及碱液等，且各自适用于一定条件。

近年来已在广泛应用的成孔石灰桩，可作为化学加固法和挤密法综合运用的实例。石灰桩主要作用是挤密，而生石灰的吸水、膨胀、发热及离子交换作用，使桩体硬化，改善了原地扩土的性质，此外还可减小因周围土的蠕变所引起的侧向位移。利用石灰桩加固软土地基，关键在于石灰桩在地下水中能否结硬。试验表明：水中含有酸根是石灰桩结硬的基本条件。由于石灰桩在水下结硬的速度远比在空气中慢得多，所以将石灰和水就地拌和，增加石灰与外界的接触，结构状况比纯石灰桩好得多，可提高桩的早期强度。石灰桩吸水膨胀和对土体的挤压作用，是石灰桩加固地基的特殊功能。石灰桩施工时要求生石灰必须密封贮存，最好选用新鲜块灰，同时灰块必须粉碎至一定要求。

石灰桩的一般桩径约 20～30cm，桩的间距约为桩径的 3.5 倍，需通过设计计算而定。可在乎面上按梅花形布置。在湿陷性黄土中石灰桩施工可用爆扩成孔法，即先钻孔，孔直径约 10cm，孔内沿深度每隔 50cm 置炸药筒，引爆扩孔挤压，再灌以灰土，分层捣实，可以消除黄土的湿陷性。

4. 排水固结法

饱和软土在荷载作用下，排水固结，抗剪强度可得到提高，以达到加固的目的。此法常用于加固湿软地基，包括天然沉积层和人工充填的土层，如沼泽土、淤泥及淤泥质土、水力冲积土等。

排水固结法的实际效果，取决于土层固结特性、厚度、预压荷载和预压时间。厚度小于 5m 的浅软土层，或固结系数较大的土层，较短时间预压即可。排水固结法中目前常用的施工方法有砂垫层法、砂井排水法和塑料板排水法，现分述如下：

（1）砂垫层法

砂垫层是指作为湿软土层地基固结所需要的上部排水层，同时又是路堤内土体含水增多的排水层。砂垫层的作用是加速软弱土层的排水固结，从而可提高承载力，减少沉降量，同时可防止冻胀，消除膨胀土的胀缩作用，也可处理暗穴。砂垫层厚度，一般在 0.5 ~ 1.0m 之间，太厚施工困难，太薄效果较差。砂料以中粗砂为宜，要求级配良好，颗粒的不均匀系数不大于 5，含泥量不超过 3% ~ 5%。砂垫层施工要点为：1）设置放样桩；2）一般用自卸汽车及推土机配合分层摊铺；3）摊铺第一层的推土机应采用低比压，第二层可采用中比压推土机。搬运砂石用的自卸汽车只允许在已建的临时道路（软基旁边）卸料；4）摊铺必须尽量做到均匀，注意不要有很大的集中荷载作用。当砂垫层上路堤填料为透水性较差的黏性类砂土时，路堤坡脚附近砂垫层易被路堤填料覆盖，可能造成堵塞阻碍侧向排水。因此必须做好砂垫层端部处理，如片石护砌或其他防护。国内有的高速公路的砂垫层施工时，在其上加铺土工格栅、土工布等。

（三）土石路堤填筑

1. 基地处理应满足规范要求，在陡、斜坡地段，土石路堤靠山一侧应按设计要求做好排水和防渗处理。

2. 填筑应符合以下规定

1）压实机械宜选用自重不小于 18t 的振动压路机；

2）施工前，应根据土石混合材料的类别分别进行试验路段施工，确定能达到最大压实干密度的松铺厚度、压实机械型号及组合、压实速度及压实遍数、沉降差等参数；

3）土石路堤不得倾填，应分层填筑压实；

4）碾压前应使大粒径石料均匀分散在填料中，石料间孔隙应填充小粒径石料、土和石渣；

5）压实后透水性差异大的土石混合料，应分层或分段填筑，不宜纵向分幅填筑；如确需纵向分幅填筑，应将压实后渗水良好的土石混合料填筑于路堤两侧；

6）土石混合材料来自不同料场，其岩性或土石比例相差较大时，宜分层或分段填筑；

7）填料由土石混合材料变化为其他填料时，土石混合材料最后一层的压实度应小于 300mm，该层填料最大粒径宜小于 150mm，压实后，该层表面应无孔洞；

8）中硬、硬质石料的土石路堤，应进行边坡码砌。码砌边坡的石料强度、尺寸及码砌厚度应符合设计要求。边坡码砌与路堤填筑宜基本同步进行。软质石料土石路堤的边坡按土质路堤边坡处理。

3. 中硬、硬质石料土石路堤质量应符合以下规定

1）施工过程中的每一压实层，可用试验路段确定的工艺流程和工艺参数，控制压实过程；用试验路段确定的沉降差指标，检测压实质量；

2）路基成型后质量应符合规范要求。

4. 软质石料填筑的土石路堤，应符合规范要求。

5. 土石路堤的外观质量标准

路基表面无明显孔洞；大粒径填石无松动，铁锹挖动困难；中硬、硬质石料土石路基边坡码砌紧贴、密实，无明显孔洞、松动，砌块间承接面应向内倾斜，坡面平顺。

（四）高填方土质路基填筑

1. 高填方路基沉降的原因

（1）设计的原因

因特殊条件限制，导致高速公路路线必须通过地势复杂的山区时，设计上需按照《规范》要求对高填方路基作特殊设计处理。现实中有许多案例，未对路基进行高填方路基的稳定性和安全性验算，而按照一般情况进行设计，也没对施工工艺、填料等作特殊说明，在施工过程中或完工后，这些路段的路基可能会发生局部的塌陷甚至大面积的破坏，影响公路的正常使用，导致交通事故的发生。

（2）施工的原因

施工的原因又可以主要分为三条：路基填筑工艺的原因，施工机械和碾压工艺的原因，质量管理和技术管理的原因。

路基填筑工艺原因主要强调了：在填筑过程中，必须严格按照施工规范的要求填筑，不能随意改变填筑层厚度，碾压的次数也要遵循规范。如果不按照规范操作，当填筑完毕时，高填方路基产生的沉降变形会非常的严重；施工机械与碾压工艺的原因主要强调了：在施工过程中，选取的整平碾压机器应该符合规范的规定，并按照规范要求的压实工艺进行碾压，如果不遵循规范要求，压实度达不到规定要求，可能会导致高填方段路基产生较大的沉降变形；质量管理与技术管理的原因主要强调了：由于人为的原因导致工程质量不符合标准，造成施工隐患，严重时会发生安全事故，其中人为因素主要包括：工地现场人员的职业素质偏低、技术管理力度不够、责任心不强等。

（3）工程地质的原因

工程地质的原因主要是指施工现场位于地势情况比较复杂的沉陷区或者是沼泽软基地段，其特点是地表土壤密度小、含水量大、压缩变形大、但是承载力却很低，当路基在填筑过程中随着填料不断增加时，地基可能会发生压缩变形，甚至导致路基的沉降或开裂。

（4）路基填料的原因

当路基的填筑料中混入了腐殖质，泥沼土等承载力低的劣质土时，这类土壤中有机物含量多、抗水性差、强度低，路堤会出现塑性变形或沉陷破坏，尤其是膨胀土，它会遇水

膨胀软化，风干收缩开裂，且结构稳定性极差，用作填料时随着土壤中水分的挥发，收缩开裂尤为严重，会对路堤的整体结构造成极大危害。

（5）路基排水的原因

由于路基在含水量过大的情况下会致使路基土松软，路基整体强度降低，发生滑坡和崩塌，所以路基排水的好坏对整体的稳定性也起到了至关重要的作用，它可以有效地预防堤身沉陷或滑动以及产生冻害等。

2. 高填方路基下沉的处理措施

为了处理高填方路基工程完工后在自然作用和外力荷载反复作用下，产生的路基的整体塌陷或局部沉陷、边坡崩塌问题，我们应该对高填方路基出现的病害采取有效的工程措施，使公路处于良好的运营状态，保证高速公路的正常使用，下面介绍几个常用工程措施供处理路基病害时的参考：

（1）灌浆法

灌浆法主要是利用液压、气压或电化学原理，将浆液注入地层中，浆液会充满掩饰的空隙中，将其密实，经过一定的时间后，浆液凝固，会将原来松散的土粒胶结成一个整体，形成一个"结合体"，其特点是结构稳定、强度大、防水性能和化学稳定性能都很好。

（2）固化剂法

固化剂法主要应用于路基填筑过程中，因填筑材料的更换受到限制，且所用的材料数目不大的情况，这时可以填筑材料中掺入一定数量的固化剂来处理病害。固化剂的种类有许多，不同的固化剂的物理化学性质也不同，它是一种特殊的建筑材料。从固化剂从形态上分类，可以将固化剂分为固态和液态两大类，从化学成分上看，又可以分为主固化剂和助固化剂两大部分。主固化剂是通过与土混合加压，解决表层或浅土层的固化问题，助固化剂则通过特殊工艺将浆液注入土中使土固结，用于解决深层土的固结问题。

（3）粉喷桩法

粉喷桩法主要用于10m以内的路基沉降病害。粉喷桩法处理软基土的机理粉体固化剂通过专门的器械盆处于软土进行搅拌，固化剂会与软土中的物质发生物理化学反应，进而在地基中形成高强度、刚度的桩体，与此同时也使桩周土体性质得到改善，桩体与桩体土形成了复合地基，使地基承载力大大地提高了。

（4）设置土工格栅法

设置土工格栅法适用于高填土方路基下沉不明显，只是在路面上出现纵向裂缝，且路面标高变化不大的情况下。具体过程是：首先将裂缝两侧的损坏的沥青用切割机进行切除，尽量保证两侧的切除量是相当的，然后在其上铺设土工格栅并用钢钉固定，最后在格栅上在铺设沥青路面。这种处理措施的特点是经济方便而且比较实用。

（5）换土复填法

换土复填法是一种将路基原有的病害土刨去，换上符合规范要求新土的快捷简易方法，它适用于由于填筑土不符合规范要求而导致路基下沉，且下沉程度不严重的情况下，选用的换填土最好是级配良好的沙砾土，在回填处逐层挖补成台阶状，挖补面积要扩大，由上自下填筑、碾压，使其密实。

3. 高填方土质路基填筑方法及技术

路基的强度和稳定性受路基施工过程中填筑方法及其填筑技术的影响极大，其中含水率和压实度是路基填筑施工的控制性指标，主要以深圳外环高速公路工程为依托工程，根据施工控制含水率和压实度的控制方法为主线，结合路基施工工艺及填筑施工流程、碾压机械的选择以及含水率和压实度的快速检测方法来论述高填方土质边坡路基填筑方法及其技术研究。通过探讨填筑技术对路基强度和稳定性的影响，综合分析各个影响因素，总结相关经验，以期更好地指导实际工程。

（1）施工控制含水率

1）最佳含水率和施工控制含水率

土的最佳含水率是指使用同一大小的击实功或碾压功分别对处于不同含水率的土料进行压实和碾压，测定各个土料经过击实或压实后的含水率和干密度，以干密度为纵坐标，含水率为横坐标，绘制干密度与含水率之间的关系曲线，此曲线为击实曲线或碾压曲线。击实曲线上干密度峰值即为最大干密度，最大干密度所对应的含水率就是最佳含水率。

在击实试验中可以发现土的含水率对土的击实效果有着重大影响。当土的含水率为最佳含水率时，其击实效果最佳，这是由于当含水率较小时，土中的水主要是强结合水，土粒周围的结合水膜较薄，使得土粒间具有很大的分子引力和摩擦阻力，其阻碍了土颗粒之间的相互移动，土的击实相对比较困难；当含水率适当增大时，土中水则包括强结合水和弱结合水，结合水膜变厚，土粒间的联结力减弱而使土粒易于移动，击实效果相对较好；但是当含水率持续增大时，土体中含有一定量的自由水，击实土体中有孔隙水压力，作用在颗粒上的有效能量降低，使得击实效果下降。故当含水率大于或小于最佳含水率时，干密度都小于最大值。

当土的含水率接近其对应的最佳含水率时，所需要的压实功最小，压实效果也最好，并且在实际工程的路基施工当中，能提高施工机械的工作效率，降低施工成本，提高经济效益。公路土方路基施工过程中以最佳含水率为标杆来对路基的填料的含水率进行控制，是确保路基在应有强度和稳定性条件下的一项最为经济有效的技术措施。

为了增大路基土的碾压强度，确保路基的强度和稳定性，减少恭候变形并尽快在新筑的路堤上铺筑路面，让公路发挥其应有的效益。交通部对相应的施工技术规范做了移动的修改，提出了土质路基压实时最佳含水率的控制范围，以保证土质路基的填筑质量，虽然最佳含水率和最大干密度贯穿整个路基填筑施工的全过程，但是在实际的施工过程中，由于受到多方面因素的综合影响，几乎不可能达到这个理想的最佳值，个别实际工程中甚至连规范中允许的 ±2% 的偏差控制值都很难到达，再者不同填料压实标准不同，对同种土质的含水率也应随压实度的降低而将控制范围有所放宽。实际工程中一般采用图解法和经验公式法进行控制。

图解法是依据各填筑层所要求的压实系数 K，按照下式求取所需的相应干密度 ρ_d，即：

$$\rho_d = K\rho_d max \qquad (1-1)$$

式中：$\rho_d max$——土的最大干密度，g/cm³

然后在标准击实曲线图中代表的干密度竖坐标轴上按上式求得的值处做一条平行于横轴的横线，标准击实曲线与横线的左右两个交点的含水率即为要求的施工控制含水率的范围，也是该密实度下的施工控制含水率的上限值与下限值，如下图所示：

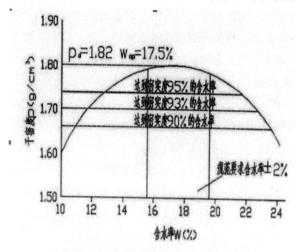

图2-1-1　标准击实试验曲线（ρ-W）图

也可以采用经验公式计算出不同压实度时的上、下限含水率 $w_上$ 和 $w_下$：

$$w_上 = 100G_w\left(\frac{1-V_a}{\rho_d} - \frac{1}{G_s}\right) \qquad (5-2)$$

$$w_下 = w_{op} - \left(w_上 - w_{op}\right)K \qquad (5-3)$$

式中：V_a——土体中残留的密闭空气率（黏土一般取 2%，粉土一般取 3%，砂土一般取 6% ~ 9.5%）；

w_{ap}——最佳含水率，%

G_w——水的比重；

G_s——土粒比重。

用经验公式法算得的含水率比图解法求得的含水率均大 2% 左右，一定程度上经验公式具有一定的保守性。图解法由标准击实曲线求得，一般较为符合工程实践情况，控制范围更宽一些，有利于快速组织施工。

2）施工过程中的含水率控制：

①黏性土碾压钱的含水率控制

对于高填方土质路基而言，碾压前的含水率控制是重点也是难点，若施工现场温度较高，用试验方法测定土体含水率在时间上很难满足要求的。针对图场当中黏性土较多的特点，在施工现场最快捷最实用的方法便是外观检测，即将土握在手中，能成团又不黏手，离地约一米高时放开手，使土体自由落体，能松散打开，即可认为此时土体的含水率已接近最佳含水率。如土体自由落地时不散开则表明此状态的土体含水率偏大，需运用翻晒法以使得多余的水分得以蒸发。若土体攥不成团则表明此状态的土体含水率过低，需要补水。此外，在碾压过程中，因为上层土的水分蒸发较多，故应在终压前向图表再洒一次水，当不粘碾时再终压二次。特别要注意的是，夏季的碾压作业应尽量选择低温时段，宜在早晚时段进行的碾压作业，此举对含水率的控制有利。

②对于含水率和土质不均匀的拌和

由于高填方土质路基的填筑高度较高以及土质的特殊性，其对含水率和土质均匀性的要求较高。若土场中土体基本呈层状结构且含水率偏低时，此时须有一个队土体拌和、增加含水率的再加工工艺。工程实践中多采取土场初拌和现场拌和两道工序来保证路基用土的质量和含水率要求。土场初拌，由土场取土的深浅分为挖掘机翻拌法和推土机翻拌法，取土较深的土场多采用前者，此法即用挖掘机在取土范围内从上至下进行挖土移位堆放，重复此操作二至四次；取土较浅的土场多采用后者，此法即用推土机在事先已经完成的工作基坑内在取土深度范围中进行侧向推土移位拌和二至四次。挖掘机翻拌法和推土机翻拌法均要满足外观混合基本均匀的条件。现场拌和，土场的土料经过初步拌和后运至施工现场，按每层虚铺厚度进行摊铺且用平地机进行初平。检查含水率状况，若含水率偏低则进行补水作业，补至合适。此处用平地机进行拌和的施工范围较大且施工效果更佳，此工序重复 2～4 遍即可。经过土场初拌和现场拌和这两次拌和以后，土料的土质和土料的含水率能接近实验室取样的同等操作条件，也就能较为理想的接近并达到最佳含水率的要求。

③多雨潮湿地区路基的控制

高填方土质路基作为山区丘陵地区最常见的路基结构形式，其施工期间受山区雨水的影响不可忽视。随着季节的变化以及降雨量的不同，路基含水率也随之发生变化，有些季节 降雨量较大，路基含水率则会大于最佳含水率；有些地区降雨量较小，路基含水量则会小于最佳含水率。一般情况下，多雨潮湿地区路基的含水率都会大于最佳含水率，而且由于压实含水率小，土基在浸水之后的膨胀量大，所以路基在易浸水的情况下，路基不宜在含水率小于最佳含水率的情况下进行碾压作业，而沙砾土细颗粒含量较少，对含水率不是很敏感，上基压实以后，含水率的变化对其影响不大，体积和强度变化都相对较小，故可以采用压实度作为土基的控制标准。在土基投入使用以后，湿度的变化对土基的强度以及稳定性影响不大，所以路基压实控制时不但要使得压实度满足施工要求，而且其含水率也不能过低，防止土基吸水后产生的膨胀应力反作用于路面，破坏路面结构。

④干旱缺水地区的路基碾压填筑

建于干旱缺水山区中的高填方土质路基受到底气候环境的影响同样不容小觑。在干旱缺水地区，由于填土的含水率较低，且摩擦力和黏聚力都较大，当补水增加填土含水率的方法又难以实现时，为了达到所要求的压实强度，可采用减薄土层厚度，加大碾压机械能量和增加碾压次数等方法来实现。但是需要特别注意的是，采用上述方法压实的黏性土吸水或浸湿以后，其强度会明显下降，因此，上述方法因经过充分论证、慎重之。

（2）压实度

在试验室内用规范规定的击实试验法求得试验土的最大干密度 $\rho_d max$，以及在施工现场根据相关施工机械碾压压实后实现此种土的干密度 ρ_d，此种土的压实度 K 即为 ρ_d 与 $\rho_d max$ 的比值，即 $K=\rho_d/\rho_d max$。击实试验法通常分为重型击实试验法和轻型击实试验法，其中重型击实试验适用于高速公路、一级公路土料的最大干密度的测定，轻型击实试验则适用于其他等级公路及潮湿多雨地区土料的最大干密度的测定。

1）压实标准：

规范中对压实标准有着明确的要求。对于土质路基而言，压实度应该符合下表 2-1-1 的规定。

表2-1-1　土质路基压实度标准

路基形式		路床顶面以下深度（m）	压实度（%）		
			高速公路一级公路	二级公路	三、四级公路
路堤	上路床	0 ~ 0.30	≥ 96	≥ 95	≥ 94
	下路床	0.30 ~ 0.80	≥ 96	≥ 95	≥ 94
	上路堤	0.80 ~ 1.50	≥ 94	≥ 94	≥ 93
	下路堤	> 1.50	≥ 93	≥ 92	≥ 90
零填及挖方路基		0 ~ 0.30	≥ 96	≥ 95	≥ 94
		0.30 ~ 0.80	≥ 96	≥ 95	—

表中压实度以规范中重型击实试验法为准。当三四级公路铺筑水泥混凝土路面或者沥青混凝土路面时，其压实度应采用二级公路的规定值。路堤处于特殊气候地区或者采用特殊填料时，压实度应采用二级公路的规定值。路堤处于特殊气候地区或者采用特殊填料时，压实度标准可以根据试验段的收集的相关数据并经过充分论证，在保证路基强度要求的前提下适当降低。此外，对特别干旱地区的压实度标准可以降低 2% ~ 3%。

2）影响压实度的因素及压实度的控制方法

影响路基压实度的因素有很多，比如填料的土质、含水率、地基强度、土层厚度等，本节从以下六个方面对高填方土质路基压实度的控制深入分析，做好各个要素的控制工作，对设计和施工提出指导性建议，以确保高填方土质路基的压实质量。

①试验段的填筑

试验路段一般可设置于二级及二级以上公路路堤、填石和土石路堤、采用特殊填料路堤、特殊地段路堤以及拟采用新工艺、新材料、新技术的路基。试验路段宜选在地质构造、断面形式等富有工程特色的代表性地段，且长度不应小于100m。鉴于高填方土质路基的复杂性和特殊性，通常要进行试验段的填筑。铺筑试验段是为了确定最佳含水率、含水量允许偏差、不同的土质、填土厚度、压实机械的最佳配合组合以及使其满足压实度标准的碾压次数，通过对施工工艺的主要参数进行分析，归纳压实经验，得以知道整个工程的路基填筑施工。通过实验路段获得不同土质、不同填土厚度、不同压实机械在要求施工控制含水率的条件下，满足各个填筑区域各压实度区段标准的碾压速率和碾压次数。

②地基强度的控制

高填方土质路基的填筑高度较大，在路基填筑中，若地基没有一定的强度，路基的底层是很难满足压实度的要求的，所以，在路基填筑之前，通常要将地基进行充分碾压，使其具备一定的强度。如在地基比较软弱的区域，若直接在地基上填筑路基上填筑路基，路基的第一层甚至第二层（每层按三十厘米计）用重型压路机不能进行正常作业；碾压时土层会产生"弹簧现象"，其越压，"弹簧现象"越明显，故对于此类基地如农田、河塘、湖海地区、软土沼泽地区，通常要进行地基处理。首先应把此类地基的地表水排干，置换地表不良土层，经碾压将其压实，然后在其上填筑路基。若地表水不能疏于，或含水率仍然较高，或地下水位较高，则应当采取专项处治，如采用设置盲沟的方法来降低地下水位和基底土料的含水率。采用置换透水性好、水稳性好、不易风化、压缩性小的砂土、沙砾、块碎石、矿渣、片石、卵石等方法，或者采取超载预压、反压护道、抛石挤淤、土工织物、碎石桩、塑料板排水、渗水及灰土垫层等措施，将地基处理后方可填土压实。此外，还可采用掺加石灰或土壤固化剂等对地基进行处治。基底若未处治好，不但对路基底部土层的压实有影响，同时有可能影响路基的整体稳定性，从而造成路基、路面的沉降变形等工程灾害。故地基强度的控制应当引起设计和施工人员的充分重视。

③填土厚度的控制：

高填方土质路基德压实效果受填土厚度的影响较为明显，在土体含水率等其他因素相对不变的情况下，若压实遍数相同，则密度会随着填土厚度的增加而逐步降低，因此，施工过程中要严格控制填土厚度。控制施工工艺如下：

A：施工人员根据松铺系数和填土厚度估算出每工作段中单位面积填土量。

B：施工现场安排专人调度自卸车卸土，并且严格收房计量。采用设置边桩、中桩、设方格的方法控制填土厚度。

C：测量人员在边桩上做好相关标记以控制每工作段虚铺厚度。

D：为确保运输过程中土料的统一度，在取土场装车时运用挖掘机和装载机取土和装土，操作手严格控制每车的斗数和每斗的装车量，在现场派专人计数和检车。

④含水率的控制：

施工现场测定土的含水率时，可采用如下方法进行控制：

A 首先应用简易的目测方法。手抓一把土，捏紧后松开，土不散或握紧后从1m高自由落体，落在地上即可散开，这时土的含水率克满足施工控制的含水率的要求。

B 当分段分层填土时，尽量用同一土场的土源，同时应尽快在短时间内集中填土，此法可保证一个工作段内填土的含水率基本一致。

C 当现场测得的含水率较最佳含水率小时，应在施工现场派散水车洒水，同时用平地机进行拌和，复测含水率，当含水率接近最佳含水率时方可进行碾压作业。当现场测得含水率过大时，应采用平地机配合推土机对土料进行掺灰或翻晒，直至复检含水率到达施工要求时方可碾压。对于施工过程中出现的："弹簧现象"，应坚持挖除换填，防止造成工程的安全和质量隐患。

⑤碾压程序的控制：

高填方土质路基压实的效果受压实机械的选择以及操作程序的影响较大。根据实际工程的具体土质情况，在条件允许的情况下，应当选择最佳的压实机械搭配组合。在碾压时，应当遵循"先慢后快，先边后中，先轻后重，相邻两轮道重合轮宽的三分之一"的碾压操作原则。此外，为防止重复碾压和渗压的不良现象，保证压实度质量和确保施工安全，碾压工作应尽可能安排在白天进行。

⑥碾压平整度的控制

无论是机械铺土还是人工铺土，在实际施工过程中都不可避免的会产生局部范围内的凹凸现象，形成龟背状铺土表面，当凹凸现象较严重时便会对压实效果产生不利影响。总结相关施工经验，在铺土施工过程中应采取后退式铺土方法，坚决杜绝前展式铺土，同时铲运机倒土时还应尽量避免高度落差倾倒，减小自重压力和自由落体带来的虚铺土体的不均匀，并且应在铺土过程中采用水准统一操作控制虚铺厚度和虚铺表面的平整度。

为了保证平整度，可对以下方面进行控制：

1）按高程进行控制，即为了保证不超层厚，需在摊铺上层前社长层高控制桩；

2）对摊铺横断面的要求，即为了有利于振动压路机压实，摊铺横断面应以略凸形断面为最佳，且不能出现凹形断面；

3）碾压过程中，宜采用人工找补的方法对局部坑洼点进行整平；

4）用整平机初平以后，用三轮碾大摆轮压实一次，再用整平机整平，用以消除土层在施工机械碾压影响下的虚高差异；

5）复测高程，将不合格点用整平机再进行找平。

开始碾压时，压实度增加较快，当碾压次数达到一定程度以后，压实度增加便会趋缓，再超过更多的遍数后，便可能出现过碾的现象，所以碾压次数应当适中。

（3）高填方土质路基施工工艺及填筑施工流程

为了保证工程的施工质量和施工进度，张林洪、吴华金提出了适用于一般路基施工的"三阶段、四区段、八流程"的流水作业方式。相关工程实例表明，此法对高填土质路基的施工工程质量和工程进度提供了有效保障，产生了良好的经济效益。"三阶段"分别为施工准备阶段、施工进行阶段以及竣工验收阶段；"四区段"分别为填筑区段、平整区段、碾压区段、检验区段；"八流程"的顺序为施工准备、基底处治、分层填筑、摊铺整平、翻晒或洒水、碾压密实、质量检验、路基整形。施工工艺流程如图2-1-2所示。

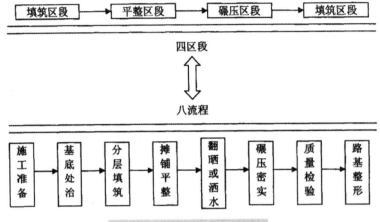

图2-1-2 施工工艺流程图

分层填筑路基时，上土前需要用推土机平整地面，再用平地机精平，最后用压路机碾压整平。现场施工测量人员将中桩及边桩位置做好标记，其中中线桩距保持在10米左右，除测量出每个横断面的中、边桩的标高以外，当路基宽度较宽时则需在路基左右两侧各加一个边桩同时测出其标高，以便现场施工时进行观测。通过体积计算，得出每车土能摊铺路基的面积，现场施工人员在施工路段上用石灰撒好方格，每一车土的土量用一个方格表示，自卸车按此方格倾倒土方，严格按照方格倾倒，该法不仅能保证单位面积上的填土量，而且还能提供施工现场的安全文明施工，有效防止安全事故的发生。需特别注意的是，为确保上土量的精确度，绝不能随意增减挖掘机对每辆自卸车的装车斗数。

上土完成后，用推土机进行粗平，再用平地机进行精平。施工人员在施工现场取土，并在现场快速检测土料的天然含水率，将测得的含水率与最佳含水率进行对比，若测得含水率较最佳含水率高则应将土体翻晒或掺入适量石灰，若测得含水率较最佳含水率低则略微洒水，使碾压前的含水率逐步接近最佳含水率。待平地机精平完毕后，现场施工人员应当将中桩和边桩的位置进行恢复，测得每处横断面的五个标高，并记录好相关数据，将此标高结合上土前所对应点的标高对比分析，即可得出该处的土方松铺厚度，实测松铺厚度应取其算术平均值。上述工序完成后，方可使用压路机对土方进行碾压，压实应遵循先重后轻，先静压后振动的碾压原则，为使碾压有垂直振动的最优效果，碾压速率要尽量放慢。试验测试人员应随时检查土方的压实效果，一般在压路机压完三遍以后，此后再每压一遍则需按规定频率对压实度进行检测，并记下相关数值并做好记录工作。此外，待碾压完毕以后，现场测量人员再次将中桩、边桩进行恢复，并测得每个横断面上对应的五处的标高，记录好相关数据，将其数据与碾压前进行分析，计算出实际压实厚度值，此类土的松铺厚度即可用松铺厚度值除以压实厚度值求得。结合相关规范文献，得出高填土方路基填筑施工流程图，如图2-2-3所示。

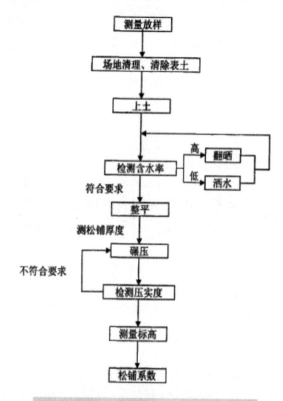

图2-2-3　高填土方路基填筑施工流程图

（4）碾压机械的选择

1）碾压机械的种类

当前用于路基压实的机械有许多种，按照作用机理的不同通常分为三大类，即夯压式、碾压式和振动式。

夯压式机械中除木夯、石硪为人工使用以外，其他夯压式机械都是机动设备，机动设备有夯板、夯锤、风动夯和蛙式夯机等。在施工场地受限的狭窄的区域通常使用夯压式机械，如涵管上和涵管旁的填土、桥头填土、狭小地基的压实以及地基换填土的压实多应用夯压式机械，其中夯锤法和夯板法还适用于稍湿的一般砂土、黏性土、表土、杂填土、泥炭、沼泽土和湿陷性黄土等，且用此法可使上述土体强度增大二至五倍，但是应该特别重视的是，当距离构造物太近时使用强夯锤和夯板等重型夯实工具会对构造物造成重大的安全隐患，因此此时宜采用人工夯、蛙式夯等轻型夯实工具。

碾压式机械一般分为光面碾、气胎碾和羊足碾三种。碾压式机械通常适用于黏性土的碾压中，其对砂性土的压实效果通常不佳，其中光面压路机虽然能得到较为平整的表面，但是压实深度不足；轮胎压路机通常吨位较大，且与压土层接触面积较广，能同时得到平整的表面以及较大的压实深度；羊足碾的优点是单位面积的压强较广，能同时得到平整的表面以及较大的压实深度；羊足碾的优点是单位面积的压强较高，他的压实效果和压实深度都比同等条件下的光面压路机强，但由于羊足碾的压实时从下而上的，用羊足碾碾压过后，其表层 6 ~ 10cm 的土层仍是松散的，需要结合光面压路机进行压实。

振动式机械通常使用振动压路机。振动式压路机有"三高"，即功能强大、压实深度大、有效密实度大，同时还能兼做轻型、中型、重型压路机使用。随着实际工程当中对压实度要求的越来越高，便促使振动压路机的应用范围更为普遍和广泛。此外，振动压路机能广泛适用于多种土体，其中压实效果最好要属砂性土，压实效果较差则为黏性土。

在同一碾压遍数的情况下，吨位大的压实机械较吨位小的压实机械其压实效果要明显很多。同时若施工现场用 30T 的压实机械对粗粒土碾压变形稳定后，再用 50T 的压实机械进行碾压，则变形仍然非常明显，故针对工程运营中属于超重荷载交通的实际情况综合考虑，使用大吨位的压实机械较好。此外，通过收集施工现场的相关资料可知，碾压速度逾低，压实效果愈好，反之，碾压速度愉快，压实效果相对较差，但综合考虑碾压机械的性能、经济性、安全性等各个因素，把实际填筑时的行车速度控制在 2 ~ 4km/h 为宜。

2）根据土质选择碾压机械

由于高填方土质路基的土质及其含水率的不同，进而导致其孔隙率大小与力学特性的不同，从而上述因素影响压实效果。碾压机械对土质实施压实的方法，以及施加能量的大小，也会使压实效果不同。根据土质的不同，可以按表2-1-2的内容进行碾压机械初选。

表2-1-2 各种土质适宜的碾压机械

机械名称 \ 土的类别	细粒土	砂类土	砾石土	巨粒土	备注
6 ~ 8 吨两轮光压路机	√	√	√	√	多用于整平
12 ~ 18 吨三轮光压路机	√	√	√	√	使用广泛
25 ~ 50 吨轮胎压路机	√	√	√	√	使用广泛
推土机、铲运机	√	√	√	√	仅用于摊土以及预压
振动平板夯	Δ	√	√	Δ 或 ×	多用于狭窄区域，机械质量 800kg 的常用于巨粒土
手扶式振动夯	√	√	√	Δ	多用于狭窄区域
夯锤（板）	√	√	√	√	夯击影响深度最广
羊足碾	√	× 或 Δ	×	×	粉、黏土质砂多用
振动压路机	Δ	√	√	√	使用广泛
手扶式振动压路机	Δ	√	√	×	多用于狭窄区域
凸块式振动压路机	√	√	√	√	最宜使用于含水率较高的细粒土

注：　表中符号：√表示建议使用；Δ表示无最佳的机械时可替代使用；×表示不宜适用。

①由于黏性土的黏性较强，内摩擦力较大，含水率较高，为使土体空隙中的多余的水分和空气得以排除，以增大其密实度，故碾压时应保证有较大的作用功以及较长的有效作用时间。为使得黏性土路基铺筑具备良好的压实效果，通常宜采用轮胎式压路机和凸块压路机。当路基铺筑层不厚时，为保证其压实效果良好，则宜采用超重型静压式光轮压路机保持较低的速度压实。由于土中水分易在振动压实的情况下挤出，从而形成"弹簧土"，故为保证路基的压实质量，黏性土路基通常不选用振动压路机。

②由于粉土和砂土的黏性不强，水分极易进入土体的空隙当中，故要达到满意的压实度较为困难。应加入吸水性较强的黏土、石灰或其他材料对该类土加以改良，并宜采用静压式压路机等具备较大压实功率的压实机械进行压实。此外，不宜选用凸块式碾滚压路机和振动压路机对该类改良土进行压实作业。

③砂性土、混合土则介于黏土和砂土之间，此类土压实性能良好，运用各种压路机进行碾压均能保证较高的压实质量。选用振动压路机压实效果最佳。

④对于碎石、砾石级配的铺筑层而言，为保证石料和粒料之间有更好的镶嵌效果，使稳定性更佳，宜采用振动压路机碾压。

⑤在压路机的选用当中，被压材料的抗压强度也是必须充分考虑的因素之一。若期望得到最佳压实效果，则应保证在终压时，被压材料的压力值等于抗压强度的80%～90%。当终压时接触应力较被压材料的抗压强度极限大时，则填筑材料的表层会产生松散效应，骨料进一步压碎，将会破坏铺筑层的级配。若压实机械的选型受限，使得压路机的单位压力过高或过低，则应严格安排碾压遍数，以确保压实质量。

第二节　路堑开挖

一、施工准备

1.现场核对

工程开工前，结合现场进行设计文件核对。内容主要包括：地形地貌、挖方数量、弃方位置、土方利用等。

2.分析土体的稳定性

土体的稳定与否直接关系到路堑边坡的稳定，因此，施工前必须做好土体稳定性分析，如土体结构和构造、土的密实度、潮湿程度等。一般情况下，黏土的黏聚力对土体的稳定有利，而黏聚力的大小与含水量有着直接的关系，所以分析土体的含水量对土体稳定性分析有着直接的意义；另外，土质是否均匀也对土体的稳定性有重要影响。在对土体进行分

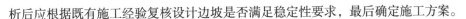

析后应根据既有施工经验复核设计边坡是否满足稳定性要求，最后确定施工方案。

3. 布置并施工便道

根据现场地形确定机械进出便道路线并修筑。便道修筑应满足施工机械使用的需要，尤其是运输车辆的需要，不能为节约成本，只顾眼前利益而随便修筑，使得运输车辆效率低从而增加成本。

4. 测量放线

根据复测的线路中线放出开挖边线，放线时应定位准确，两侧各预留 0.2 ～ 0.5m 不开挖，待开挖后进行人工刷坡。

（一）土质路堑开挖

1. 施工要点

（1）土方路堑开挖应根据地面坡度、开挖断面、纵向长度及出土方向，结合土方调配距离，选用安全、经济的开挖方案。

（2）可作为路基填料的土方，必须分类开挖和使用，非适用材料做弃方处理。

（3）较短的路堑采用横挖方法，路堑深度较大时，应分成几个台阶进行开挖；较长的路堑采用纵挖法，按横断面全宽纵向分层开挖或采用通道式纵挖法开挖；超长路堑采用分段纵挖法开挖。

（4）开挖过程中，必须采用采取措施保证边坡稳定；开挖至边坡时预留至少 30cm，保证刷坡过程中设计边坡线外的土层不受到扰动，同时对已开挖的坡面进行修复，确保开挖坡面是不欠挖、不超挖。

（5）开挖至路床部分后，必须先开挖排水沟并尽快进行路床施工，否则，应在设计路床顶高程以上预留至少 30cm 厚的保护层。

（6）当路床土含水率高或为含水层时，及时按照设计的盲沟、换填、改良土质、土工织物等处理措施进行施工。

（7）路床表层以下为非适用土、不满足 CBR 值的材料或整理完成的路槽测试弯沉值不合格时，必须换填符合要求的填料，换填深度满足设计要求，且不宜小于 80cm，分层回填压实。

2. 质量控制要点和监理要求点

（1）防、排、截水设施系统完善；

（2）严格控制开挖方式，选定合适的运输路线，保证运输道路安全、畅通；

（3）随时检查开挖界面，防止超挖和欠挖。应对边坡率进行动态设计；

（4）经常检查开挖边坡的稳定性，防止边坡溜塌；

（5）开挖将至路床顶时，复测高程，在适当位置标注开挖高程，防止超挖。超挖后，不得用虚土回填，必须用压实设备或小型夯实设备分层压（夯）实到规定要求；

（6）路基表面平整，线形平顺、圆滑；边坡坡面平顺、稳定，没有亏坡现象，曲线圆滑；碎落台位置准确，整齐。

3.土质路堑常见质量问题的防治及管理措施

1）路堑边坡溜塌防治机及管理措施；

2）施工中经常对边坡加以复核，确保边坡坡率符合设计要求；

3）及时进行边坡支护，未支护边坡应加盖塑料膜防水；

4）开挖至边坡时预留足够的宽度。

（2）边坡坡面欠挖防治及管理措施。

1）加强施工过程中的测量检查，增加测设点位，为施工提供准确的数据；

2）土质路堑接近路床顶面时，标注、加高高程控制点，并控制好挖机铲斗深度，辅以推土机、平地机及人工修整。

（二）石质路堑开挖

1.施工要点

（1）应根据岩石的类别、风化程度、岩层产状、岩体断裂构造、施工环境等确定开挖方式，软石或强风化岩石，采用机械直接开挖，作业方式可参照土方路堑开挖进行；机械不能直接开挖的石方，近边坡部分宜采用光面爆破或预裂爆破开挖。严禁采用洞室爆破。

（2）爆破法开挖石方路堑施工：

1）施工前，必须调查爆破区内有无空中缆线，并查明其平面位置及高度；调查地下水有无管线，并查明其平面位置及埋置深度，同时应调查开挖界线外的建筑物结构类型、完好程度、距开挖界距离等。

2）爆破一般情况下宜采用中小型爆破，只有当路线穿过孤独山丘，开挖后边坡不高于6m，且根据岩石产状和风化程度，确认开挖后边坡稳定，方可考虑大爆破方案。

3）根据确定的爆破方案，进行炮位、炮孔深度和用药量设计，设计图纸和资料必须报送监理工程师和有关部门审批。设计应考虑以下几点：

①应充分重视开挖边坡稳定，开挖风化较为严重、节理发育或岩层状对边坡稳定不利的石方，宜用小型排炮微差爆破。

②当岩层与路线走向基本一致，倾角大于1°，且倾向公路或者开挖边界有建筑物，应在开挖层边界，沿设计坡面打预裂孔。

③按岩石外表、节理、裂隙等情况，分别选择正炮眼、斜炮眼、平炮眼、吊眼等。

4）布孔与钻孔

①爆破施工员、测量员按照爆破设计放出炮孔位置并标注，由钻工按要求钻孔，钻孔机可选用冲击式钻机或潜孔钻；钻孔过程中严格控制孔位偏差和倾角。

②钻孔完成后，应对炮孔内的废渣予以清除，由质检人员逐个检查孔距、排距、孔深、倾斜度等并与设计值对比，符合要求后方可装药。

③炮孔装药、堵塞、起爆网络联结，必须由持有爆破证的专职爆破员作业、起爆必须

由爆破负责人统一指挥。

5）出渣

①须确认已经解除警戒，作业面上的危石检查处理后，清理出渣人员和机械方可入场。

②开挖石方横向调整或小于100m的纵向调运，可用推土机推运，需要纵向远运时，用自卸车运输；对大块石料，可集中进行二次爆破。

③石方开挖可分幅或分段进行爆破，石方清除和打炮眼可轮流作业。

④采用机械清渣时，应从上至下分层进行，严防滚石、塌方伤人损机。

（3）多级路堑开挖，应逐级开挖，逐级防护。

（4）石质路堑边坡清刷

1）石质挖方边坡应顺直、圆滑、大面平整；边坡伤不得有松石、危石，凸出于设计边坡线的石块，其凸出或超爆凹进尺寸均不应大于20cm；对于软质岩石，凸出及进尺寸均应不大于10cm；

2）挖方边坡从开挖面往下分级清刷，每挖2～3m时必须对新开挖边坡刷坡，软质岩石边坡用机械清刷，坚石和次坚石可使用爆破清刷边坡，同时清除危石、松石；清刷后的石质路堑边坡不陡于设计规定，并应视岩质情况对边坡坡率进行动态设计；

3）石质路堑边坡如因过量超挖而影响上不边坡岩体稳定时，一般情况下应采用浆砌片石补砌超挖的坑槽，必要时，应对上边坡不稳定岩体进行卸载。

（5）石质路床的边沟应与路床同步实施。边沟宜进行动态设计。

2.质量控制要点和监理要点

（1）路基表面平整，边线顺直、曲线圆滑；边坡坡面没有松石；

（2）石质边坡石方超挖；

（3）路床欠挖部分必须凿除；

（4）如为坚硬完整的石质挖方路段，超挖深度严格控制为20cm。超挖部分应采用无机结合料稳定碎石或级配碎石碾压密实，严禁用细粒土找平，超挖部分处理时，执行监理旁站制度；

（5）石质边坡坡面有渗水时，应结合坡面防护、边沟做好渗水处理。严禁将渗水部分全覆盖砌筑；

（6）石质路床底面有地下水时，必须严格按照设计要求对地下水进行防、排、截施工；设置渗沟排导时，渗沟宽度不宜小于100mm，横坡不宜小于0.6%，用坚硬碎石回填，并严格控制碎石颗粒径和石粉含量；

（7）边沟是否满足设计要求，且是否满足施工要求。

二、施工方法

路堑开挖方式根据地形情况、岩层产状、路堑断面及其长度并结合土方调配确定。土质路堑采用逐层顺坡开挖；平缓地面上短而浅的土石路堑采用全断面开挖；平缓横坡上一般土石路堑采用横向台阶开挖，较深路堑采用分层开挖；土、石质傍山路堑采用纵向台阶开挖，边坡较高时要分层开挖，路堑较长时适当开设马口，以增加工作面。

硬岩路堑采用风动凿岩机、潜孔钻孔，预留光爆层控制爆破，装载机装车，自卸车运输的施工方法，以确保列车运行的安全。

土质、软岩路堑采用挖掘机或装载机挖、装，自卸汽车运输的施工方法。

三、路堑施工防、排水

路堑开挖前，要绘出堑顶截水沟、天沟的详图，放线施工，并随时检查维护，以防地表水冲刷。

天沟等引、截排水设施，须符合下列要求：

1. 沟基稳定；

2. 沟形整齐；

3. 排水沟与桥涵及线路排水系统相衔接，确保沟水排泄不对路基、农田及其他建筑物产生危害；

4. 天沟尽量不在地面坑凹处通过，如必须通过时，要将坑凹填平，然后挖沟，并防止不均匀沉降和变形；

5. 天沟在开挖好后，立即铺砌浆砌片石防止渗水，保证边坡稳定。

在施工中及竣工后，确保排水系统畅通，不淤积、不堵塞。

四、开挖的基本要求

1. 土方开挖时，将适用于种植草皮和其他用途的表土储存于指定地点；

2. 开挖土石均自上而下进行，边坡不得乱挖超挖，严禁掏底开挖。机械开挖时，需有人工配合；

3. 开挖石方时，对于软石和强风化岩石，能用机械直接开挖的均选用机械开挖，人工配合；机械或人工不能直接开挖的石方，采用控制爆破法开挖；

4. 施工时要保证路堑坡面平顺，无明显的局部高低差，无凸悬危石、浮石渣堆、杂物，边坡上出现的坑穴、凹槽须进行嵌补平整；

5. 开挖平台台面设有向路基侧沟排水的坡度；

6. 开挖形成的边坡按设计要求及时防护，避免长期暴露，造成坡面坍塌；

7. 弃土

在能保证路堑边坡和弃土堆自身稳定的情况下，并考虑地形以及对附近建筑物、农田、水利、河道、交通的影响，防止水土流失、淤塞排灌沟渠等弊端，合理确定弃土堆位置与高度。

尽量考虑以挖作填,必须舍弃时本着高土高弃、低土低弃、劣土废弃、优土还田的原则。

——路堑上方及和路堤边坡上不弃土;

——山坡上弃土,要连续堆填;山坡下弃土,每隔适当距离在低凹处留有缺口,并保证地面水顺利从缺口排出;

——沿河岸或傍山路堑的弃土,不弃入河道,以防挤压桥孔或涵洞出入口、改变水流方向和加剧对河岸的冲刷;

——贴近桥墩台处不弃土,以防造成偏压;

——不得将弃渣沿既有线路基堆放,防止造成路基偏压,影响运营安全。

五、控制边坡平顺性、稳定性的关键技术

(一)预留光爆层

石质路堑采用爆破开挖时,施工中预留光爆层,利用二次爆破技术。主要目的:一是减少对路堑边坡及路堑基床下部岩石的爆破松动;二是提高开挖边坡的平顺性,减少超欠挖。预留光爆层爆破通过试验确定爆破参数。根据我们在多条干线上的施工经验,一般在炮孔底部装一管药卷,上部采用导爆索进行爆破,能取得令人十分满意的效果。预留光爆层示意图见图2-2-1。

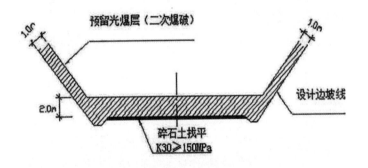

图2-2-1　预留光爆层示意图

当岩层层理大体与边坡平行时,在岩层的走向、倾角不利于边坡稳定及施工安全的地段,采用顺层开挖,不得挖断岩层,且采取减弱施工振动的措施,当岩层层理与边坡成较大夹角时,采用浅孔光面爆破开挖边坡。

(二)预留开挖层

土质路堑及软质岩石路堑开挖时,两边边坡预留20cm,底部预留20cm。开挖至预留层时,停止机械开挖,待进行路基基床施工时,可用人工突击开挖。

图2-2-2　预留开挖层示意图

（三）当路堑坡面上出现坑穴、凹槽时，及时采取勾缝、灌浆、嵌补、支顶等措施防护进行加固。

1.勾缝及灌浆填缝时，先清除草根、泥土，并冲洗缝隙。补缝前先涂一层水泥浆，以保证砂石与岩石更好地结合，且在水泥浆凝固前进行补缝。缝隙较深或外口小里口大时，必须将砂浆填满捣实。补缝后3~5min进行抹平，使表面光滑，并用塑料薄膜覆盖养生。对较大缝灌注水泥砂浆时，体积配合比不低于1∶5；大缝灌混凝土时，配合比不低于1∶4∶6。插捣密实，灌满至缝口抹平；

2.嵌补坡面空洞及凹槽时，先清除松动岩石并将基座凿平一定宽度后再行砌筑，并做到嵌体稳固，表面平顺，周边封严；

3.在支顶危石悬岩时，其坞工基座置于完整的稳定岩体上，并根据地形情况进行整平或凿成台阶。

六、爆破设计

爆破作业在施工前，进行详细设计并进行爆破试验，通过试验进一步修正爆破设计。根据本标段岩石的岩性、产状、路堑边坡高度及设计、监理的要求，选择浅孔爆破，爆破时严格控制用药量。爆破后，必须使基床、边坡和堑顶山体稳定，不松动，爆出的坡面平顺，底板平整。有凹凸不平处再用浆砌片石补齐。

（一）台阶浅孔爆破

1.选用凿岩机和潜孔钻机钻孔；

2.采用塑料导爆管非电复式起爆网路，孔内和孔外相结合的微差爆破网路，直线型起爆。爆破起爆网路图见图2-2-3。

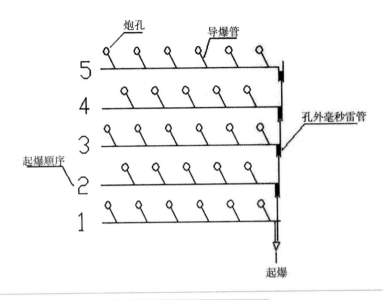

图2-2-3 爆破起爆网路图

3. 采用 2 ~ 4m 高的台阶，台阶宽度应能满足操作需要；炮孔方向大致与台阶壁面平行或垂直，并以较大角度与岩层面相交。

4. 台阶浅孔爆破参数的选取及药量计算：

炮孔超钻深度 h 根据岩层石质情况决定：

$$h=\mu'W_p$$

式中：μ'——超钻系数，一般可取 μ'=0.1 ~ 0.33，岩石较坚硬完整时取较高值，对松软岩石不宜超钻，底板处为破碎岩层时，适当欠钻。

W_p——台阶浅孔爆破底板抵抗线（m）。

装药深度不大于炮孔深度的 2/3。

堵塞系数 β（堵塞长度与底板抵抗线之比值）：当炮孔与台阶坡面大致平行时，取 β = 0.75，当炮孔垂直，台阶壁面角 α 为 70o ~ 60o 时，可取 β = 0.75 ~ 1.20，α 较大时，β 取较小值。

W_p 根据岩石类别特征、台阶高度 II 及其壁面角 μ、炮孔直径 d、装药密度参数 $\triangle$ 及采用的堵塞、超钻系数 β、μ' 等综合计算确定。

同排炮孔间距 a：可在 a =（1.0-1.5）W_p 选取；岩石较坚硬完整时取较低值，反之，取较高值。

多排炮孔及排间距 b：布孔宜取梅花形，当各排炮孔间距、深度及单孔装药量均相同时，b=（0.8-0.9）a（前后排同时起爆）或 b=（0.9 ~ 1.0）a（延期起爆）。

单个炮孔装药量 Q（Kg），可分别按下式计算：

前排炮孔：$Q=qW_paH$

后排炮孔：$Q=(1.25 \sim 1.3)qW_pbH$

式中　　　W_p——台阶浅孔爆破底板抵抗线（m）

　　　　　a、b——分别为炮孔间距、排距（m）

　　　　　H——台阶高度（m）

　　　　　q——台阶浅孔爆破正常松动药包的单位用药量（kg/m³）

$q=0.33k$，其中 K 为单位用药量。k 值参考施工规范和类似地质施工经验选取，取 $k=1.0 \sim 1.4$（Kg/m³）。

当药包长度大于炮孔深度的 2/3 时，加密炮孔（减小 a 值）重新计算装药量。

（二）零星孤石的爆破

零星孤石一般具有二个以上的临空面。临空面越多，爆破单位体积石块所消耗的炸药量就越少，爆破效果也越好。对同样体积的岩石，每增加一个临空面，单位炸药消耗量可减少 10% ~ 20%，因此，在实际施工中，尽可能增加需要爆破石块的临空面，如清除石块周围的堆积物，上次爆破为下次爆破创造临空面等。

大石改小爆破，药包中心（或多个炮孔的药包重心）接近石体中心，装药深度为炮孔深度的 1/2 左右；单个炮孔的药包重量按下式计算：

$$Q=VP_nK'$$

式中　　　Q——单个炮孔的药包装药量（Kg）

　　　　　V——大石体积（m³）

　　　　　P_n——几个临空面的药量修正系数；当 n=3、4、5、6 时，可依序取 $P_n=0.4$、0.24、0.2、0.17；

　　　　　K'——正常松动药包单位炸药消耗量，$K'=0.33k$，k 值参考施工规范和类似地质施工经验选取，取 $k=1.1 \sim 1.5$（Kg/m³）。

炮孔深度按岩块厚度确定，即：

$$L=(0.5 \sim 0.7)H$$

式中　　　L——炮孔深度（m）

　　　　　H——石块厚度（m）

（三）爆破安全距离计算

在施工时要采取减弱震动爆破，尽量减少对路堑边坡的扰动，同时由于沿线村庄、高压电线、农田密布，爆破时必须限制飞石的距离。在施工时考虑以上因素，对炸药量严格进行校核和控制，其参数可先由最小量起，逐次微量增加，在试爆中取值，且最小抵抗线方向必须避开保证对象。

1. 个别飞石计算

为安全起见，浅孔爆破最小抵抗线方向个别飞石按下式计算：

$$L=20KAn2w$$

式中：取 KA=1.5；n 值通过试验确定；w 为前排底部抵抗线。根据经验，对于背向最小抵抗线方向的距离减少一半。

2. 爆破振动检算

爆破振动速度 V 用下式计算：

$$V=K（Q1/3/R）a$$

式中：K、a——与爆破点地形、地质条件等有关的系数和振动波衰减指数，开工试验时，根据经验取 K=200，a=1.7，待经过振动仪器的多次监测，得出较为准确的 K、a 计算值；

Q——分段最大药量（Kg）；

R——爆破点至被保护建筑物的距离；

V——被保护建筑物的允许振动速度，参照《爆破安全规程》规定的允许值计算，每次爆破都进行计算，使爆破振动速度都小于允许值。

3. 空气冲击波

浅孔爆破只要按设计进行堵塞、回填，冲击波可忽略不计。

（四）爆破施工操作

1. 钻孔

钻孔前，首先清理场地浮土、松石，然后进行测量按设计布孔，准备定位，采用 YT25 或 YT28 风动凿岩机钻孔。石方量大的地方，选用潜孔钻机少量钻孔，以提高功效，且底部及边坡预留光爆层。

2. 装药

装药前先清孔，检查炮孔的最小抵抗线与原设计有无变化，防止过小的抵抗线引起冲炮；检查孔深有无变化，并根据检查结果调整装药量。干燥的孔可装散装的硝铵类炸药，潮湿的孔要对炸药进行防水处理或使用防水炸药。

3. 堵塞

堵塞的作用在于使炸药得到良好的效果，同时改变爆后气体，堵塞的好坏还直接影响到装药量的多少。堵塞材料选用砂黏土，并有一定的含水率。堵塞长度在施工中根据孔径、最小抵抗线确定，一般不小于最小抵抗线。

4. 爆破

（1）爆破作业的组织与起爆

爆破作业一般在下班后进行。爆破指挥人员要在确认周围的安全警戒工作完成后，方可发出起爆命令。爆破指挥人员严格执行预报、警戒和解除三种统一信号，并由爆破指挥人员统一发出。防护、警戒人员按规定信号执行任务，不得擅离职守。指定专人核对装炮、点炮。起爆后由爆破作业人员检查结束，确认安全后，方可发出解除信号，并撤出防护人员。如发生瞎炮，要设立防护标志。

（2）瞎炮的处理

由原装炮人员当班处理，特殊情况下如不可能时，装炮人员在现场将装炮情况、炮眼方向、装药数量交代给处理人员。在对瞎炮孔内的爆破线路、导爆管等检查完好，并检查了瞎炮的抵抗线情况，重新布置警戒后，才能重新起爆。

5. 爆破振动监测

采用 Topbox508s 振动信号自记仪进行振动监测。

第三节　土方机械化施工

一、土方机械的选择

土方机械化开挖应根据基础形式、工程规模、开挖深度、地质、地下水情况、土方量、运距、现场和机具设备条件、工期要求以及土方机械的特点等合理选择挖土机械，以充分发挥机械效率，节省机械费用，进而加速工程进度。

土方机械化施工常用机械有：推土机、铲运机、挖掘机（包括正铲、反铲、拉铲、抓铲等）装载机等，一般常用土方机械的选择可参考表 2-3-1。

一般讲，深度不大的大面积基坑开挖，宜采用推土机或装载机推土、装土，用自卸汽车运土；对长度和宽度均较大的大面积土方一次开挖，可用铲运机铲土、运土、卸土、填筑作业；对面积较深的基础多采用 0.5m³ 或 1.0m³ 斗容量的液压正铲挖掘机，上层土方也可用铲运机或推土机进行；如操作面狭窄，且有地下水，土体湿度大，可采用液压反铲挖掘机挖土，自卸汽车运土；在地下水中挖土，可用拉铲，效率较高；对地下水位较深，采取不排水时，亦可分层用不同机械开挖，先用正铲挖土机挖地下水位以上土方，再用拉铲或反铲挖地下水位以下土方，用自卸汽车将土方运出。

表2-3-1 常用土方机械的选择

机械名称、特性	作业特点及辅助机械	适用范围
推土机 操作灵活，运转方便，需工作面小，可挖土、运土，易于转移，行驶速度快，应用广泛	1.作业特点 （1）推平； （2）运距`00m内的堆土（效率最高为60m）； （3）开挖浅基坑； （4）推送松散的硬土、岩石； （5）回填、压实； （6）配合铲运机助铲； （7）牵引； （8）下坡坡度最大35°，横坡最大为10°，几台同时作业，前后距离应大于8m 2.辅助机械 土方挖后运出需配备装土，运土设备 推挖三～四类土，应用松土机预先翻松。	1.推一～四类土 2.找平表面，场地平整； 3.短距离移挖作填，回填基坑（槽）、管沟并压实； 4.开挖深不大于1.5m的基坑（槽）； 5.堆筑高1.5m内的路基、堤坝； 6.拖羊足碾； 7.配合挖土机从事集中土方、清理场地、修路开道等。
铲运机 操作简单灵活，不受地形限制，不需特设道路，准备工作简单，能独立工作，不需其他机械配合能完成铲土、运土、卸土、填筑、压实等工序，行驶速度快，易于转移；需用劳力少，动力少，生产效率高	1.作业特点 （1）大面积整平； （2）开挖大型基坑、沟渠； （3）运距800～1500m内的挖运土（效率最高为200～350m）； （4）填筑路基、堤坝； （5）回填压实土方； （6）坡度控制在20°以内。 2.辅助机械 开挖坚土时需用推土机助铲，开挖三、四类土宜先用松土机预先翻松20～40cm；自行式铲运机用轮胎行驶，适合于长距离，但开挖亦须用助铲。	1.开挖含水率27%以下的一～四类土； 2.大面积场地平整、压实； 3.运距800m内的挖运土方； 4.开挖大型基坑（槽）、管沟，填筑路基等。但不适于砾石层、冻土地带及沼泽地区使用。
正铲挖掘机 装车轻便灵活，回转速度快，移位方便；能挖掘坚硬土层，易控制开挖尺寸，工作效率高	1.作业特点 （1）开挖停机面以上土方； （2）工作面应在1.5m以上，开挖合理高度见表11-79； （3）开挖高度超过挖土机挖掘高度时，可采取分层开挖； （4）装车外运。 2.辅助机械 土方外运应配备自卸汽车，工作面应有推土机配合平土、集中土方进行联合作业。	1.开挖含水量不大于27%的一～四类土和经爆破后的岩石与冻土碎块； 2.大型场地整平土方； 3.工作面狭小且较深的大型管沟和基槽路堑； 4.独立基坑； 5.边坡开挖。

机械名称、特性	作业特点及辅助机械	适用范围
反铲挖掘机 操作灵活，挖土、卸土均在地面作业，不用开运输道	1.作业特点 （1）开挖地面以下深度不大的土方；（2）最大挖土深度4～6m，经济合理深度为1.5～3m； （3）可装车和两边甩土、堆放； （4）较大较深基坑可用多层接力挖土。 2.辅助机械 土方外运应配备自卸汽车，工作面应有推土机配合推到附近堆放。	1.开挖含水量大的一～三类的砂土或黏土； 2.管沟和基槽； 3.独立基坑； 4.边坡开挖。
拉铲挖掘机 可挖深坑，挖掘半径及卸载半径大，操纵灵活性较差	1.作业特点 （1）开挖停机面以下土方； （2）可装车和甩土； （3）开挖截面误差较大； （4）可将土甩在基坑（槽）两边较远处堆放。 2.辅助机械 土方外运需配备自卸汽车、推土机，创造施工条件。	1.挖掘一～三类土，开挖较深较大的基坑（槽）、管沟； 2.大量外借土方； 3.填筑路基、堤坝； 4.挖掘河床； 5.不排水挖取水中泥土。
抓铲挖掘机 钢绳牵拉灵活性较差，工效不高，不能挖掘坚硬土；可以装在简易机械上工作，使用方便	1.作业特点 （1）开挖直井或沉井土方； （2）可装车或甩土； （3）排水不良也能开挖； （4）吊杆倾斜角度应在45°以上，距边坡应不小于2m。 2.辅助机械 土方外运时，按运距配备自卸汽车。	1.土质比较松软，施工面较狭窄的深基坑、基槽； 2.水中挖取土，清理河床； 3.桥基、桩孔挖土； 4.装卸散装材料。
装载机 操作灵活，回转移位方便、快速；可装卸土方和散料，行驶速度快	1.作业特点 （1）开挖停机面以上土方； （2）轮胎式只能装松散土方，履带式可装较实土方； （3）松散材料装车； （4）吊运重物，用于铺设管道。 2.辅助机械 土方外运需配备自卸汽车，作业面需经常用推土机平整并推松土方。	1.外运多余土方； 2.履带式改换挖斗时，可用于开挖； 3.装卸土方和散料； 4.松散土的表面剥离； 5.地面平整和场地清理等工作； 6.回填土； 7.拔除树根。

二、常用土方机械

1.推土机

常用推土机型号及技术性能见表2-3-2：

表2-3-2 常用推土机型号及技术性能

项目 \ 型号	T3-100	T-120	上海-120A	T-180	TL180	T-220
铲刀（宽×高）（mm）	303×1100	376×1100	3760~1000	4200~1100	319×990	3725~1315
最大提升高度（mm）	900	1000	1000	1260	900	1210
最大切土深度（mm）	180	300	330	530	400	540
移动速度：前进（km/h）	2.36~10.13	2.27~10.44	2.23~10.23	2.43~10.12	7~49	2.5~9.9
后退（km/h）	2.79~7.63	2.73~8.99	2.68~8.82	3.16~9.78	–	3.0~9.4
额定牵引力(kN)	90	120	130	188	85	240
发动机额定功率（hp）	100	135	120	180	180	220
对地面单位压力（MPa）	0.065	0.059	0.064	–	–	0.091
外形尺寸（长×宽×高）（m）	5.0×3.03×2.992	6.5×3.76×2.875	5.36×3.76×3.01	7.17×4.2×3.091	6.1×3.19×2.84	6.79×3.725×3.575
总重量（t）	13.43	14.7	16.2		12.8	27.89
生产厂	山东推土机总厂	四川建筑机械厂	上海彭浦机械厂	黄河工程机械厂	郑州工程机械厂	黄河工程机械厂

2.铲运机

常用铲运机型号及技术性能见表2-3-3：

表2-3-3　铲运机的技术性能和规格

项目	拖式铲运机			自行式铲运机		
	C6-2.5	C5-6	C3-6	C3-6	C4-7	CL7
铲斗：几何容量（m³）	2.5	6	6～8	6	7	7
堆尖容量（m³）	2.75	8	—	8	9	9
铲刀宽度（mm）	1900	2600	2600	2600	2700	2700
切土深度（mm）	150	300	300	300	300	300
铺土厚度（mm）	230	380	—	380	400	—
铲土角度（°）	35～68	30	30	30		
最小转弯半径（m）	2.7	3.75		—	6.7	
操纵形式	液压	钢绳	—	液压及钢绳	液压及钢绳	液压
功率（hP）	60	100		120	160	180
卸土方式	自由	强制式	—	强制式	强制式	—
外形尺寸（长×宽×高）（m）	5.6×2.44×2.4	8.77×3.12×2.54	8.77×3.12×2.54	10.39×3.07×3.06	9.7×3.1×2.8	9.8×3.2×2.98
重量（t）	2.0	7.3	7.3	14	14	15

3. 挖掘机

（1）正铲挖掘机

常用液压正铲挖掘机的型号及技术性能见表2-3-4：

表2-3-4　液压挖掘机主要技术性能与规格

项目	机型							
	WY10	WLY40	WY60	WY60A	WY80	WY100	WY160	WY250
正铲铲斗容量（m³）		0.4	0.6	0.6	0.8	1.0	1.6	2.5
最大挖掘半径（m）		7.95	7.78	6.71	6.71	8.0	8.05	9.0

项目	机型							
	WY10	WLY40	WY60	WY60A	WY80	WY100	WY160	WY250
最大挖掘高度（m）		6.12	6.34	6.60	6.60	7.0	8.1	9.5
最大卸载高度（m）		3.66	4.05	3.79	3.79	2.5	5.7	6.55
反铲								
铲斗容量（m³）	0.1	0.4	0.6	0.6	0.8	0.7 ~ 1.2	1.6	－
最大挖掘半径（m）	4.3	7.76	8.17	8.46	8.86	9.0	10.6	－
最大挖掘高度（m）	2.5	5.39	7.93	7.49	7.84	7.6	8.1	－
最大卸载高度（m）	1.84	3.81	6.36	5.60	5.57	5.4	5.83	－
最大挖掘深度（m）	2.4	4.09	4.2	5.14	5.52	5.8	6.1	－
发动机：功率（kW）	－	58.8	58.8	69.1	－	95.5	132.3	220.5
液压系统工作压力（MPa）	－	30	25	－	－	32	28	28
行走接地比压（MPa）	0.03	－	0.06	0.03	0.04	0.05	0.09	0.1
行走速度（km/h）	1.54	3.6	1.8	3.4	3.8	1.6 ~ 3.2	1.77	2.0
爬坡能力（%）	45	40	45	47	47	45	80	35
回转速度（r/min）	10	7.0	6.5	8.65	8.65	7.9	6.9	5.35
总重量（t）	－	9.89	14.2	17.5	19.0	25.0	38.0	60.0
制造厂	北京工程挖掘机厂	江苏建筑机械厂	贵阳矿山机械厂	合肥矿山机械厂	合肥矿山机械厂	上海建筑机械厂	长江挖掘机厂	杭州重型机械厂

（2）反铲挖掘机

常用液压反铲挖掘机的型号及技术性能见表表 2-3-4：

（3）抓铲挖掘机

常用抓铲挖掘机型号及技术性能见表2-3-5：

表2-3-5　抓铲挖掘机型号及技术性能

项目	型号							
	W-501				W-1001			
抓斗容量（m³）	0.5				1.0			
伸臂长度（m）	10				13		16	
回转半径（m）	4.0	6.0	8.0	9.0	12.5	4.5	14.5	5.0
最大卸载高度（m）	7.6	7.5	5.8	4.6	1.6	10.8	4.8	13.2
抓斗开度（m）	–				2.4			
对地面的压力（MPa）	0.062				0.093			
重量（t）	20.5				42.2			

4.装载机

常用铰接式轮胎装载机型号及技术性能见表2-3-6：

表2-3-6　铰接式轮胎装载机主要技术性能与规格

项目	型号						
	WZ2A	ZL10	ZL20	ZL30	ZL40	ZL0813	ZL08A（ZL08E）
铲斗容量（m³）	0.7	0.5	1.0	1.5	2.0	0.4	0.4（0.4）
装载量（t）	1.5	1.0	2.0	3.0	4.0	0.8	0.8
卸料高度（m）	2.25	2.25	2.6	2.7	2.8	2.0	2.0
发动机功率（hP）	40.4	40.4	59.5	73.5	99.2	17.6	24（25）
行走速度（km/h）	18.5	10~28	0~30	0~32	0~35	21.9	21.9（20.7）
最大牵引力（kN）	–	32	64	75	105	–	14.7

项目	型号						
	WZ2A	ZL10	ZL20	ZL30	ZL40	ZL0813	ZL08A（ZL08E）
爬坡能力（°）	18	30	30	25	28～30	30	24（30）
回转半径（m）	4.9	4.48	5.03	5.5	5.9	4.8	4.8（3.7）
离地间隙（m）	–	0.29	0.39	0.40	0.45	0.25	0.20（0.25）
外形尺寸（长×宽×高）（m）	7.88×2.0×3.23	4.4×1.8×2.7	5.7×2.2×2.5	6.0×2.4×2.8	6.4×2.5×3.2	4.3×1.6×2.4	4.3×1.6×2.4（4.5×1.6×2.5）
总重（t）	6.4	4.5	7.6	9.2	11.5	–	2.65（3.2）

注： 1.WZ2A型带反铲，斗容量0.2m³，最大挖掘深度4.0m，挖掘半径5.25m，卸料高度2.99m。

2.转向方式均为铰接液压缸。

三、土方机械基本作业方法

1.推土机

（1）作业方法

推土机开挖的基本作业是铲土、运土和卸土三个工作行程和空载回驶行程。铲土时应根据土质情况，尽量采用最大切土深度在最短距离（6～10m）内完成，以便缩短低速运行时间，然后直接推运到预定地点。回填土和填沟渠时，铲刀不得超出土坡边沿。上下坡坡度不得超过35°，横坡不得超过10°。几台推土机同时作业，前后距离应大于8m。

（2）提高生产率的方法

1）下坡推土法

在斜坡上，推土机顺下坡方向切土与堆运（图2-3-1），借机械向下的重力作用切土，增大切土深度和运土数量，可提高生产率30%～40%，但坡度不宜超过15°，从而避免后退时爬坡困难。

图2-3-1　下坡推土法

S2）槽形挖土法

推土机重复多次在一条作业线上切土和推土，使地面逐渐形成一条浅槽（图2-3-2），再反复在沟槽中进行推土，以减少土从铲刀两侧漏散，可增加10%～30%的推土量。槽的深度以1m左右为宜，槽与槽之间的土坑宽约50m。适于运距较远，土层较厚时使用。

图2-3-2　槽形推土法

3）并列推土法

用2～3台推土机并列作业（图2-3-3），以减少土体漏失量。铲刀相距15～30cm，一般采用两机并列推土，可增大推土量15%～30%，其适于大面积场地平整及运送土用。

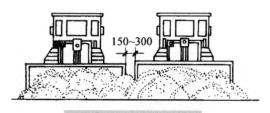

图2-3-3　并列推土法

4）分堆集中，一次推送法在硬质土中，切土深度不大，将土先积聚在一个或数个中间点，然后再整批推送到卸土区，使铲刀前保持满载（图2-3-4）。堆积距离不宜大于30m，推土高度以2m内为宜，本法能提高生产效率15%左右。适于运送距离较远、而土质又比较坚硬，或长距离分段送土时采用。

图2-3-4　分堆集中，一次推送法

5）斜角推土法

将铲刀斜装在支架上或水平放置，并与前进方向成一倾斜角度（松土为60°，坚实土为45°）进行推土（图2-3-5）。本法可减少机械来回行驶，提高效率，但推土阻力较大，需较大功率的推土机。适于管沟推土回填、垂直方向无倒车余地或在坡脚及山坡下推土用。

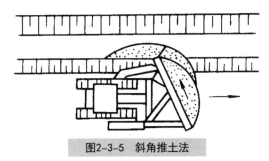

图2-3-5　斜角推土法

6）之字斜角推土法

推土机与回填的管沟或洼地边缘成"之"字或一定角度推土（图2-3-6）。本法可减少平均负荷距离和改善推集中土的条件，并可使推土机转角减少一半，可提高台班生产率，但需较宽的运行场地，适于回填基坑、槽、管沟时采用。

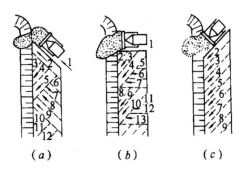

（a）、（b）之字形推土法；（c）斜角推土法

图2-3-6　之字斜角推土法

7）铲刀附加侧板法

对于运送疏松土壤，且运距较大时，可在铲刀两边加装侧板，增加铲刀前的土方体积和减少推土漏头量。

2. 铲运机

（1）作业方法

铲运机的基本作业是铲土、运土、卸土三个工作行程和一个空载回驶行程。在施工中，由于挖填区的分布情况不同，为了提高生产效率，应根据不同施工条件（工程大小、运距长短、土的性质和地形条件等），选择合理的开行路线和施工方法。

开行路线有如下几种：

1）椭圆形开行路线

从挖方到填方按椭圆形路线回转（图2-3-7a）。作业时应常调换方向行驶，以避免机械行驶部分的单侧磨损。适于长100m内，填土高1.5m内的路堤、路堑及基坑开挖、场地平整等工程采用。

2）"8"字形开行路线

装土、运土和卸土时按"8"字形运行，一个循环完成两次挖土和卸土作业（图2-3-7b）。装土和卸土沿直线开行时进行，转弯时刚好把土装完或倾卸完毕，但两条路线间的夹角 α 应小于60°，本法可减少转弯次数和空车行驶距离，提高生产率，同时一个循环中两次转变方向不同，可避免机械行驶部分单侧磨损，其适于开挖管沟、沟边卸土或取土坑较长（300 ~ 500m）的侧向取土、填筑路基以及场地平整等工程采用。

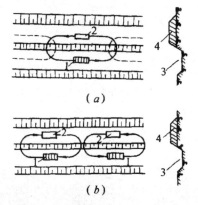

（a）椭圆形开行路线；（b）-"8"字形开行路线
1- 铲土；2- 卸土；3- 取土坑；4- 路堤
图2-3-7 椭圆形及"8"字形开行路线

3）大环形开行路线

从挖方到填方均按封闭的环形路线回转。当挖土和填土交替，而刚好填土区在挖土区的两端时，则可采用大环形路线（图2-3-8a），其优点是：一个循环能完成多次铲土和卸土，减少铲运机的转弯次数，提高生产效率，本法亦应常调换方向行驶，以避免机械行驶部分的单侧磨损。适于工作面很短（50 ~ 100m）和填方不高（0.1 ~ 1.5m）的路堤、路堑、基坑以及场地平整等工程采用。

4）连续式开行路线

铲运机在同一直线段连续地进行铲土和卸土作业（图2-3-8b）。本法可消除跑空车现象，减少转弯次数，提高生产效率，同时还可使整个填方面积得到均匀压实，其适于大面积场地整平填方和挖方轮次交替出现的地段采用。

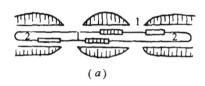

（a）

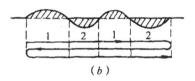

（b）

（a）大环形开行路线；（b）连续式开行路线

1-铲土；2-卸土

图2-3-8　大环形及连续式开行路线

5）锯齿形开行路线

铲运机从挖土地段到卸土地段，以及从卸土地段到挖土地段都是顺转弯，铲土和卸土交替地进行，直到工作段的末端才转180°弯，然后再按相反方向作锯齿形开行（图2-3-9），本法调头转弯次数相对减少，同时运行方向经常改变，使机械磨损减轻。适于工作地段很长（500m以上）的路堤、堤坝修筑时采用。

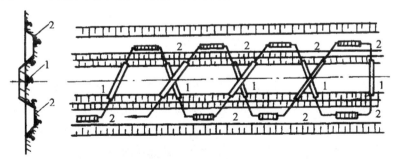

1-铲土；2-卸土

图2-3-9　锯齿形开行路线

6）螺旋形开行路线

铲运机成螺旋形开行，每一循环装卸土两次（图2-3-10），本法可提高工效和压实质量，适于填筑很宽的堤坝或开挖很宽的基坑、路堑。

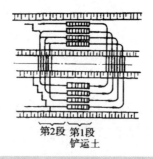

图2-3-10　螺旋形开行路线

（2）提高生产率的方法

1）下坡铲土法铲运机顺地势（坡度一般3°～9°）下坡铲土（图2-3-11），借机械往下运行重量产生的附加牵引力来增加切土深度和充盈数量，可提高生产率25%左右，最大坡度不应超过20°，铲土厚度以20cm为宜，平坦地形可将取土地段的一端先铲低，保持一定坡度向后延伸，创造下坡铲土条件，一般保持铲满铲斗的工作距离为15～20cm。在大坡度上应放低铲斗，低速前进，适于斜坡地形大面积场地平整或推土回填沟渠用。

图2-3-11　下坡铲土

2）跨铲法

在较坚硬的地段挖土时，采取预留土埂间隔铲土（图2-3-12）。土埂两边沟槽深度以不大于0.3m、宽度在1.6m以内为宜，本法铲土埂时增加了两个自由面，阻力减少，可缩短铲土时间和减少向外撒土，比一般方法可提高效率，适于较坚硬的土铲土回填或场地平整。

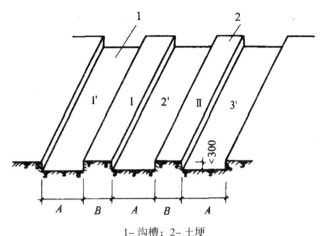

1- 沟槽；2- 土埂
A- 铲斗宽；B- 不大于拖拉机履带净距
图2-3-12 跨铲法

3）交错铲土法

铲运机开始铲土的宽度取大一些，随着铲土阻力增加，适当减少铲土宽度，使铲运机能很快装满土（图2-3-13）。当铲第一排时，互相之间相隔铲斗一半宽度，铲第二排土则退离第一排挖土长度的一半位置，与第一排所挖各条交错开，以下所挖各排均与第二排相同，适于一般比较坚硬的土的场地平整。

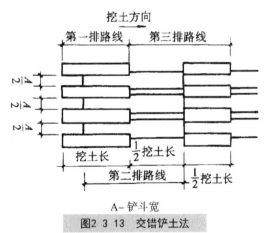

A- 铲斗宽
图2-3-13 交错铲土法

4）助铲法

在坚硬的土体中，使用自行铲运机，另配一台推土机在铲运机的后拖杆上进行顶推，协助铲土（图2-3-14），可缩短每次铲土时间，装满铲斗，可提高生产率30%左右，推土机在助铲的空余时间，可做松土和零星的平整工作。助铲法取土场宽不宜小于20m，长度不宜小于40m，采用一台推土机配合 3 ~ 4 台铲运机助铲时，铲运机的半周程距离不应小于250m，几台铲运机要适当安排铲土次序和开行路线，互相交叉进行流水作业，以发挥推土机效率，适于地势平坦、土质坚硬、宽度大、长度长的大型场地平整工程采用。

1- 铲运机铲土；2- 推土机助铲

图2-3-14　助铲法

5）双联铲运法

铲运机运土时所需牵引力较小，当下坡铲土时，可将两个铲斗前后串在一起，形成一起一落依次铲土、装土（又称双联单铲）（图2-3-15）。当地面较平坦时，采取将两个铲斗串成同时起落，同时进行铲土，又同时起斗开行（称为双联双铲），前者可提高工效20%～30%，后者可提高工效约60%，适于较松软的土，进行大面积场地平整及筑堤时采用。

图2-3-15　双联铲运法

3. 挖掘机

（1）正铲挖掘机

1）作业方法

正铲挖掘机的挖土特点是："前进向上，强制切土"。根据开挖路线与运输汽车相对位置的不同，一般有以下两种：

①正向开挖，侧向装土法正铲向前进方向挖土，汽车位于正铲的侧向装车（图2-3-16a、b）。本法铲臂卸土回转角度最小（＜90°）。装车方便，循环时间短，生产效率高。用于开挖工作面较大，深度不大的边坡、基坑（槽）、沟渠和路堑等，为最常用的开挖方法。

②正向开挖，后方装土法

正铲向前进方向挖土，汽车停在正铲的后面（图6-30c），本法开挖工作面较大，但铲臂卸土回转角度较大（在180°左右），且汽车要侧向行车，增加工作循环时间，生产效率降低（回转角度180°，效率约降低23%，回转角度130°，约降低13%），用于开挖工作面较小且较深的基坑（槽）、管沟和路堑等。

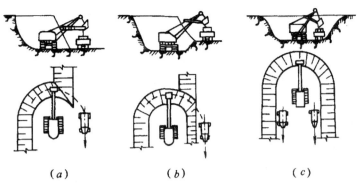

（a）、（b）正向开挖，侧向装土；（c）正向开挖，后方装土

图2-3-16 正铲挖掘机开挖方式

正铲经济合理的挖土高度见表2-3-7：

表2-3-7 正铲开挖高度参考数值（m）

土的类别	铲斗容量（m³）			
	0.5	1.0	1.5	2.0
一～二	1.5	2.0	2.5	3.0
三	2.0	2.5	3.0	3.5
四	2.5	3.0	3.5	4.0

挖土机挖土装车时，回转角度对生产率的影响数值，参见表2-3-8：

表2-3-8 影响生产效率参考表

土的类别	回转角度		
	90°	130°	180°
一～四	100%	87%	77%

2）提高生产率的方法

①分层开挖法

将开挖面按机械的合理高度分为多层开挖（图2-3-17a）；当开挖面高度不能成为一次挖掘深度的整数倍时，则可在挖方的边缘或中部先开挖一条浅槽作为第一次挖土运输的线路（图2-3-17b），然后再逐次开挖直至基坑底部。用于开挖大型基坑或沟渠，工作面高度大于机械挖掘的合理高度时采用。

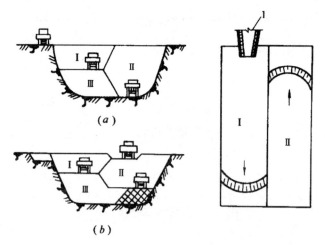

（a）分层挖土法；（b）设先锋槽分层挖土法
1- 下坑通道；Ⅰ、Ⅱ、Ⅲ- 一、二、三层

图2-3-17　分层挖土法

②多层挖土法

将开挖面按机械的合理开挖高度，分为多层同时开挖，以加快开挖速度，土方可以分层运出，亦可分层递送，至最上层（或下层）用汽车运出（图2-3-18），但两台挖土机沿前进方向，上层应先开挖，与下层保持 30 ~ 50m 距离，适于开挖高边坡或大型基坑。

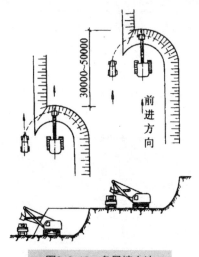

图2-3-18　多层挖土法

③中心开挖法

正铲先在挖土区的中心开挖，当向前挖至回转角度超过 90° 时，则转向两侧开挖，运土汽车按八字形停放装土（图2-3-19），本法开挖移位方便，回转角度小（＜90°）。挖土区宽度宜在 40m 以上，以便于汽车靠近正铲装车，适用于开挖较宽的山坡地段或基坑、

沟渠等。

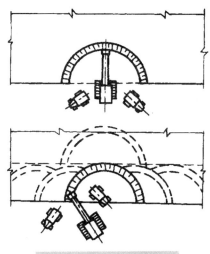

图2-3-19　中心开挖法

④上下轮换开挖法

先将土层上部1m以下土挖深30～40cm，然后再挖土层上部1m厚的土，如此上下轮换开挖（图2-3-20），本法挖土阻力小，易装满铲斗，卸土容易。适于土层较高，土质不太硬，铲斗挖掘距离很短时使用。

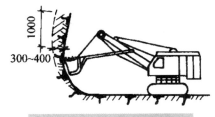

图2-3-20　上下轮换开挖法

⑤顺铲开挖法

正铲挖掘机铲斗从一侧向另一侧，一斗挨一斗地顺序进行开挖（图2-3-21a），每次挖土增加一个自由面，使阻力减小，易于挖掘，也可依据土质的坚硬程度使每次只挖2～3个斗牙位置的土。适于土质坚硬，挖土时不易装满铲斗，而且装土时间长时采用。

⑥间隔开挖法

即在扇形工作面上第一铲与第二铲之间保留一定距离（图2-3-21b），使铲斗接触土体的摩擦面减少，两侧受力均匀，铲土速度加快，容易装满铲斗，生产效率高，适于开挖土质不太硬、较宽的边坡或基坑、沟渠等。

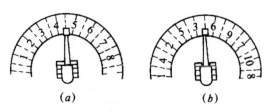

（a）顺铲开挖法；（b）间隔开挖法

图2-3-21　顺铲和间隔开挖法

（2）反铲挖掘机

反铲挖掘机的挖土特点是："后退向下，强制切土"。根据挖掘机的开挖路线与运输汽车的相对位置不同，一般有以下几种：

1）沟端开挖法

反铲停于沟端，后退挖土，同时往沟一侧弃土或装汽车运走（图2-3-22a）。挖掘宽度可不受机械最大挖掘半径的限制，臂杆回转半径仅45°～90°，同时可挖到最大深度。对较宽的基坑可采用（图2-3-22b）的方法，其最大一次挖掘宽度为反铲有效挖掘半径的两倍，但汽车须停在机身后面装土，生产效率降低。或采用几次沟端开挖法完成作业，适于一次成沟后退挖土，挖出土方随即运走时采用，或就地取土填筑路基或修筑堤坝等。

2）沟侧开挖法

反铲停于沟侧沿沟边开挖，汽车停在机旁装土或往沟一侧卸土（图2-3-22c），本法铲臂回转角度小，能将土弃于距沟边较远的地方，但挖土宽度比挖掘半径小，边坡不好控制，同时机身靠沟边停放，稳定性较差。用于横挖土体和需将土方甩到离沟边较远的距离时使用。

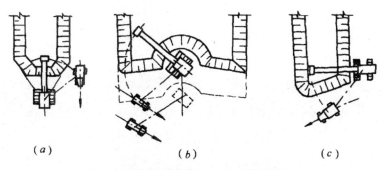

（a）、（b）沟端开挖法；（c）沟侧开挖法

图2-3-22　反铲沟端及沟侧开挖法

3）沟角开挖法

反铲位于沟前端的边角上，随着沟槽的掘进，机身沿着沟边往后做"之"字形移动（图2-3-23）。臂杆回转角度平均在45°左右，机身稳定性好，可挖较硬的土体，并能挖出一定的坡度，适于开挖土质较硬，宽度较小的沟槽（坑）。

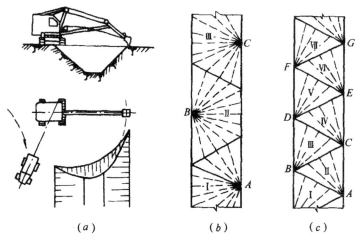

（a）沟角开挖平剖面；（b）扇形开挖平面；（c）三角开挖平面

图2-3-23　反铲沟角开挖法

4）多层接力开挖法

用两台或多台挖土机设在不同作业高度上同时挖土，边挖土，边将土传递到上层，由地表挖土机连挖土带装土（图2-3-24）；上部可用大型反铲，中、下层用大型或小型反铲，进行挖土和装土，均衡连续作业。一般两层挖土可挖深10m，三层可挖深15m左右。本法开挖较深基坑，一次开挖到设计标高，一次完成，可避免汽车在坑下装运作业，提高生产效率，且不必设专用垫道，适于开挖土质较好、深10m以上的大型基坑、沟槽和渠道。

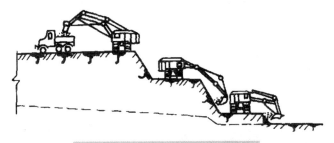

图2-3-24　反铲多层接力开挖法

（3）抓铲挖掘机

抓铲挖掘机的挖土特点是："直上直下，自重切土"。抓铲能在回转半径范围内开挖基坑上任何位置的土方，并可在任何高度上卸土（装车或弃土）。

对小型基坑，抓铲立于一侧抓土；对较宽的基坑，则在两侧或四侧抓土。抓铲应离基坑边一定距离，土方可直接装入自卸汽车运走（图2-3-25），或堆弃在基坑旁或用推土机推到远处堆放。挖淤泥时，抓斗易被淤泥吸住，应避免用力过猛，以防翻车，抓铲施工，一般均需加配重。

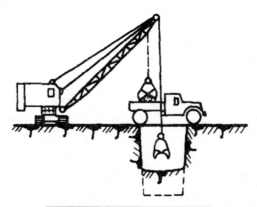

图2-3-25　抓铲挖土机挖土

4.装载机

作业方法与推土机基本类似，在土方工程中，也有铲装、转运、卸料、返回等四个过程。

四、土方机械施工要点

1，土方开挖应绘制土方开挖图（图2-3-26），确定开挖路线、顺序、范围、基底标高、边坡坡度、排水沟、集水井位置以及挖出的土方堆放地点等。绘制土方开挖图应尽可能使机械多挖，减少机械超挖和人工挖方；

2.大面积基础群基坑底标高不一，机械开挖次序一般采取先整片挖至平均标高，然后再挖个别较深部位。当一次开挖深度超过挖土机最大挖掘高度（5m以上）时，宜分二~三层开挖，并修筑10%~15%坡道，以便挖土及运输车辆进出；

3.基坑边角部位，机械开挖不到之处，应用少量人工配合清坡，将松土清至机械作业半径范围内，再用机械掏取运走。人工清土所占比例一般为1.5%~4%，修坡以厘米作限制误差。大基坑宜另配一台推土机清土、送土、运土；

4.挖掘机、运土汽车进出基坑的运输道路，应尽量利用基础一侧或两侧相邻的基础（以后需开挖的）部位，使它互相贯通作为车道，或利用提前挖除土方后的地下设施部位作为相邻的几个基坑开挖地下运输通道，以减少挖土量；

5.机械开挖应由深而浅，基底及边坡应预留一层150~300mm厚土层用人工清底、修坡、找平，以保证基底标高和边坡坡度正确，避免超挖和土层遭受扰动；

6.做好机械的表面清洁和运输道路的清理工作，以提高挖土和运输效率；

7.基坑土方开挖可能影响邻近建筑物、管线安全使用时，必须有可靠的保护措施；

8.机械开挖施工时，应保护井点、支撑等不受碰撞或损坏，同时应对平面控制桩、水准点、基坑平面位置、水平标高、边坡坡度等定期进行复测检查。

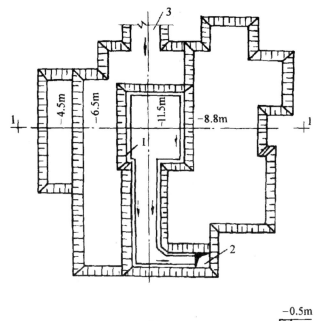

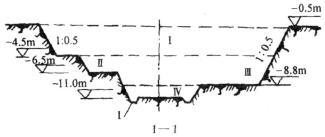

1- 排水沟；2- 集水井；3- 土方机械进出口

Ⅰ、Ⅱ、Ⅲ、Ⅳ- 开挖次序

图2-3-26　土方开挖图

9. 雨期开挖土方，工作面不宜过大，应逐段分期完成。如为软土地基，进入基坑行走需铺垫钢板或铺路基箱垫道。坑面、坑底排水系统应保持良好；汛期应有防洪措施，防止雨水浸入基坑；冬期开挖基坑，如挖完土隔一段时间施工基础需预留适当厚度的松土，以防基土遭受冻结。

10. 当基坑开挖局部遇露头岩石，应先采用控制爆破方法，将基岩松动、爆破成碎块，其块度应小于铲斗宽的2/3，再用挖土机挖出，可避免破坏邻近基础和地基；对大面积较深的基坑，宜采用打竖井的方法进行松爆，使一次基本达到要求深度，此项工作一般在工程平整场地时预先完成。在基坑内爆破，宜采用打眼放炮的方法，采用多炮眼，少装药，分层松动爆破，分层清渣，每层厚1.2m左右。

第四节 路基的整修及检查验收

一、路基整修

1. 路基工程基本完工后，必须进行全线的竣工测量，包括中线测量、横断面测量及高程测量，以作为竣工验收的依据；

2. 当路基土石方工程基本完工时，应由施工单位会同施工监理人员，按设计文件要求检查路基中线、高程、宽度、边坡坡度和截、排水系统。根据检查结果编制整修计划，进行路基及排水系统整修；

3. 土质路基表面的整修，可用机械配合人工切土或补土，并配合压路机械碾压。深路堑边坡整修应按设计要求坡度，自上而下进行削坡整修，不得在边坡上以土贴补；

石质路基边坡，应做到设计要求的边坡比。坡面上的松石、危石应及时清除。

4. 边坡需要加固地段，应预留加固位置和厚度，使完工后的坡面与设计边坡一致。

当路堑边坡受雨水冲刷形成小冲沟时，应将原边坡挖成台阶，分层填补，仔细夯实。如填补的厚度很小（12～20cm），而又非边坡加固地段时，可用种草整修的方法，以种植土来填补，但应顺适、美观、牢靠。

填方边坡受雨水冲刷形成冲沟或坍缺口时，应自下而上，分层挖台阶加宽填补夯实，再按设计坡面削坡，弯道内侧路肩边缘，应修建路肩拦水带。

5. 填土经压实后，不得有松散、软弹、翻浆及表面不平整现象，如不合格，必须重新处理；

填石路堤和土石路堤的整修应按照 5.4 节和平共处 5.5 节有关规定办理；

6. 土质路基表面做到设计标高后宜用平地机刮平、石质路基表面应用石屑嵌缝紧密，平整，不得有坑槽和松石；

7. 边沟的整修应挂线进行。对各种水沟的纵坡（包括取土坑纵坑）应仔细检查，应使沟底平整，排水畅通，凡不符合设计及规定要求的，应按规定整修。截水沟、排水沟及边沟的断面、边坡坡度，应按设计要求办理。沟的表面应整齐、光滑。填补的凹坑应拍捶密实；

8. 整修路堤边坡表面时，应将其两侧超填的宽度切除。

二、检查及验收

1. 当每一分项、分部工程完成时，应按批准的设计图纸、设计文件、技术规范的要求，对施工质量进行中间检查。

2. 在路基施工过程中在下列情况或阶段时，应进行中间检查：

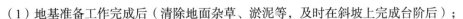

（1）地基准备工作完成后（清除地面杂草、淤泥等，及时在斜坡上完成台阶后）；

（2）边坡加固前，应对其加固方法、形式、填挖方边坡加固的适用性，以及边坡坡度是否适当进行检查；

（3）发现已完工的土方工程及竣工后的路基被地面水浸淹（暴雨、洪水等）损坏时；

（4）取土坑及弃土堆超过原设计的数量时；

（5）遇意外的填土下陷及填挖方的边坡坍塌需增加土方及边坡加固工程数量时；

（6）在进行计划以外的附加土方工程（排水沟、截水沟、疏导工程等）时。

3. 遇下列隐蔽工程时，必须按照设计要求和本规范有关规定进行中间检查验收，凡不符合要求的项目不得进行下一工序：

（1）路基渗沟回填土以前；

（2）填方或挖方地段，按设计规定所做的换土工作完成后；

（3）对需采取特殊措施才能保证填方稳定的路基，在地基处理后（如泉水、溶洞、地下水处理后）；

（4）路基隔离层上填土以前；

（5）各类防护加固工程基础开挖后，应检查基底地质、标高、地下水情况。

4. 交工竣工验收时，应对下列项目进行检查、验收：

（1）路基的平面位置；

（2）路基宽度、标高、横坡和平整度；

（3）边直坡坡度及边坡加固；

（4）边沟和其他排水设施的尺寸及底面纵坡；

（5）防护工程的各部尺寸及位置；

（6）填土压实度和表面弯沉；

（7）取土坑、弃土堆、护坡道、截水沟、渗水井等位置和形式；

（8）隐蔽工程记录。

5. 路基工程全部完成时的交工及竣工验收的质量检查评定应遵照《公路工程质量检验评定标准》（以下简称标准）有关规定办理。不符合设计、标准和规范的应按标准和规定进行整修或处理。

三、路基维修

1. 路基工程完工后路面未施工前及公路工程初验后至终验前，路基如有损毁，施工单位应负责维修，并保证路基排水设施完好，及时清除排水设施中淤积物、杂草等；

对较长时间中途停工和暂时不做路面的路基，也应做好排水设施，复工前应对路基各分项工程予以修整。

2. 整修路基表面，应使其无坑槽，并保持规定的路拱，在路堤经雨水冲刷或其他原因发生裂缝沉陷时，应即修、加固或采取其他措施处理，并查明原因做出记录。遇路堑边坡坍方时，应及时清除；

3.在未经加固的高路堤和路堑边坡上，或在潮湿地区，对路基有害的积雪应及时清除；

4.当构造物有变形时，应详细查明原因予以修复，并采取相应的稳定措施；

5.路基工程完成后，每当大雨、连日暴雨或积雪融化后，应控制施工机械和车辆在土质路基通行，若不可避免时，应将碾压的坑槽中的积水及时排干，整平坑槽，对修复部分重新压实。

第三章 路面基层施工

第一节 半刚性基层材料

半刚性材料作为中国传统的基层材料，应用于各级公路路面结构中。由于经济基础和技术基础所致，在相当长的一段时间内，半刚性基层仍将作为一种主导性基层应用于中国高速公路和一般公路路面。同时应该看到，中国如此广阔的地域条件和复杂的气候特征，也不应该只用一种基层结构来应对所有的使用场合。另外，如同其他类型的材料一样，半刚性基层材料也有其缺点。目前所要做的是在研究应用各国已有的其他基层材料或开发新的基层材料的同时，仍然继续研究半刚性基层材料，更加深入地认识其特性，并加以改善和利用，从而充分发挥半刚性基层材料的优良特性。

一、强度特性

（一）强度值域

半刚性基层材料可设计的强度值域很宽。半刚性基层材料强度随所稳定对象和结合料的不同可以在很宽的值域内变化，见表3-1-1。水泥稳定类材料的强度规律是：在相同的水泥剂量条件下，颗粒组成较好的细粒土和级配组成较好的粗粒土能获得较高的强度；对于同一种被稳定的材料，一般是随着水泥剂量的增加，稳定类材料的强度增大。对于组成较好的材料，可以用较少的水泥剂量获得较高的强度；对于组成较差的材料，即使用很高的水泥剂量得到的强度也很低。

表3-1-1 水泥稳定类材料的无侧限抗压强度和弯拉模量

材料类型	级配良好的砾石－砂－黏土，砂或砾石	粉质砂，砾质黏土	粉质－砾质黏土，级配差的砂	粉土，粉质黏土，级配很差的砂	重黏土
7d 无侧限抗压强度 /MPa	2.80 ~ 10.50	1.70 ~ 3.50	0.70 ~ 1.70	0.35 ~ 1.05	≤ 0.70
弯拉模量 /GPa	7.0 ~ 21.0	7.0	3.5 ~ 7.0	<3.5	1.4
水泥剂量 /%	≤ 5	7	9	10	≥ 13

（二）强度组成

半刚性基层材料的强度获得不仅依靠结合料的剂量，更应依靠良好的集料级配。半刚性基层材料受压破坏实际上是一种剪切破坏。由材料的剪切强度组成可以看出，剪切强度 τ 的大小取决于材料的内摩阻角 Ø 和黏聚力 c。剪切强度的计算式为

$$\tau = \delta\tan\varnothing + c$$

增加结合料剂量是通过增大黏聚力 c 的成分来提高强度；使用级配良好的集料和增加粗集料用量是通过增加内摩阻力 $\delta\tan\varnothing$，来提高强度。由于结合料剂量增加在增大黏聚力的同时，会增加新生矿物（水泥石等）的含量从而增加材料的收缩性，因而容易产生收缩开裂，而集料多为花岗岩、玄武岩、石灰石等岩石，其收缩系数比水泥石要小得多，见表3-1-2，因而在增加强度的同时，不会带来基层材料收缩性的增大。

表3-1-2　水泥石和集料的温度收缩系数

成分		温度收缩系数 /10-6
水泥石		10 ~ 20
集料	花岗岩	7 ~ 9
	玄武岩	6 ~ 8
	石灰石	6
	白云石	7 ~ 10
	砂岩	11 ~ 12

注：　温度收缩系数是指单位温度变化时的收缩应变值。

（三）强度设计

半刚性基层在一定条件下可以做到高强又不开裂。鉴于上述对材料强度组成的分析，可以通过一定的组成设计得到强度高而收缩性低或抵抗收缩开裂性好的材料，这就需要在半刚性基层材料组成中增大粗集料的比例并形成较好的级配，加入适宜的水泥剂量。骨架密实结构的材料便是符合这种半刚性基层材料设计理念的代表。半刚性基层材料中，从均匀密实结构到悬浮密实结构，再到骨架密实结构，材料的粗集料用量逐渐增加，强度增大，收缩系数却减小，见表 3-1-3。

表3-1-3　水泥稳定类材料的强度和收缩系数

水泥稳定碎石结构类型	不同龄期（d）的抗压强度 /MPa			温度收缩系数 /10-6	干燥收缩系数 /10-6
	7	28	90		
悬浮密实结构	3.5 ~ 7.8	4.5 ~ 8.6	8.6 ~ 11.3	8.0 ~ 10.8	80 ~ 120
骨架密实结构	4.1 ~ 7.3	6.4 ~ 10.0	7.4 ~ 11.6	8.2 ~ 9.6	72 ~ 110

注：　干燥收缩系数是指单位含水量变化时的收缩应变值。

（四）强度界限

高强度半刚性材料应该是结构设计要求的结果，而且应该是有界限的。半刚性基层材料的强度要求应该视所应用的公路等级和结构设计要求来定。对应所要求的强度高低和相关性能要求，同时考虑原材料的供给条件再进行具体的材料类型选择和组成设计。这样设计出的半刚性基层材料在性能和成本上都能合理。半刚性基层材料的强度值应该在结构设计要求值相应的变化幅度范围内。过大的强度值不仅不经济，而且会带来其他性能的副效应。

二、收缩特性

（一）材料属性的认识

热胀冷缩和湿涨干缩是材料的属性。无论是半刚性基层材料还是沥青面层材料的性质都不可避免地要受到环境因素的影响。一定环境条件下的面层或基层产生收缩裂缝是不可避免的。这种收缩裂缝的危害表现在两个方面：①外界水分通过裂缝渗入会引起面层的冲刷剥落或基层的冲刷唧泥；②过小的裂缝间距破坏了路面结构的整体性，改变了受力状态。也就是说，在裂缝间距较大，又能保证不让水分进入的条件下，收缩裂缝是不可怕的。

（二）干燥收缩的控制

及时的保湿养生可以避免基层的干燥收缩裂缝。虽然半刚性基层材料的收缩和膨胀是不可避免的，但是由于半刚性基层材料的热胀冷缩和湿涨干缩是有条件和过程规律的，因而是可以控制和改善的。试验得出基层材料的干燥收缩规律是材料的收缩系数随含水量的变化呈上凸型抛物线（图3-1-1），即从成型含水量开始，随着含水量的丧失，材料的收缩应变开始变化不大，进入一定的含水量范围内时急剧增加，随后又减小。这一规律可以说明为什么施工现场基层成型初期，尤其在夏季高温时段的干燥收缩裂缝往往是在很短的时间内出现。由这一规律同时可以看到：由于从成型含水量到产生最大收缩应变的最不利含水量之间还有一段含水量的变化范围，如果现场能够做好及时保湿养生，完全可以避免基层材料的含水量低到最不利含水量而出现最大收缩应变。也就是说，从施工工艺控制角度可以做到避免基层成型早期的干燥收缩开裂。

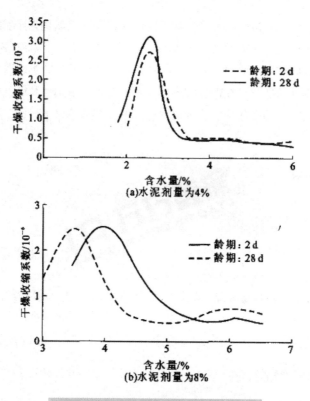

图3-1-1　水泥稳定碎石干燥收缩规律

（三）温度收缩的减小

　　控制细料含量可以显著减小基层的温度收缩裂缝。水泥稳定碎石材料的收缩系数与组成材料的粒径大小有关。较大粒径部分多为由岩石破碎而来的碎石集料，其温度收缩系数小；随着集料粒径的减小，尤其是填料部分的细粒土成分，含有较多的次生矿物，温度收缩系数大。细料越多，所需结合料越多，结合料水泥无论是自身硬化还是与细集料的反应生成物都是次生矿物，收缩系数也大。试验表明：2.36，0.6，0.075mm 三种粒径的细料对混合料收缩系数的影响是呈明显递增的趋势（表 3-1-4、图 3-1-2），因此，控制细料含量，尤其是粒径小于 0.075mm 的细料含量可以显著地减少半刚性基层材料的温度收缩裂缝。

表3-1-4　不同细料含量的水泥稳定碎石混合料级配组成

级配编号	不同孔径（mm）下的通过率/%							水泥剂量/%
	19	9.5	4.75	2.36	0.60	0.075	0.075 以下	
1	1.0	22.0	28.0	14.0	13.0	15.0	7.0	6
2	12.0	31.0	28.0	12.0	9.0	8.0		6
3	6.5	26.5	28.0	13.0	11.0	11.5	3.5	6
4	1.0	26.0	32.0	16.8	13.4	10.8		6
5	12.0	27.0	24.0	9.2	8.6	12.2	7.0	6

注：　级配1～3分别指级配范围的上限、下限、中值；级配4、5分别指粗集料部分的上限到细集料部分的下限、粗集料部分的下限到细集料部分的上限。

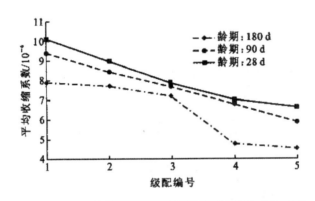

图3-1-2　不同细料含量的水泥稳定碎石收缩系数

三、冲刷特性

（一）基层冲刷机理

动水压力泵吸作用产生基层冲刷。半刚性基层表面非紧密联结的细料在动水压力泵吸作用下的脱离是形成冲刷的主要原因。半刚性基层内部由于结合料剂量所限，无法保证细集料之间全部是由结合料联结。由于沥青路面开裂或水泥混凝土路面接缝的填缝料丧失，路表水进入基层顶面。基层顶面遇水后湿软，原本非结合料联结的颗粒间联结力减弱或丧失，在高速、重载车辆的作用下产生很大的动水压力，将细料冲刷带到路表，造成路面面层脱空。脱空的路面面层更容易产生开裂，进而形成恶性循环（图3-1-3）。

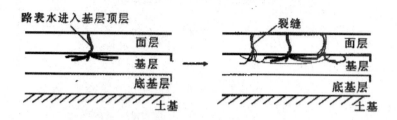

图3-1-3 路面基层冲刷破坏原理

（二）减小冲刷的途径

雨水的侵入和高速、重载车辆的作用是导致半刚性基层冲刷的外部原因。合适的材料组成可以显著地提高抗冲刷性能，具体的途径是通过减少细料含量、增加结合强度以及增大空隙率来消散动水压力。试验结果表明：水泥稳定沙砾与水泥稳定土相比，具有较小的冲刷量，见图 3-1-4，其中 P 为顶面加载压力，f 为加载频率。根据图 3-1-4 可以看出：随着水泥剂量的增大，水泥稳定沙砾的冲刷量则逐渐减小；与密实的水泥稳定沙砾相比，具有一定孔隙的水泥稳定碎石几乎不受冲刷。

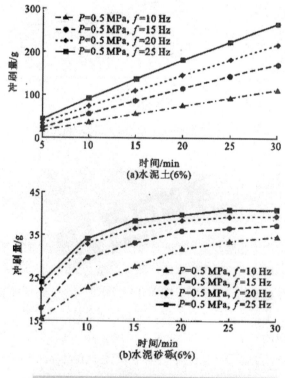

图3-1-4 水泥沙砾和水泥土的冲刷曲线比较

四、疲劳特性

（一）应力敏感性

半刚性基层材料是一种应力敏感性材料。与沥青混合料相比，半刚性基层材料的疲劳曲线较为平缓，见图3-1-5，其中 N_f 为疲劳寿命，ρ 为应力比，这说明半刚性基层材料的应力敏感性要比沥青混合料高。在应力变化幅度相同的条件下，半刚性基层材料产生的寿命变化范围要大于沥青馄合料。换句话说，超载对半刚性基层的寿命影响要大于沥青面层，可以说，这是半刚性基层材料不利的一面。

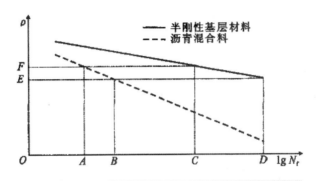

图3-1-5　半刚性基层材料与沥青混合料的疲劳曲线比较

（二）疲劳寿命

半刚性基层能够具有更长的疲劳寿命。尽管半刚性基层材料对应力的敏感性要高于沥青混合料，但是应当看到，在相同的应力比作用下，半刚性基层的绝对疲劳寿命值要高于沥青混合料，见表3-1-5，因此，只要将半刚性基层放在路面结构层中合适的位置，使其不承受过大的荷载，半刚性基层具有更长的疲劳寿命。

表3-1-5　半刚性基层材料与沥青混合料疲劳寿命对比

材料类型	应力比	应力水平 /MPa	疲劳寿命平均值 / 次
单价寺 70# 沥青	0.10	0.412	1203658
	0.30	1.236	17724
	0.50	2.060	4262
单价寺 90# 沥青	0.30	0.768	159564
	0.50	1.280	22843
	0.60	1.536	11304

材料类型	应力比	应力水平 /MPa	疲劳寿命平均值 / 次
水泥沙砾中梁	0.65	0.806	914538
	0.85	1.054	7568
二灰沙砾中梁	0.60	0.678	786306
	0.80	0.904	1021

第二节　半刚性基层施工

随着我国城市建设发展脚步的不断加快，公路工程项目建设也得到相关部门的高度关注。半刚性基层路基作为目前应用最广泛的一种路基形式，如何确保其施工质量也成了相关部门所面临的一项重要工作。由于公路工程半刚性路面基层对强度和平整度均有较高要求，因此，在对其进行施工的时候，应该首先从以上两个方面出发，采取科学合理的施工方法，以此来确保整个工程的施工质量。

一、半刚性基层原理

（一）材料强度的形成原理

在任何工程的施工过程中，是否能够对材料进行科学合理的加工直接影响到工程的整体质量，半刚性路面基层施工也不例外。通常情况下，材料强度的形成与材料的掺配、拌和以及压实具有十分密切的联系，在以上几项操作中，材料自身会发生一系列的物理和化学反应，而材料的强度则是在反应之后形成的。半刚性基层施工过程中所涉及的材料主要是石灰稳定类材料，包括石灰土、石灰沙砾土和石灰碎石等，其强度的形成主要是石灰与细粒土的相互作用，从而使土的工程性质发生变化，这种变化可以分为两个阶段：第一个阶段表现为土的结团、本身的塑性降低，最佳含水量增大，最大密实度变小等；第二个阶段就是结晶结构的形成，在这种情况下，土的整体强度和稳定性都会有所提高。从我国目前半刚性基层的施工现状来看，对于材料强度的影响因素主要包括石灰、土质的质量与剂量，同时，材料的养生条件如何也会在一定程度上影响到材料的强度和稳定性。

（二）材料缩裂特性

虽然半刚性基层施工所选用材料的强度能够在一定程度上满足工程的建设需求，但是，也同样存在着一些不足之处，比如说材料的缩裂特性。通常情况下，这种缩裂特性都是由于材料本身抗变形能力低导致的，材料本身如果没有较强的抗变形能力，那么当材料所处环境的温度或湿度发生变化的时候，就容易产生开裂。此外，当沥青面层较薄的时候，也容易形成反向裂缝，从而严重影响了工程的整体质量，因此，工程人员在进行半刚性基层施工之前，一定要对材料的缩裂规律进行全面系统分析，从而科学合理的对材料进行选择，以此来尽可能避免裂缝的出现。

二、半刚性基层施工技术

（一）铺筑试验路

通常情况下，为了确保公路施工的整体质量，在进行大规模施工之前，都要先铺筑一条试验路，在试验路的施工过程中，施工人员可以按照原计划的公路施工方法进行施工，并在施工的过程中对出现的问题进行处理。施工单位可以根据试验路铺筑的实际情况，对施工组织设计进行科学合理地制定，与此同时，还要根据试验路的实际操作情况对混合料的配合比进行确定，在检验铺筑的半刚性基层质量是否符合设计和规范要求的基础上，提出相应的质量控制措施。在确保试验路的施工效果达到相关要求之后，再进行大面积施工作业，这样不仅能避免由于施工误操作而引起的质量问题，而且还能对拌和、运输、碾压、养生等施工设备的可靠性进行检验，从而大大降低反复施工给施工单位带来的经济损失。

（二）厂拌法施工

厂拌法施工是目前进行公路半刚性路面基层施工过程中采用的最广泛的一种方法。为了确保施工的连续性和最终质量的稳定性，在进行具体施工操作之前，相关工作人员首先要对施工中所涉及的设备进行调试，确保其处于最良好的状态。此外，拌和之前还要进行必要的试拌工作，以此来确保大批量的拌和符合工程的根本需求。通常情况下，采用厂拌法进行施工，要充分注意混合料的拌和、摊铺和碾压。

1. 下承层准备与施工放样

由于半刚性基层施工的特殊性，其对下承层的要求也较高，不仅需要下承层平整、密实，而且还要确保其没有松散和"弹簧"的不良现象，因此，在进行施工之前，相关工作人员应该按照相关的施工标准对下承层进行检查验收，验收合格后才能够进行具体施工。施工放样主要是对路中线进行恢复，每隔一段距离设置一个中桩，并在每个桩上明显标记出基层的边缘设计标高和松铺的厚度的位置。

2. 备料

原材料的质量如何直接关系到工程的整体质量，因此，对于施工中的原材料的质量，一定要确保其符合工程的施工需求。同时还要做好必要的防护工作，比如说对于水泥应该做好防雨防潮工作，对于石灰应该做好必要的洒水工作，在潮湿多雨的季节 里，还要采取有效的措施确保细粒土和结合料不会受到雨淋。

3.拌和与摊铺

在对混合料进行拌和的时候，首先应该严格按照相关规范对其配合比进行准确测定，使其无论是从级配还是剂量上，都能够符合工程的要求；其次，要将混合料的含水量控制在最佳的程度，一般来说，水泥稳定类混合料的含水量可比最佳含水量大1~2个百分点，而石灰稳定类的混合料则刚好相反。对于混合料的摊铺应该掌握好摊铺时间，最好是在运送到施工场地之后，第一时间进行摊铺，并碾压成型。

4.碾压

碾压是半刚性基层施工中最重要的一个环节，碾压过程中，施工人员要控制好每个层的厚度，最小分层一般不能小于10cm。此外，碾压的时候还应该严格按照先轻后重的次序对各个类型的压路机进行安排，以此来对公路路面进行逐步压实。

三、半刚性基层施工的建议

在进行大面积施工以前（正式开工前至少一个月），修筑一定长度的试验路段很有必要。目前在我国高等级公路基层实践中，许多施工单位通过修筑试验路段来进行施工优化组合，把主要问题找出来并加以解决，由此提出标准施工法用以指导大面积施工，从而使整个工程的施工质量提高，施工进度加快，取得了显著的经济效益。在修筑试验路段中，承包人应向监理工程师担供用于试验路段的原材料、混合料、组成设计以及备料、拌和、摊铺、碾压、养护设备一览表和施工程序。施工工艺及操作计划等详细说明，并由监理工程师审核批准。

修筑试验路段的目的是：检验拌和、运输、摊铺、碾压、养生等计划投入使用设备的可靠性。检验混合料的组成设计是否符合质量要求及各道工序的质量控制措施，但运用于大面积施工的材料配合比及松铺系数确定每一作业段的合适长度和一次铺筑的合理厚度，并提出标准施工方法。据介绍，在每次开工前施工队都会先修筑一段长100m的试验段，并从中发现了不少问题，及时地调整了混合料的含水量，使之趋于最佳值。摊铺拌和遍数、深度等，使用权路段通过星的验收，并作为整个路段的一部分铺筑了进去。标准施工方法内容包括：集料与结合料数量的控制；摊铺方法。合适的拌和方法、拌合速度、拌和深度与遍数，混合料最佳含水量的控制方法，整平和整形的合适机具与方法，压实检查方法及每一作业段的最小检查数数量等。

试验路段经监理工程师验收后，便可以进行半刚性基层的大面积施工了。本单位所采用的路拌法施工，半刚性基层场拌法施工主要工序为：

备料——安装拌和楼——拌和——运料——摊铺——测量——整平与碾压成型——初期养护。下承层的准备与施工测量早以完成，施工前对下承层按质量验收，之后再恢复中线，在直线段每30M设一桩，平曲线段每20M设一桩，并在两侧路面边缘外0.4M处设指示桩在指示桩上用红油漆标出基层边缘设计标高及松铺厚度的位置，对于施工备料，所用材料均已符合质量要求，并根据各路段基层厚度、宽度及预定的干密度计算各路段需要的干燥集料数量，根据混合料的配合比，材料的含水量及所用车辆的吨位，计算各种材料每车料的堆放距离，根据各种集料所占的比及其松干密度，计算每种集料的松铺厚度，以控制施工配合比，而结合料仍以每袋的摊铺面积来控制剂量。

用平地机，推土机，按实验路段所求得的松铺系数进行摊铺，使混合料按要求的松铺厚度均匀地摊铺在要求的宽度上。摊铺时混合料的含水量宜略高于最佳含水量0.5%～1%，以补偿摊铺几碾压过程中的水分损失，当压实层厚度超过20cm时应当分层摊铺，最小压实厚度为10cm，先摊铺的一层应整形和压实，待监理工程师批准以后，将先摊铺的一层表面翻松后再继续摊铺上层，摊铺工作就绪后，就可使用稳定土路拌机进行拌和作业，路拌机工作速度为1.2～1.5km/h为适宜，拌和路线应以基层的最外沿向中心线靠拢，拌和过程中适时测量含水量，使之趋与最佳值拌和好的混合料用平地机整平按规定的路拱横坡度刮平整型，然后紧接进行压实作业碾压作业应在全宽范围内进行，在直线段上，压路机应由两侧路肩向中心碾压，在平曲线超高段上，应由内侧向外侧路肩碾压，没道碾压应与上道碾压轨迹相重叠（监理要求至少应为三分之一），使每层整个厚度和宽度完全均匀地压实到规定的密实度为止，路段碾压设备米用的是20t三轮压路机，在现场监理的控制下每层的压实厚度保证在20cm以下，在碾压的过程中，有时会出现所谓"弹簧"起皮现象，现场监理让施工人员采取各种措施，使之达到质量要求，在碾压结束之前，用平地机再终平依一次，使其纵向顺道路拱和超高符合设计要求，终平应当仔细进行，且必须将局部高出部分刮平并扫出路外，对局部低洼处，不再进行找平，留待铺筑沥青层时再做处理，即遵循"宁刮不垫"的原则。

碾压完成后即进行养生，养生时间应不小于7天，水泥稳定类混合料碾压完成后，立即开始养生；二灰稳定类混合料是在碾压成后的第二或第三天开始养生，简单的方法采用洒水。养生期间应当封闭交通，养生期结束立即铺筑沥青面层或作封层，基层上未铺封面或油面层时不应开放交通。关于养生期，资料显示，在近年高等级公路半刚性基层路面修筑实践中为缩短养生期以加快工程进度，一些施工单位布基层混合料中加入早强剂，使养生期不得袄7天就做上面层，还有的施工单位在基层施工后2～3天内就铺筑面层，理由是基层的板体性形成前，铺上沥青面并压实是对半刚性基层的二次压实，总之，加快工程的施工进度的同时又确保了工程的高质量、严要求，有些实践中的探索不置可否。

半刚性基层由于其特殊的承上启下的连接作用，使得它在施工中的要求较为严格，有些问题在施工中也应当注意。首先，半刚性基层的施工季节 应当掌握好，宜在春末或夏季施工，施工的最低温应在5℃以上，并保证在冻前有一定的成型期，曲路半刚性基层的施工季节 恰当地选在了春末夏初五月份，无论对施工还是养护都有利，在雨季施工时应特别注意天气变化，防止无机混合料受雨淋并采取措施排除表面水，降雨时应停止施工，已摊铺的混合料应尽快碾压密实。混合料堆积时间不应过长，尤其是雨季施工，一定要做到当天堆置，当天摊铺、整形、碾压；其次，路拌法施工中对于土与粉煤灰的用量控制，在施工中，石灰剂量可以在实验室检测，土与粉煤灰的比例只能在施工中加以控制，若控制不好，不仅影响强度还会使压实度检测失去意义。实际上，不与粉煤灰不同于沙砾和碎石，后者在装卸后和摊铺过程中体积变化不大，而不和粉煤灰经装卸、运输和摊铺等，都能使密度发生变化，室内测出的松干密度总是偏小，可用稳定压厚度控制配比的方法，固定稳压的压路机型及遍数，实测稳定压后的土几粉煤灰的干密度，通过抽检稳压厚度来控制土与粉煤灰的比例；再次，对于两工作段之间的接茬应当仔细处理好，在石灰二灰稳定类基层施工中，两工段衔接处应当搭接拌和，方法是：前一段拌和后，预备至少5m后进行碾压，后一段施工时，将前段备下未压的部分一起再进行拌和，拌和机、压路机等机械严禁在已经完成的或正在碾压的路段上调头或急刹车，以保证结构层表面不受破坏。若必须在上面调头时，应采取保护措施，如加铺覆盖层等。

第三节　粒料类基层施工

一、粒料分类及适用范围

（一）粒料分类

1. 嵌锁型——包括泥结碎石、泥灰碎石、填隙碎石等。

2. 级配型——包括级配碎石、级配砾石、符合级配的天然沙砾、部分砾石经轧制掺配而成的级配砾石、碎石等。

（二）粒料类适用范围

1. 级配碎石可用于各级公路的基层和底基层。级配碎石可用做较薄沥青面层与半刚性基层之间的中间层。

2. 级配砾石、级配碎砾石以及符合级配、塑性指数等技术要求的天然沙砾，可适用于轻交通的二级和二级以下公路的基层。

3. 填隙碎石可用于各等级公路的底基层和二级以下公路的基层。

二、施工一般要求

1. 级配碎石层施工时，应遵守下列规定

（1）颗粒组成应是一根顺滑的曲线。配料必须准确。塑性指数应符合规定；

（2）混合料必须拌和均匀，没有粗细颗粒离析现象；

（3）级配碎石应在最佳含水量时进行碾压，用做中间层时，其重型击实标准的压实度不应小于100%；用做基层时，其重型击实标准的压实度不应小于98%；用做底基层时，其重型击实标准的压实度不应小于96%；

（4）应适用12t以上三轮压路机碾压，每层的压实厚度不应超15～18cm。用重型振动压路机和轮胎压路机碾压时，每层的压实厚度可达20cm；

（5）级配碎石基层未洒透层沥青或未铺封层时，禁止开放交通，以保护表层不受破坏。

2.级配砾石层施工时，应遵守下列规定

（1）颗粒级配应符合规定，配料应准确。塑性指数符合规定；

（2）混合料应拌和均匀，没有粗细颗粒离析现象；

（3）级配砾石或天然沙砾用做基层时，其重型击实标准的压实度不应小于98%；用做底基层时，其重型击实标准的压实度不应小于96%；

（4）级配砾石应用12t以上三轮压路机碾压，每层的压实厚度不应超过15～18cm。用重型振动压路机和轮胎压路机碾压时，每层的压实厚度不应超过20cm。

3.填隙碎石施工时，应遵守下列规定

（1）细集料应干燥；

（2）应采用振动轮每米宽质量不小于1.8t的振动压路机进行碾压。填隙料应填满碎石层内部的全部孔隙。碾压后，表面粗碎石间的孔隙应填满，但不得使填隙料覆盖粗集料而自成一层，表面应看得见粗碎石；

（3）填隙碎石基层未洒透层沥青或未铺封层时，应禁止开放交通。

三、路面粒料基层施工方法

（一）级配碎石路拌法施工

1.准备下承层：下承层表面应平整、坚实，且具有规定的路拱，下承层的平整度和压实度应符合规范规定。下承层不宜做成槽式断面；

2.测量放样：应按规范的规定逐个断面检查下承层标高；

3.备料（计算材料用量）：根据各路段基层或底基层的宽度、厚度及规定的压实干密度，并按确定的配合比分别计算各段需要的未筛分碎石和石屑的数量或不同粒级碎石和石屑的数量，并计算每车料的堆放距离。未筛分碎石和混合料的含水量宜大于最佳含水量的1%。

4.运输集料：集料装车时，应控制每车料的数量基本相等。宜由远到近卸置集料。卸料距离应严格掌握，避免不够或过多；

5.摊铺集料：应事先通过试验确定集料的松铺系数并确定松铺厚度。人工铺筑混合料时，其松铺系数约为1.40～1.50，平地机摊铺混合料时，其松铺系数约为1.25～1.35；

6. 拌和及整形：对于二级及二级以上公路，应采用专用稳定土拌和机拌和级配碎石。对于二级以下的公路，在无稳定土拌和机的情况下，可采用平地机或多铧犁与缺口圆盘耙相配合进行拌合。用平地机进行拌合，宜翻拌 5 ~ 6 遍，使石屑均匀分布碎石中。平地机拌和的作业长度，每段宜 300~500m，平地机刀片的安装角度宜符合要求。拌和结束混合料的含水量应均匀并较最佳含水量大 1% 左右，同时应没有粗细颗粒离析现象。平地机整形过程注意消除粗细集料离析现象；

7. 碾压：整形后，当混合料的含水量等于或略大于最佳含水量时，立即用 12t 以上三轮压路机、振动压路机或轮胎压路机进行碾压。直线和不设超高的平曲线段，由两侧路肩开始向路中心碾压；在设超高的平曲线段，由内侧路肩向外侧路肩进行碾压，碾压时，后轮应重叠 1 / 2 轮宽；后轮必须超过两段的接缝处。后轮压完路面全宽时，即为一遍。碾压一直进行到要求的压实度为止。一般需要碾压 6 ~ 8 遍，应使表面无明显轨迹。压路机的碾压速度，头两遍以采用 1.5 ~ 1.7km / h 为宜，以后用 2.0 ~ 2.5km / h。凡含土的级配碎石层，都应进行滚浆碾压，一直压到碎石层中无多余细土泛到表面为止。滚到表面的浆（或事后变干的薄土层）应清除干净；

8. 横缝的处理：两作业段的衔接处，应搭接拌和。第一段拌和后，留 5 ~ 8m 不进行碾压；第二段施工时，前段留下未压部分与第二段一起拌和整平后进行碾压。

9. 纵缝的处理：应避免纵向接缝。在必须分两幅铺筑时，纵缝应搭接拌和。前一幅全宽碾压密实，在后一幅拌和时，应将相邻的前幅边部约 30cm 搭接拌和，整平后一起碾压密实。

（二）级配碎石集中厂拌法施工

级配碎石用作半刚性路面的中间层以及用作二级以上公路的基层时，应采用集中厂拌法拌制混合料，并用摊铺机摊铺混合料。

1. 级配碎石混合料可以在中心站用多种机械进行集中拌和，如强制式拌和机、卧式双转轴浆叶式拌和机、普通水泥混凝土拌和机等；

2. 对用于高速公路和一级公路的级配碎石基层和中间层，宜采用不同粒级的单一尺寸碎石和石屑，按预定配合比在拌和机内拌制级配碎石混合料；

3. 在正式拌制级配碎石混合料之前，必须先调试所用的厂拌设备，使混合料的颗粒组成和含水量都达到规定的要求，在采用未筛分碎石和石屑时，如未筛分碎石或石屑的颗粒组成发生明显变化，应重新调试设备；

4. 将级配碎石用于高速公路和一级公路时，应用沥青混凝土摊铺机或其他碎石摊铺机摊铺碎石混合料。摊铺机后面应设专人消除粗细集料离析现象；

5. 振动压路机、三轮压路机进行碾压，碾压方法同路拌法；

6. 级配碎石用于二级和二级以下公路时，如没有摊铺机，也可以用自动平地机（或摊铺箱）摊铺混合料；

7. 集中厂拌法施工时的横向接缝按下述方法处理：用摊铺机摊铺混合料时，靠近摊铺机当天未压实的混合料，可与第二天摊铺的混合料一起碾压，但应注意此部分混合料的含水量，必要时，应人工补充洒水，使其含水量达到规定的要求；

8. 应避免纵向接缝。在不能避免纵向接缝的情况下，纵缝必须垂直相接，不应斜接。

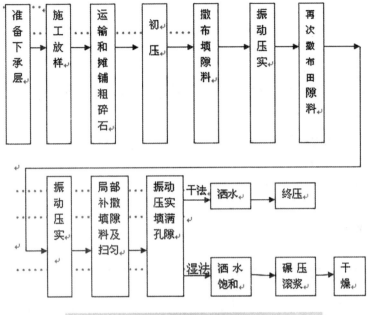

图3-3-1　填隙碎石施工工艺图（干法，湿法）

第四节　基层质量控制与检查验收

一、路面基层质量控制

（一）在水泥稳定碎石厂拌及运输、铺筑、碾压、养护过程中，应注意以下主要施工环节的质量控制：

1. 拌和站

（1）日常目测检查以下内容，发现问题及时采取措施，包括停机处理：

1）料斗筛是否设置或损坏、变形，是否振动或堵塞，下料应保证畅通，疏通人员是否盯岗、负责；

2）出料口是否设置过滤筛，位置是否得当，孔隙是否满足要求（一般用钢筋焊接制成，间距一般4厘米），并设专人负责；

3）检查水泥出口是否流通，根据出料数量计算水泥用量，并与水泥统计进料单进行符合比较，保证用量准确；

4）检查拌和材料堆放界限是否清楚，立有标牌，堆放是否均匀，石质、粒径、颜色是否符合技术要求，包括含杂质情况等；

5）如果所用材料规格多而料仓不足时，需要掺配的材料应事先在场地内按比例掺拌均匀，然后再装入料仓内；

6）观察作业机械是否熟练，配合是否良好，如装载机装料是否及时、到位、外溢现象，否则应调整装载机型号和数量；

7）检查供水系统，特别是水的流量控制要准确，并采取试验室实测数据与目测、手攥相结合的方法进行有效的控制；

8）检查铲装材料不可收底使用；

9）检查进出道口是否畅通；

10）检查雨后排水系统；

11）检查试验仪器、设备是否齐全、完好，满足技术要求；

12）检查确定的岗位负责人是否到场，特别是试验人员业务水平应满足需要；

13）注意各岗位操作人员的工作水平、业务能力和质量意识、工作态度，责任心是否强，并及时进行信息反馈并报告驻地。

（2）做好试验检测工作，要求准确、及时：

1）原材料进料前要及早选样、送样检测，水泥选择初终凝时间较长一点的，集料规格应先通过试配、满足技术规范要求的混合料级配后，再按该规格进行进料控制。

2）拌和料开机前要进行混合料级配和最佳含水量检测（一般控制高出 1%-2%），正常开机后按频率要进行试件制作、按规范要求进行养护（标养）和抗压强度试验；所有试验要做好原始记录；同时，还应结合工地现场摊铺、压实情况及其他反馈信息，进行含水量和级配的适当调整；

（3）其他：

1）检查拌和料运输是否及时(主要指水泥初凝时间到来前)，有无压车或运输能力不足，要求进行拌和料运输覆盖，防尘保湿；

2）注意拌和料运输过程的车辆损坏，一旦滞留时间超过初凝，不得发往现场，要与现场建立及时的通信信息，注意车辆编号，进行往来登记；

3）严格控制开机、停机时间，特别要求日落前摊铺压实完毕，合理安排停机时间；

3）注意收听天气变化，禁止雨天施工。

2. 施工现场

日常目测检查以下内容，发现问题及时采取措施，包括停工处理。停工处理的几种情况如下：

一是拌和站故障停机；二是发生返工现象且工作量较大时；三是施工主要作业机械故

障又短时间内不能修复时。

（1）对达到龄期底基层钻孔取芯，实测其强度、厚度，检测均匀度完整性，确认质量合格后方可进行基层施工；

（2）合理组织人员进行清扫，特别注意病害（表层缺水失养成型强度低等）及作业段接茬的处理，铲除病害后一般随水泥稳定碎石摊铺施工时处理，若厚度10厘米以上应单独填料压实；

（3）清扫完毕或摊铺前要保持洒水湿润（应采用压力式洒水车，洒水均匀、到位，不留死角，要求配备洒水壶对薄弱部位进行人工补洒、喷洒；严禁洒水不及时造成曝晒，影响工程质量；

（4）人工培肩夯实，采用方形枕木并用钢纤固定顺直，内裹塑料薄膜（防止水分损失影响强度）保证路面宽度，必须保证路肩的宽度和夯实度；

（5）采用两台摊铺机同向施工，前后间隔一般保持10米左右，保证厚度、平整度，每台摊铺机两侧安排两名民工，铲除绞笼前集中骨料和履带前混合料，要求均速、连续施工。铺筑按试验段确认的松铺系数，严格厚度要求，按松铺厚度要求制作检测工具（一般采用8厘米钢筋在设计插入厚度处焊接横杆），不断进行检测控制，发现问题立即纠正；

（6）碾压时除了坚持"紧跟、高频、低振"的原则外，要尽量拉长碾压的距离，以便清除由于压路机自身带来轮子前进产生的横向涌包；

（7）专人负责质量检测，机械摊铺在拌和料供不应求时因停顿而产生波浪，因此压实后宜用6米铝合金杆加密量测平整度，发现波浪拉松表层、铲平，重新压实并跑光；压实成型后及时进行压实度、平整度、高程等指标检测，且各项质量指标必须达到规范要求。

（8）每日施工段接头处理时，横竖向要刨直平茬接缝要求刷水泥浆，摊铺后要横向先搭半轮压实，然后纵向压实，注意接茬平整度，注意上一作业段重复压实时不能振动，以免造成破坏。

（二）离析控制措施

离析通常为骨料离析。骨料离析是指基层混合料中大粒径骨料分别聚集，处于较为明显的不均匀混合状态，离析的危害性很大，可对基层质量造成多方面的影响。在近几年，基层特别是嵌挤结构的水泥稳定碎石在摊铺过程中，经常出现离析现象，离析现象的成因是复杂的，通常出原材料、摊铺机结构、供料方式、摊铺技术和基层混合料质量等多方面原因形成。通过大量事实证明，如果对施工过程进行科学合理的控制，则可以有效减少离析现象的发生，从而大大提高基层的质量。基层混合料产生离析的主要原因及防止措施具体如下：

1. 原材料的原因

骨架密实型级配中集料占80%以上，且1.0~3.0CM碎石占集料的30%以上，所以要严格控制大料径碎石把好材料进场关，另外也可掺加一定比例的1.0~2.0cm碎石，满足连续级配的要求（掺加比例根据试验室筛分确定）。

2. 拌和的原因

（1）若混合料拌和机拌和过程中振动筛局部发生破裂，会使混合料有部分超过规格大粒径骨料，因此应对其经常检查，必要时更换振动筛；

（2）拌和时间短或搅拌机拌叶脱落也可能导致混合料拌和不均匀，因此，应经常检查拌和机中的相关部件，并严格控制拌和时间，注意观察混合料中是否有明显的大骨料与小骨料聚集的现象。如果发现，应及时查明原因，及时处理。

3. 装料的原因

（1）储料筒向运输车装料时，由于重力及高度的原因，大骨料滚落在两边及前后，形成骨料的第一次集中。为改变这种状况，应分别向运输车的前、中、后三处堆装，这样在向自卸车卸料时大骨料和小骨料可以再次混合，同时要控制储料筒与运输车之间的高度，尽量减小放料时的高差；

（2）储料筒要一次一放，严禁经常开着的"细水长流"现象。

4. 运输的原因

运输过程中的颠簸，也可造成大粒径骨料的集中，同时，由于运输过程中料堆表面与空气接触，致使混合料表面大量水分散失，减少了表层混合料之间的粘阻力，导致大粒径碎石集中下滑，所以，在为拌和场地选址时，要尽量使拌和场地与摊铺现场距离不要太远。同时，应适当平整运输通道、降低行驶速度，使运输过程中，尽量减少颠簸；对料堆要采取保湿措施（尤其是较长距离的运输），比如要覆盖篷布等。

5. 倾倒的原因

混合料卸向摊铺机时，大骨料滚落在料斗两侧，因此应将车厢大角度、快速升起，使混合料整体下滑，以避免大骨料向外侧滚动和堆积。同时摊铺机在摊铺完成一辆运输车时不宜将料斗收起，应始终保持料斗内存在 1/3 的拌和料，使新卸料和料车料斗内 1/3 的拌和料重新混合，可在一定程度上减少拌和料的离析。

6. 摊铺机的自身原因

（1）应正确操作料斗收放，绝对避免料斗内固定积料过多和翻动过快；

（2）摊铺机摊铺速度均匀、平稳，搅拢速度要均匀，严禁忽快忽慢；

（3）挡板尽量低，下面用胶皮接地，防止大粒径骨料经搅拢搅拌滚落；

（4）螺旋布料器的分析；

摊铺机产生离析的主要环节在螺旋分料过程中，作业中功率消耗最大的环节也在螺旋分料过程中（约为整机的 50% ~ 60%）。摊铺机在设计过程中，主要考虑功率因素，使螺旋分料器中的物料表面位于螺旋直径的 1/2~2/3 处。按照这种情况，当用于大宽度、大厚度摊铺时，由于输料量加大，而螺旋只有位于物料内部的部分才有输料能力，因此为满足作业要求，只能将转速提高。这样，高速旋转且暴露在物料以上的螺旋布料器顶端就会向物料层上部的空间抛送物料，这是分料过程中形成离析的主要原因。通过在施工现场的观察，可以十分清楚地看到这一点。

基于以上分析，为避免基层混合料产生离析，在摊铺中应采取如下措施：尽量采用具有大直径、低转速螺旋布料器（低速大扭矩马达）的摊铺机；降低螺旋布料器的高度，并使混合料的高度超过螺旋布料器（即埋满面料器）。这样就可以提高螺旋布料器的输送率，降低转速，减少不同物料颗粒之间的惯性差异，同时因为布料器埋于混合料内，可以对物料实现二次搅拌，降低前期离析程度，位于混合料中的布料器向两侧沿整个断面挤出物料，而不是向上或向下倾推物料，这样可以减少不同宽度位置上的横向离析和物料上下滚动产生的纵向离析，螺旋布料器上部不暴露在空间，也不会由于上抛而产生基层离析。

（5）摊铺完成后出现粗集料窝采用人工处理，换填新料。

另外，在摊铺中对表面出现的离析现象应及时补救。如采用人工细筛的方法，筛出适量细料撒在出现离析的表面层上，或铲除集料窝换填新拌和料，并及时碾压，这样就可以缓解离析的影响。

二、路面验收标准

（一）路基工程

1. 原地面处理

处理前应将施工范围内的有机土、种植土、草皮等清理干净，厚度为50cm。

2. 路基填筑

1）施工工艺及方法符合施工方案；

2）检测项目符合质量检验评定标准如下；

3）外观要求：路基表面平整，边线直顺，曲线圆滑。路基边坡坡面平顺，稳定，不得亏坡，曲线圆滑。取土坑、弃土堆、护坡道飞碎落台的位置适当，外形整齐、美观，防止水土流失。

表3-4-1 土方路基实测项目

项次	检查项目		规定值或允许偏差			检查方法和频率	权值
			高速公路一级公路	其他公路			
				二级公路	三、四级公路		
1	压实度（%）	零填及挖方（m）	0～0.30	—	—	94	密度法：每200m每压实层测4处	3
			0～0.80	≥96	≥95	—		
		填方（m）	0～0.80	≥96	≥95	≥94		
			0.80～1.50	≥94	≥94	≥93		
			＞1.50	≥93	≥92	≥90		

项次	检查项目	规定值或允许偏差			检查方法和频率	权值
		高速公路一级公路	其他公路			
			二级公路	三、四级公路		
2	弯沉（0.01mm）	不大于设计要求值			－	3
3	纵断高程（mm）	+10，-15	+10，-20		水准仪：每200m测4断面	2
4	中线偏位（mm）	50	100		经纬仪：每200m测4点，弯道加HY、YH两点	2
5	宽度（mm）	不小于设计			米尺：每200m测4处	2
6	平整度（mm）	15	20		3m直尺：每200m测2处×10尺	2
7	横坡（%）	±0.3	±0.5		水准仪：每200m测4个断面	1
8	边坡	不陡于设计值			尺量：每200m测4处	1

（二）排水工程

1.预制管节基本要求

（1）混凝土应符合耐久性（抗冻、抗渗、抗侵蚀）等强度设计要求；

（2）不得出现露筋、空洞、缺角和大面积蜂窝麻面现象。

实测项目如下：

表3-4-2 管节预制实测项目

项次	检查项目	规定值或允许偏差	检查方法和频率	权值
1	混凝土强度（MPa）	在合格标准内	－	3
2	内径（mm）	不小于设计	尺量：2个断面	2
3	壁厚（mm）	-3	尺量：2个断面	2
4	顺直度	矢度不大于0.2%管节长	沿管节 拉线量，取最大矢高	1
5	长度（mm）	-5，0	尺量	1

2.管道基础及管节安装基本要求

（1）管材必须逐节检查，不得有裂缝、破损；

（2）基础混凝土强度达到5MPa以上时，方可进行管节铺设；

（3）管节铺设应平顺、稳固，管底坡度不得出现反坡，管节接头处流水面高差不得大于5mm。管内不得有泥土、砖石、砂浆等杂物。

实测项目如下：

表3-4-3 管道基础及管节 安装实测项目

项次	检查项目		规定值或允许偏差	检查方法和频率	权值
1	混凝土抗压强度或砂浆强度（MPa）		在合格标准内	–	3
2	管轴线偏位（mm）		15	经纬仪或拉线：每两井间测3处	2
3	管内底高程（mm）		±10	水准仪：每两井间测2处	2
4	基础厚度（mm）		不小于设计	尺量：每两井间测3处	1
5	管座	肩宽（mm）	+10，–5	尺量、挂边线：每两井间测2处	1
		肩高（mm）	±10		
6	抹带	宽度	不小于设计	尺量：按10%抽查	2
		厚度	不小于设计		

3. 浆砌排水沟基本要求

（1）砌体砂浆配合比准确，砌缝内砂浆均匀饱满，勾缝密实；

（2）浆砌片（块）石、混凝土预制块的质量和规格应符合设计要求；

（3）砌体抹面应平整、压光、直顺，不得有裂缝、空鼓现象。

实测项目如下：

表3-4-4 浆砌排水沟实测项目

项次	检查项目	规定值或允许偏差	检查方法和频率	权值
1	砂浆强度（MPa）	在合格标准内	–	3
2	轴线偏位（mm）	50	经纬仪或尺量：每200m测5处	1
3	沟底高程（mm）	+15	水准仪：每200m5点	2
4	墙面直顺度（mm）或坡度	30 或不陡于设计	20m拉线、坡度尺：每200m测2处	1
5	断面尺寸（mm）	±30	尺量：每200m测2处	2
6	铺砌厚度（mm）	不小于设计	尺量：每200m测2处	1
7	基础垫层宽、厚（mm）	不小于设计	尺量：每200m测2处	1

4. 碎石盲沟基本要求

（1）盲沟的设置及材料规格、质量等应符合设计要求和施工规范规定；

（2）反滤层应用筛选过的中砂、粗砂、砾石等渗水性材料分层填筑；

（3）排水层应采用石质坚硬的较大粒料填筑，以保证排水孔隙度。

实测项目如下：

表3-4-5　盲沟实测项目

项次	检查项目	规定值或允许偏差	检查方法和频率	权值
1	沟底高程（mm）	±15	水准仪：每10～20m测1处	1
2	断面尺寸（mm）	不小于设计	尺量：每20m测1处	1

（三）挡土墙及防护工程

1. 重力式、悬臂式和扶臂式挡土墙基本要求

（1）混凝土所用的水泥、石、砂、水和外掺剂的规格和质量应符合有关规范的要求，并按规定的配合比施工；

（2）地基强度必须满足设计要求；

（3）不得有露筋和空洞现象；

（4）沉降缝、泄水孔的设置位置、质量和数量应符合设计要求，泄水孔坡度向外，无堵塞现象；

（5）混凝土施工缝平顺，蜂窝、麻面面积不得超过该面面积的0.5%。混凝土表面出现非受力裂缝，裂缝宽度超过设计规定或设计未规定时超过0.15mm必须处理，沉降缝整齐垂直，且上下贯通。

具体实测项目如下：

表3-4-6　挡土墙实测项目

项次	检查项目	规定值或允许偏差	检查方法和频率	权值
1	混凝土强度（MPa）	在合格标准内	–	3
2	平面位置（mm）	30	经纬仪：每20m检查3点	1
3	顶面高程（mm）	±20	水准仪：每20m检查1点	1
4	竖直度或坡度（%）	0.3	吊垂线：每20m检查2点	1
5	断面尺寸（mm）	不小于设计	尺量：每20m检查2个断面，抽查扶臂2个	2
6	底面高程（mm）	±30	水准仪：每20m检查1点	1
7	表面平整度（mm）	5	2m直尺：每20m检查2处	1

2. 挡土墙墙背回填基本要求

（1）墙背填土应采用透水性材料或设计规定的填料，严禁采用膨胀土、高液限黏土、腐殖土、盐渍土、淤泥、白垩土、硅藻土和冻土块，且填料中不应含有机物、冰块、草皮、树根等杂物或生活垃圾；

（2）墙背填土必须和挖方路基、填方路基有效搭接，纵向接缝必须设台阶；

（3）必须分层填筑压实，每层表面平整，路拱合适，坡面稳固，不得亏坡；

（4）墙身强度达到设计强度 75% 以上时方可开始填土。

3. 护坡工程基本要求

（1）石料质量、规格应符合有关规定。砂浆所用的水泥、砂、水的质量应符合有关规范的要求，按规定的配合比施工；

（2）护坡基础埋置深度及地基承载力应符合设计要求；

（3）砌体应咬扣紧密，嵌缝饱满密实；

（4）护坡填土密实度应达到设计要求，对坡面刷坡整平后方可铺砌；

（5）表面平整，无垂直通缝，勾缝平顺，无脱落现象。

具体实测项目如下：

表3-4-7　护坡实测项目

项次	检查项目	规定值或允许偏差	检查方法和频率	权值
1	砂浆强度（MPa）	在合格标准内	-	3
2	顶面高程（mm）	±50	水准仪；每50m检查3点，不足50m时至少2点	1
3	表面平整度（mm）	30	2m直尺：锥坡检查3处，护坡每50m检查3处	1
4	坡度	不陡于设计	坡度尺量：每50m量3处	1
5	厚度（mm）	不小于设计	尺量：每100m检查3处	2
6	底面高程（mm）	±50	水准仪；每50m检查3点	1

（四）路面工程

1. 水泥混凝土面层基本要求

（1）施工配合比应根据现场测定水泥的实际强度进行计算，选择采用最佳配合比；

（2）接缝的位置、规格、尺寸及传力杆、拉力杆的设置应符合设计要求；

（3）路面拉毛或机具压槽等抗滑措施，其构造深度应符合施工规范要求；

（4）混凝土路面铺筑后按施工规范要求养护；

（5）路面侧石直顺、曲线圆滑。

具体实测项目如下：

表3-4-8　水泥混凝土面层实测项目

项次	检查项目	规定值或允许偏差		检查方法和频率	权值
		高速公路一级公路	其他公路		
1	弯拉强度（MPa）	在合格标准之内		-	3

项次	检查项目		规定值或允许偏差		检查方法和频率	权值
			高速公路 一级公路	其他公路		
2	板厚度 （mm）	代表值	−5		每200m每车道2处	3
		合格值	−10			
3	平整度	σ（mm）	1.2	2.0	平整度仪；全线每车道连续检测，每100m计算σ、IRl	2
		1RI（m／km）	2.0	3.2		
		最大间隙h（mm）	–	5	3m直尺：半幅车道板带每200m测2处x10尺	
4	抗滑构造深度（mm）		一般路段不小于0.7且不大于1.1；特殊路段不小于0.8且不大于1.2	一般路段不小于0.5且不大于1.0；特殊路段不小于0.6且不大于1.1	铺砂法：每200m测1处	2
5	相邻板高差（mm）		2	3	抽量：每条胀缝2点；每200m抽纵、横缝各2条，每条2点	2
6	纵、横缝顾直度（mm）		10		纵缝20m拉线，每200m4处；横缝沿板宽拉线，每200m4条	1
7	中线平面偏位（mm）		20		经纬仪：每200m测4点	1
8	路面宽度（mm）		±20		抽量：每200m测4处	1
9	纵断高程（mm）		±10	±15	水准仪：每200m测4断面	1
10	横坡（%）		±0.15	±0.25	水准仪：每200m测4断面	1

注： 表中σ为平整度仪测定的标准差；IRI为国际平整度指数：h为3m直尺与面层的最大间隙。

2. 沥青混凝土面层基本要求

（1）沥青混合料的矿料质量及矿料级配应符合设计要求和施工规范的规定；

（2）严格控制各种矿料和沥青用量及各种材料和沥青混合料的加热温度，沥青材料及混合料的各项指标应符合设计和施工规范要求。沥青混合料的生产，每日应做抽提试验、马歇尔稳定度试验。矿料级配、沥青含量、马歇尔稳定度等结果的合格率应不小于90%；

（3）拌和后的沥青混合料应均匀一致，无粗细料分离和结团成块现象；

（4）基层必须碾压密实，表面干燥、清洁、无浮土，其平整度和路拱度应符合要求；

（5）摊铺时应严格控制摊铺厚度和平整度，避免离析，注意控制摊铺和碾压温度，碾压至要求的密实度；

（6）搭接处应紧密、平顺，烫缝不应枯焦；

（7）面层与路缘石及其他构筑物应密贴接顺，不得有积水或漏水现象。

具体实测项目如下：

表3-4-9　沥青混凝土面层和沥青碎（砾）石面层实测项目

项次	检查项目		规定值或允许偏差		检查方法和频率	权值
			高速公路、一级公路	其他公路		
1 △	压实度（%）		试验室标准密度的96%（*98%）；最大理论密度的92%（*94%）；试验段密度的98%（*99%）		每200m测1处	3
2	平整度	σ（mm）	1.2	2.5	平整度仪：全线每车道连续按每100m计算IRI或σ	2
		IRI（m / km）	2.0	4.2		
		最大间隙h（mm）	–	5	3m直尺：每200m测2处×10尺	
3	弯沉值（0.01mm）		符合设计要求		–	2
4	渗水系数		SMA路面200ml/min；其他沥青混凝土面300ml/min	–	渗水试验仪：每200m测1处	2
5	抗滑	摩擦系数	符合设计要求	–	摆式仪：每200m测1处；摩擦系数测定车：全线连续	2
		构造深度			铺砂法：每200m测1处	
6	厚度（mm）	代表值	总厚度：设计值的-8%；上面层：设计值的-10%	-8%H	双车道每200m测1处	3
		合格值	总厚度：设计值的-10%；上面层：设计值的-20%	-15%H		
7	中线平面偏位（mm）		20	30	经纬仪：每200m测4点	
8	纵断高程（mm）		±10	±15	水准仪：每200m测4断面	
9	宽度（mm）	有侧石	±20	±30	尺量：每200m测4断面	
		无侧石	不小于设计			
10	横坡（%）		±0.3	±0.5	水准仪：每200m测4处	

注：①表内压实度可选用其中的1个或2个标准，并以合格率低的作为评定结果。带*号者是指SMA路面，其他为普通沥青混凝土路面。

3. 水泥稳定粒料（碎石、沙砾或矿渣等）基层和底基层基本要求

（1）粒料应符合设计和施工规范要求，并应根据当地料源选择质坚干净的粒料，矿渣应分解稳定，未分解渣块应予剔除；

（2）物质水泥用量和矿料级配按设计控制准确；

（3）摊铺时要注意消除离析现象；

（4）混合料处于最佳含水量状况下，用重型压路机碾压至要求的压实度从加水拌和到碾压终了的时间不应超过 3 ～ 4h，并应短于水泥的终凝时间；

（5）碾压检查合格后立即覆盖或洒水养生，养护期要符合规范要求；

（6）表面平整密实、无坑洼、无明显离析；施工接茬平整、稳定。

具体实测项目如下：

表3-4-10　水泥稳定粒料基层和底基层实测项目

项次	检查项目		规定值或允许偏差				检查方法和频率	权值
			基层		底基层			
			高速公路一级公路	其他公路	高速公路一级公路	其他公路		
1	压实度(%)	代表值	98	97	96	95	每200m每车道2处	3
		极值	94	93	92	91		
2	平整度（mm）		8	12	12	15	3m 直尺：每200m测2处×10尺	2
3	纵断高程（mm）		+5，−10	+5，−15	+5，−15	+5，−20	水准仪：每200m测4个断面	1
4	宽度（mm）		不小于设计		不小于设计		尺量：每200m测4个断面	1
5	厚度（mm）	代表值	−8	−10	−10	−12	每200m每车道1点	3
		合格值	−15	−20	−25	−30		
6	横坡（%）		±0.3	±0.5	±0.3	±0.5	水准仪：每200m测4个断面	1
7	强度（Mpa）		符合设计要求		符合设计要求		−	3

4. 石灰土基层和底基层基本要求

（1）土质应符合设计要求，土块要经粉碎；

（2）石灰质量应符合设计要求，块灰须经充分消解才能使用；

（3）石灰和土的用量按设计要求控制准确，未消解生石灰块必须剔除；

（4）路拌深度要达到层底；

（5）混合料处于最佳含水量状况下，用重型压路机碾压至要求的压实度；

（6）保湿养生，养生期要符合规范要求；

（7）表面平整密实、无坑洼，施工接茬平整、稳定。

具体实测项目如下：

表3-4-11　石灰土基层和底基层实测项目

项次	检查项目		规定值或允许偏差				检查方法和频率	权值
			基层		底基层			
			高速公路一级公路	其他公路	高速公路一级公路	其他公路		
1	压实度(%)	代表值	–	95	96	93	每200m每车道2处	3
		极值	–	91	91	89		
2	平整度（mm）		–	12	12	15	3m直尺：每200m测2处×10尺	2
3	纵断高程(mm)		–	+5，−15	+5，−15	+5，−20	水准仪：每200m测4个断面	1
4	宽度（mm）		不小于设计		不小于设计		尺量：每200m测4个断面	1
5	厚度（mm）	代表值	–	−10	−10	−12	每200m每车道1点	2
		合格值	–	−20	−25	−30		
6	横坡（%）		–	±0.5	±0.3	±0.5	水准仪：每200m测4个断面	1
7	强度（Mpa）		符合设计要求		符合设计要求		–	3

5.石灰、粉煤灰稳定粒料（碎石、沙砾或矿渣等）基层和底基层基本要求

（1）粒料应符合设计和施工规范要求，并应根据当地料源选择质坚干净的粒料。矿渣应分解稳定，未分解渣块应予剔除；

（2）石灰和粉煤灰质量应符合设计要求，石灰须经充分消解才能使用；

（3）混合料配合比应准确，不得含有灰团和生石灰块；

（4）摊铺时要注意消除离析现象；

（5）碾压时应先用轻型压路机稳压，后用重型压路机碾压至要求的压实度；

（6）保湿养生，养生期要符合规范要求；

（7）表面平整密实、无坑洼、无明显离析。施工接茬平整、稳定。

具体实测项目如下：

表3-4-12　石灰、粉煤灰稳定粒料基层和底基层实测项目

项次	检查项目		规定值或允许偏差				检查方法和频率	权值
			基层		底基层			
			高速公路一级公路	其他公路	高速公路一级公路	其他公路		
1	压实度（%）	代表值	98	97	96	95	每200m每车道2处	3
		极值	94	93	92	91		
2	平整度（mm）		8	12	12	15	3m直尺：每200m测2处×10尺	2
3	纵断高程（mm）		-+5，-10	+5，-15	+5，-15	+5，-20	水准仪：每200m测4个断面	1
4	宽度（mm）		不小于设计		不小于设计		尺量：每200m测4个断面	1
5	厚度（mm）	代表值	-8	-10	-10	-12	每200m每车道1点	2
		合格值	-15	-20	-25	-30		
6	横坡（%）		±0.3	±0.5	±0.3	±0.5	水准仪：每200m测4个断面	1
7	强度（Mpa）		符合设计要求		符合设计要求		-	3

6. 级配碎（砾）石基层和底基层基本要求

（1）选用质地坚韧、无杂质碎石、沙砾、石屑或砂，级配应符合要求；

（2）配料必须准确，塑性指数必须符合规定；

（3）混合料拌和均匀，无明显离析现象；

（4）碾压应遵循先轻后重的原则，洒水碾压至要求的密实度；

（5）表面平整密实，边线整齐，无松散。

具体实测项目如下：

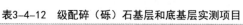

表3-4-12 级配碎（砾）石基层和底基层实测项目

项次	检查项目		规定值或允许偏差				检查方法和频率	权值
			基层		底基层			
			高速公路一级公路	其他公路	高速公路一级公路	其他公路		
1	压实度（%）	代表值	98	98	96	96	每200m每车道2处	3
		极值	94	94	92	92		
2	弯沉值（0.01mm）		符合设计要求		符合设计要求		–	3
3	平整度（mm）		8	12	12	15	3m直尺：每200m测处×10尺	2
4	纵断高程（mm）		+5，−10	+5，−15	+5，−15	+5，−20	水准仪；每200m测4个断面	1
5	宽度（mm）		不小于设计		不小于设计		尺量：每200m测4处	1
6	厚度（mm）	代表值	−8	−10	−10	−12	每200m每车道1点	2
		合格值	−15	−20	−25	−30		
7	横坡（%）		±0.3	±0.5	±0.3	±0.5	水准仪；每200m测4个断面	1

7.路缘石铺设基本要求

（1）预制缘石的质量应符合设计要求；

（2）安砌稳固，顶面平整，缝宽均匀，勾缝密实，线条直顺，曲线圆滑美观；

（3）槽底基础和后背填料必须夯打密实；

（4）现浇路缘石材料应符合设计要求；

（5）勾缝密实均匀，无杂物污染，缘石与路面齐平，排水口整齐、通畅，无阻水现象。

具体实测项目如下：

表3-4-13　路缘石铺设实测项目

项次	检查项目		规定值或允许偏差	检查方法和频率	权值
1	直顺度（mm）		15	20m 拉线；每 200m 测 4 处	3
2	预制铺设	相邻两块高差（mm）	3	水平尺：每 200m 测 4 处	2
		相邻两块缝宽（mm）	±3	尺量：每 200m 测 4 处	1
	现浇	宽度（mm）	±5	尺量：每 200m 测 4 处	2
3	顶面高程（mm）		±10	水准仪：每 200m 测 4 点	2

8. 路肩基本要求

（1）路肩表面应平整密实，不积水；

（2）肩线应直顺，曲线圆滑；

（3）硬路肩质量要求应与路面结构层相同；

（4）路肩无阻水现象，路肩边缘直顺，且无其他堆积物。

具体实测项目如下：

表3-4-14　路肩实测项目

项次	检查项目		规定值或允许偏差	检查方法和频率	权值
1	压实度（%）		不小于设计	每 200m 测 2 处	2
2	平整度（mm）	土路肩	20	3m 直尺：每 200m 测 2 处 x4 尺	1
		硬路肩	10		
3	横坡（%）		±1.0	水准仪：每 200m 测 2 处	1
4	宽度（mm）		不小于设计	尺量：每 200m 测 2 处	2

第四章 沥青路面施工

第一节 材料质量要求

一、沥青材料

种类：石油沥青、煤沥青、液体石油沥青和沥青乳液等。

沥青材料的标号：路面的类型、施工条件、地区气候条件、施工季节和矿料性质尺寸等因素而定。

热拌热铺沥青路面：可采用稠度较高的沥青材料。

热拌冷铺类沥青路面：所用沥青材料的稠度较低。

浇灌类沥青路面：宜采用中等稠度的沥青材料。

当地气候寒冷、施工气温较低、矿料粒径偏细时：宜采用稠度较低的沥青材料。

炎热季节施工时：可用稠度较高的沥青材料。

路拌类沥青路面：采用稠度较低的沥青材料。

1. 一般规定

（1）沥青到货时应附有炼油厂的沥青质量检验单。合格后方可使用。

（2）沥青路面集料的粒径应以方孔筛为准。

（3）任何材料进入施工场地时都应登记，签发材料验收单。

2. 道路石油沥青

（1）道路石油沥青适用于各类沥青面层。

（2）高速公路、一级公路铺筑沥青路面时，应采用符合规范要求的"重交通道路石油沥青技术要求"规定的沥青。

（3）各层可采用相同标号的沥青，也可采用不同标号的沥青。面层的上层宜用较稠的沥青，下层或连接层宜采用较稀的沥青。对渠化交通的道路，则宜采用较稠的沥青。

3. 乳化石油沥青

（1）乳化石油沥青的质量应符合"道路用乳化石油沥青技术要求"的规定。

（2）乳化沥青适用于沥青表面处治、沥青贯入工路面、常温沥青混合料路面，以及透层、粘层与封层。

（3）乳化沥青的类型应根据使用目的、矿料种类、气候条件选用。对酸性石料，或当石料处于潮湿状态或在低温下施工时，宜采用阳离子乳化沥青；对碱性石料（石料处于干燥状态）或与水泥、石灰、粉煤灰共同使用时，宜采用阴离子乳化沥青。

4. 液体石油沥青

液体石油沥青适用于透层、粘层及拌制常温沥青混合料。

5. 煤沥青

（1）道路用煤沥青适用于透层、粘层，也可用于三级及三级以下的公路铺筑沥青面层，但热拌沥青混合料路面的表面层不宜采用煤沥青。

（2）煤沥青使用期间在贮油池或沥青罐中贮存的温度宜为 70～90℃，并应避免长期贮存。

二、粗集料

1. 用于沥青面层的粗集料包括碎石、破碎砾石、筛选砾石、矿渣等；

2. 粗集料的粒径规格按照规范"沥青面层用粗集料规格"的规定选用；

3. 粗集料应该洁净、干燥、无风化、无杂质，具有足够的强度、耐磨耗性；

4. 粗集料应具有良好的颗粒形状，用于道路沥青面层的碎石不宜采用颚式破碎机加工；

5. 用于轧制破碎的砾石必须采用粒径大于 50mm 的颗粒，破碎砾石中 4.75mm（圆孔筛 5mm）及其以上颗粒的破碎面积应符合规范的要求；

6. 筛选砾石仅适用于三级及三级以下公路的沥青表面处治或拌合法施工的沥青表面层的下面层，不得用于贯入式路面及拌和法施工的沥青面层的中、上面层；

7. 三级及三级以下公路可采用钢渣作为粗集料。钢渣应在破碎后有 6 个月以上的存放期，其质量应符合规范的要求，并应按本规范相关办法对钢渣活性进行检验，检验不合格者不得使用；

8. 经检验属于酸性岩石的石料，用于高速公路、一级公路时，宜使用针入度较小的沥青。为保证与沥青的粘附性符合规范的要求，应采用下列抗剥离措施：

（1）用干燥的磨细消石灰或生石灰粉、水泥作为填料的一部分，其用量宜为矿料总量的 1%～2%；

（2）在沥青中掺加抗剥离剂；

（3）将粗集料用石灰浆处理后使用。

三、细集料

粗细集料以 2.36mm 作为分界。

1. 沥青面层的细集料可采用天然砂、机制砂及石屑；

2. 热拌沥青混合料的细集料宜采用优质的天然砂或机制砂；

3. 细集料应与沥青有良好的黏结能力，与沥青黏结性能很差的天然砂及用花岗岩、石英岩等酸性石料破碎的机制砂或石屑不宜用于高速公路、一级公路沥青面层，必须使用时，应采用规范规定的抗剥离措施。

四、填料

1. 沥青混合料的填料宜采用岩浆岩中的强基性岩石等憎水性石料经磨细得到的矿粉，原石料中的泥土杂质应除净。当采用水泥、石灰、粉煤灰作填料时，其用量不宜超过矿料总量的 2%；

2. 粉煤灰作为填料使用时，烧失量应小于 12%，塑性指数应小于 4%，其余质量要求与矿粉相同。粉煤灰的用量不宜超过填料总量的 50%。高速公路、一级公路的沥青混凝土面层不宜采用粉煤灰作填料。

第二节　热拌沥青混合料路面施工

一、施工规则

（一）适用范围

热拌沥青混凝土路面施工工艺标准，适用于各级新建、改建（扩建）公路、城市道路、机场跑道等的各结构类型的沥青混合料表面层、中、下面层施工。

（二）使用的标准和规范

1. 中华人民共和国行业标准《公路沥青路面施工技术规范》（JTGF40-2004）；

2. 中华人民共和国行业标准《公路工程集料试验规程》（JTGE42-2005）；

3. 中华人民共和国行业标准《公路工程沥青及沥青混合料试验规程》（JTJ052-2000）；

4. 中华人民共和国国家标准《环境空气质量标准》（GB3095-1996）。

二、施工准备

（一）技术准备

1. 复核水准点，必须全线联测。施工放样，采用全站仪准确测出中桩位置，并依据中桩确定各结构层边线位置；

2. 熟悉图纸和相关规范、标准、编制施工组织设计，由项目总工程师向班组长进行书面的一级技术和安全交底，施工前由班组长向操作工人进行二级技术交底和安全交底。

（二）机具准备

1. 拌和设备：间歇式沥青混凝土拌和站；
2. 运输设备：大吨位自卸汽车；
3. 摊铺设备：配备自动找平装置的摊铺机（有条件可配备沥青混合料运转车）；
4. 碾压设备：双钢轮振动压路机，轮胎压路机（吨位宜大）；
5. 其他设备：装载机、空压机、水车、加油车、发电机、切割机、平板载重车。

（三）材料准备

原材料：沥青、粗集料、细集料、矿粉、抗剥落剂等由持证材料员和实验员按规定进行检验，从而确保其质量符合相应标准。

二、施工工艺

（一）工艺流程

下承层准备验收→测量放样→沥青混合料拌制→沥青混合料运输→沥青混合料摊铺→沥青混合料碾压→养护→成品检验、验收→开放交通。

（二）操作工艺

1. 测量放样

依据设计资料，恢复中桩位置和结构层边线。下面层施工应采用钢丝引导控制高程的方法，10m 设置一个控制桩，施工前准确布设。

2. 沥青混合料拌制

1）严格按照目标配合比和生产配合比拌制沥青混合料，混合料级配和沥青用量、外掺材料剂量必须符合设计要求；

2）沥青混合料必须在沥青拌和厂采用拌和机械试拌，各种规格的集料应分隔堆放，不得混杂。集料（尤其是细集料），需设置防雨顶棚储存，矿粉不得受潮；

3）沥青混合料应采用间歇式拌和机拌和，拌和机应有良好的除尘设备，并有自动检测拌和温度的装置和自动打印装置；

4）沥青混合料拌和时间以混合料拌和均匀、所有矿料颗粒全部裹覆沥青胶结料为度，外观应均匀一致，无花白料、无结团或严重的粗细集料分离现象；

5）混合料拌和温度应符合《公路沥青路面施工技术规范》（JTGF40-2004 的要求，

混合料不得在储料仓内过夜、达不到要求的混合料做废弃处理。

3. 沥青混合料运输

1）热拌沥青混合料宜采用较大吨位的运料车运输，但不得超载运输，或紧急制动、急弯掉头使透层、封层损伤。运料车的运力应稍有富余，施工过程中摊铺机前方应有运料车等候。对高速公路、一级公路，待等候的运料车多余五辆后开始摊铺；

2）运料车每次使用前后必须清扫干净，在车厢板上涂一薄层防止沥青黏结的隔离剂或防黏剂，但不得有余液积聚在车厢底部。从拌和机向运料车上装料时，应前、后、中挪动汽车位置，平衡装料，以减少混合料离析。运料车运输混合料宜用苫布覆盖保温、防雨、防污染；

3）运料车进入摊铺现场时，轮胎上不得沾有泥土等可能污染路面的泥土等物，否则宜设水池洗净轮胎后进入工程现场、沥青混合料在摊铺地点凭运料单接收，若混合料不符合施工温度要求，或已经结成团块，已遭雨淋的不得摊铺；

4）摊铺过程中运料车应在摊铺机前 100 ~ 300mm 处停住，空档等候，由摊铺机推动前进开始缓缓卸料，避免撞击摊铺机（在有条件时，运料车可将混合料卸入运转车经二次拌和后，再向摊铺机连续均匀的供料）。运料车每次卸料必须倒净，尤其是对改性沥青或 SMA 混合料，如有剩余，应及时清除，防止硬结；

5）SMA 及 OGFC 混合料在运输、等候过程中，如发现有沥青结合料沿车厢板滴漏时，应采取措施予以避免。

4. 沥青混合料摊铺

1）摊铺前必须将工作面清扫干净，且工作面必须保持干燥；

2）混合料必须采用配备有自动找平装置的摊铺机进行摊铺，同时必须具有振动熨平板或振动夯锤等初步压实装置。摊铺机提前 0.5 ~ 1h 预热熨平板不低于 100℃，摊铺机必须调整到最佳状态，铺面要求均匀一致，严禁出现离析现象；

3）摊铺机的摊铺速度应调节至与供料、压实速度相平衡，保持连续不断的均匀摊铺，中间不得停顿；

4）热拌沥青混合料的施工温度必须符合《公路沥青路面施工技术规范》（JTGF40-2004）中的要求；

表4-2-1　沥青混合料的施工温度（℃）

沥青种类	普通石油沥青	改性沥青
沥青加热温度	150 ~ 170	160 ~ 170
矿料加热温度	170 ~ 190	180 ~ 200
沥青混合料出厂温度	155 ~ 165	165 ~ 180
运输到现场温度，不低于	145	160

沥青种类	普通石油沥青	改性沥青
摊铺温度，不低于	130 ~ 150	160
初压温度，不低于	130 ~ 145	150
终压温度，不低于	105 ~ 125	110

5）松铺系数应根据试铺路段确定，摊铺过程中必须随时检查摊铺层厚度及路拱、横坡，达不到要求时，应立刻进行调整；

6）下面层摊铺必须采用钢丝引导的高程控制方式控制好路面高程，中、上面层摊铺宜采用移动式自动找平基准装置摊铺，以控制路面厚和平整度；

7）沥青面层的摊铺宜采用两台摊铺机梯队作业。

5. 沥青混合料碾压

1）沥青混合料的碾压必须在摊铺后立即进行，严禁等候，碾压过程中压路机严禁停机；

2）沥青混合料的碾压按初压、复压、终压三个阶段进行，压路机的碾压速度需均匀的碾压。初压用10t以上的钢轮压路机紧随摊铺机碾压，复压必须在初压完成后紧接着进行，用 16 ~ 25t 轮胎压路机碾压。终压用较宽的钢轮压路机碾压。压路机的碾压遍数及组合方式依据试铺段确定；

表4-2-2　压路机碾压速度（km/h）

压路机类型	初压		复压		终压	
	适宜	最大	适宜	最大	适宜	最大
钢轮式压路机	2 ~ 3	4	2 ~ 3	5	2 ~ 3	6
轮胎压路机	2 ~ 3	4	2 ~ 3	6	2 ~ 3	8
振动压路机	2 ~ 3（静压或振动）	3（静压或振动）	2 ~ 3（静压或振动）	5（振动）	2 ~ 3（静压）	8（静压）

3）碾压温度应符合《公路沥青路面施工技术规范》（JTGF40-2004）中的要求，并不得将集料颗粒压碎；

4）为了防止混合料黏轮，可在钢轮表面均匀洒水（最好是喷雾），水中可掺少量的清洗剂或其他隔离材料，严禁掺加柴油、机油等。要防止过量喷水引起混合料温度骤降。胶轮压路机轮胎表面不宜洒水（轮胎温度高时不黏轮），宜涂刷植物油；

5）钢轮压路机静压时相邻碾压带应重叠 15 ~ 20cm 轮宽，振动时相邻碾压带重叠宽度不得超过 15 ~ 20cm。轮胎压路机碾压时应重叠 1/3 ~ 1/2 碾压轮宽。压路机的起动、停止必须减速缓慢进行。

6. 施工接缝的处理

1）纵向施工缝：对于采用 2 台摊铺机成梯队联合摊铺方式的纵向接缝，应在前部已摊铺混合料部分留下 10～20cm 宽暂不碾压作为后高程基准面，并有 5～10cm 的摊铺层重叠，以热接缝形式在最后作跨接缝碾压以消除缝迹。上下层纵缝应错开 15cm 以上；

2）横向施工缝：全部采用平接缝。用 3m 直尺沿纵向，在摊铺段端部呈悬臂状，以摊铺层与直尺脱离接触处定出接缝位置，用锯缝机割齐后铲除；继续摊铺时，应将接缝锯切时留下的灰浆擦洗干净，涂上少量黏层沥青，摊铺机熨平板从接缝后起步摊铺；碾压时用钢桶式压路机进行横向压实，从先铺路面上跨缝逐渐移向新铺面层；

3）横向施工缝应远离桥梁毛勒缝 20cm 以外，不许设在毛勒缝处，以确保毛勒缝两边路面表面的平顺。

7. 养护

沥青路面必须待摊铺层完全自然冷却到周围地面温度时（最好隔夜），方可开放交通，同时做好沥青路面的保洁工作。

8. 成品检验、验收

沥青路面自然冷却后，按照相关规范和标准对路面几何尺寸、体积性质等进行检测，并按照报验程序申请验收。

第三节　沥青路面施工质量控制与验收

一、沥青的含量的控制

沥青含量的变化对沥青混合料性质会造成较大的影响，如果沥青含量比较少，不仅沥青混合料的水稳性变差，而且路面的孔隙率增大导致沥青膜变薄，在外在环境的影响下，就会加速沥青路面的老化。判断沥青含量是否符合标准，可以从混合料的颜色、形态以及运动状态来判定：如果混合料颜色黑亮并呈圆锥形，在摊铺机中蠕动缓慢，就说明沥青的含量符合标准；如果混合料颜色过于黑亮，在摊铺机上较为平坦，蠕动速度较快，就说明沥青含量过多；如果混合料颜色较暗，偏褐色，部分粗骨料未被包裹，在摊铺机中没有蠕动运动，就说明沥青含量偏少。在路面施工过程中，要正确把控沥青含量，就要及时掌握沥青含量的变化情况。

（一）关于温度质量的控制

对于温度的把控，可以通过观察产生的气体的颜色来判定，同时还要结合施工过程中的具体外在环境来进行。当摊铺和碾压沥青混合料的温度适中时，通常会产生蓝色的蒸汽；如果沥青混合料产生的气体为黄色时，说明混合材料温度偏高；如果沥青混合料没产生任何气体，证明混合材料的温度偏低。路面施工时，要在两个施工环节对沥青混合料的温度加以检测，一是料车抵达之前，二是摊铺机到达施工现场之后。此外，要注意检测的时间，如果安排在早晨进行温度检测，由于此时的沥青路面的表面气温偏低，所以，如果发现被检测的混合料温度也较低的话，在碾压机在进行第一次碾压时就要检测温度。在对路面铺层进行的温度检测时，注意要将温度计感应头插入没有压实的面层里，同时压实感应头的周围面层，以减少检测的误差范围。

（二）控制材料的质量

沥青路面的主要材料是沥青，通过合理的配比，形成沥青混合料，在其投入施工前，必须对混合材料的相关数据进行严格的检查，确保其达到施工质量的要求。控制混合料的质量主要是科学的控制混合料的温度。沥青路面的施工温度包括许多参数，在众多的参数里，最重要的就是沥青混合料的出场温度，它起到关键性的作用，它的温度会对其后的到场温度、摊铺温度等造成直接的影响，而造成沥青混合料出场温度产生变化的因素有很多，但与其有直接关系的主要有出场温度的设定值和集料的干湿度等。要掌握好混合料的质量，就要保证混合料的取样均匀，对温度的设定要保持恒定，一旦发现问题，及时给予解决。

二、摊铺

（一）控制摊铺的质量

摊铺的质量控制，就是要在摊铺过程中，保证摊铺的平整性，避免出现厚度不统一、有裂纹等病害现象。在施工过程中，要注重以下几个方面：①注重对摊铺机的操作和调整。摊铺机施工的快慢会对摊铺厚度造成直接的影响，为了保证摊铺厚度统一，当摊铺机施工较慢时，要向左轻微转动厚度调节器，反之当施工变快时，则向右转动，调整的幅度依据混合料的类型不同而变化。②加强对路面基层的摊铺质量的控制。在摊铺浪型基层时，即使摊铺平整，在碾压机碾压后也会产生基层的波形，要避免这种情况的发生，就要将混合料铺在波形地段的凹陷部并压实。③加强对沥青混合料性质的控制。混合料的性质也是对摊铺的质量造成重要影响的因素，如果性质不稳定，比如掺杂了较多的矿粉等，都会导致摊铺的厚度不统一。④加强对碾压速度和次数的控制。科学控制碾压速度与次数，可以缩短施工时间，提高施工工作效率，合理的碾压速度应该是每小时 2 ~ 4 千米左右。如果碾压速度过低，会导致摊铺环节无法与压实环节紧密联系，致使压实质量不合格增加碾压次数；如果碾压速度过高，则容易出现横向裂纹和推移等情况。碾压质量是否符合要求，主要检验压实程度、平整程度和薄厚程度等方面。碾压成型的沥青混合料，如果存在较大缺陷，弥补较为困难，因此要及时发现并改正压实环节中存在的问题，避免浪费人力财力的返工情况的发生。⑤控制碾压温度。碾压温度会直接影响混合料的压实质量，按照规定，在摊铺结束后要立即进行碾压作业，沥青路面最佳的碾压温度应控制在 120° ～ 130° 之间，最高不能超过 160°。在合格的混合料的前提下，平整度、初始密实度、离析、厚度均匀性是评价摊铺质量的重要指标。

（二）平整度

1. 摊铺平整度的误差值必须控制在纵向 ≤ ±2 毫米 /3 米（3 米标准直尺），横向 ≤ ±0.04%；

2. 在实际施工中，干扰路面平整度的因素很多，问题较复杂，单纯利用熨平装置无法实现及时跟踪调平。要满足现代道路施工对路面摊铺质量的要求，必须应用现代的自动调平技术，最大限度地消除由于外界条件干扰对摊铺平整度的影响，即根据两侧大臂牵引点垂直高度位移信息量，通过传感器迅速反馈至自动调平系统，并跟踪调整牵引点的高度，保持熨平底板的初始工作角不变，才能达到理想的调平效果，进而提高路面的平整度；

3. 自动调平系统基准的设置；

（1）通常基层和下面层采用绝对基准，绝对基准的要求长度在 150~200 米之间，拉力 ≥ 100kg；摊铺宽度 6 米以下，可采用一边挂线，另一边用横坡控制仪；栽桩间距 10 米；

（2）中面层和表面层采用相对基准。若采用非接触式平衡梁，注意要经常检查温度补偿传感器和连接线；与熨平板大臂安装连接要牢固、可靠、稳定。以德国 MOBA 数字式自动找平系统为例，其灵敏度 1 ～ 10 级，出厂为 6 级，实际使用时建议 4 ～ 5 级即可，灵敏度低平整度好。

（三）初始密实度

沥青混合料的压实实际上是由摊铺机及压路机的静压、振动压实共同提供的。很多施工人员认为摊铺机的作用只是把沥青混合料铺到路面上就可以了，压实工作全部由压路机来完成，这是一种错误的认识。摊铺机夯锤的捣实、熨平板的振动熨平在混合料整体的压实中起着重要的作用。实际施工中，有些操作人员认为开启或使用较强频度的振捣夯实功能会降低昂贵的摊铺机的使用寿命，所以在没有管理人员的监督下不使用或小幅度的使用此功能。这种做法是极其不利的，因为沥青路面的压实度 80% 是由摊铺机来提供的，我们称之为"初始压实度"，其余的 20% 才由压路机完成。如果不能提供足够的初始压实度，铺完后的路面较为松软，在压路机静压及振动压实过程中，非常容易造成路面出现波浪，使平整度大幅降低。我们应该根据沥青面层不同厚度、不同矿料粒径和不同的气温条件，正确地选择夯锤行程及频率，从而达到理想的初始压实度。

一般情况下，薄层、矿料粒径小时夯锤宜选用短行程，反之，层厚、湿度低、矿料粒径大时宜选用长行程。摊铺面层时只能选用短行程。当摊铺低于 315cm 厚度的薄层时，应将夯实频率降低，能使整机匀稳地前进，若这样调整仍不能满意时，可将预夯锤的行程调至"0"而主夯锤的行程调至"3mm"，再配合以熨平板的最大振动频率，仍可得到良好的密实施工经验及压实机理表明，通过夯实达到的密实度愈高，愈能降低压路机碾压时的推移程度，对平整度是很有利的，但是，当夯锤的行程和频率调整得太高时，熨平板在工作中就可能会出现负倾角，即熨平板的尾端翘起与摊铺层分享时，说明铺筑层的密实度已过高，熨平板已不能对铺筑层进行有效的熨平，也就不能施工出平整的路面。

夯振的密实度是通过双振捣梁行程及频率、平板的振动频率共同作用的结果。正常情况下，特别是摊铺面层时，应尽快选择低的夯锤行程，而夯实频率一般都可调至最大值，即 1270 次 /min（25Hz），熨平板振动频率也可调至最大值，即 4200r/min（70Hz）。如果摊铺机给出了理想的初始压实度，就为压路机的工作提供了便利的条件，在规定次数的碾压下得到最好的压实度和平整度，防止过压情况的产生。但需注意的一点是：随着夯锤行程及频率的调整，沥青路面的松铺系数也随之变化，应根据实际情况调整松铺系数，使路面的高程不会产生大的变化。

摊铺宽度：摊铺宽度上初始密实度的误差要求 ≤ 2%，规范规定摊铺的宽为双车道 6 米，三车道以上 7.5 米。

摊铺速度：摊铺工作速度要稳定，不能过快，我国规范规定普通沥青为 2 ~ 6m/min、改性沥青为 1 ~ 3m/min。

（四）离析

离析是沥青混凝土摊铺质量的中指标，孔隙率太小，将导致车辙、拥包、推移等，孔隙率大了会导致路面渗水，坑槽、松散等。下面分几个方面说一下如何在摊铺过程中控制离析：

1. 设备配置套安装齐全

（1）将螺旋布料器驱动箱叶片反装，螺旋支撑处安装变螺旋角叶片，避免减少纵向带状离析；

（2）在布料仓挡料板下方增加调节 挡板，避免大粒径混合料流行底部，减少竖向离析；

（3）根据宽度尽量减少螺旋布料器的支撑点；

（4）螺旋布料器到边板的距离控制在 20cm。

2. 合理操作

（1）尽量减少料斗收放次数，必须收料斗时缓慢进行；

（2）不随意变换摊铺速度；

（3）运输设备合理配合，尽可能保证刮板上有足够的混合料；

（4）刮板、螺旋采用自动供料模式工作，尽量减少手动供料。

3. 合理调整

（1）螺旋布料器料位调整到 1/3 叶片不被混合料埋住；

（2）螺旋布料器速度恒定，避免横向离析；

（3）大宽度铺层又很厚时，采用56mm垫块增加螺旋布料器料仓的前后宽度，确保有足够的混合料流向熨平板下面。

（五）厚度均匀性

质量验收时，"厚度"是有一票否决权的；摊铺过程中，很多因素（如熨平板的受力，变形等）影响横向断面厚度的均匀性；厚度太厚，浪费材料，增加成本。

摊铺过程中加强熨平板垂直、水平方向的支撑调整，摊铺的宽度控制在双车道6米，三车道7.5米。

三、压实设备

（一）沥青压实存在的问题

碾压速度过快－路面波浪，压不实

洒水量过大－降温快，温度离析

对振动压实本质理解不深刻

（二）振动压实的三要素

振幅（A）钢轮垂直的位移量

频率（f）单位时间振动的次数

工作速度（v）行走的快慢

（三）评价沥青路面的指标：平整度、密实度（均匀性）

无核密度仪

（四）影响沥青路面压实因素

材料推移（影响平整度—密实度—抗车辙能力）

过压与欠压（材料压碎—棱角磨损—破坏嵌挤）

密实度的不均匀性（密实度不均匀影响路面寿命，而且平整度也不好）

专利的自动换向系统（材料推移）

八档振幅（过压与欠压）

振动步频表（密实度均匀性）

自动换向系统

1.振动步频表反映了振动频率与碾压速度之间的关系，即频率固定时，碾压速度快冲击间隔（振动压实间隔）就大，反之就小；

2.冲击间隔大，密实度和平整度都不容易保证；冲击间隔小影响压实效率；

3. 振动步频表帮助我们选定了一个最佳碾压速度；

4. 操作人员只要保证表的指针在绿区范围内，就是压实效果最好的状态；

四、沥青路面施工的验收

（一）主控项目

1）沥青混合料面层压实度，对城市快速路、主干路不应小于 96%；对次干路及以下道路不应小于 95%。

检查数量：每 1000m² 测 1 点。

检验方法：查试验记录（马歇尔击实试件密度，试验室标准密度）。

2）面层厚度应符合设计规定，允许偏差为 +10 ～ –5mm。

检查数量：每 1000m² 测 1 点。

检验方法：钻孔或刨挖，用钢尺量。

3）弯沉值，不应大于设计规定。

检查数量：每车道、每 20m，测 1 点。

检验方法：弯沉仪检测。

（二）一般项目

1）表面应平整、坚实，接缝紧密，无枯焦；不应有明显轨迹、推挤裂缝、脱落、烂边、油斑、掉渣等现象，不得污染其他构筑物。面层与路缘石、平石及其他构筑物应接顺，不得有积水现象。

检查数量：全数检查。

检验方法：观察。

2）热拌沥青混合料面层允许偏差应符合表 4–3–1 的规定：

表4-3-1　热拌沥青混合料面层允许偏差

项目		允许偏差	检验频率			检验方法
			范围	点数		
纵断高程（mm）		±15	20m	1		用水准仪测量
中线偏位（mm）		≤20	100m	1		用经纬仪测量
平整度（mm）	标准差σ值	快速路、主干路 ≤1.5	100m	路宽（m）	<9	1	用测平仪检测，见注1
		次干路、支路 ≤2.4			9～15	2	
					>15	3	
	最大间隙	次干路、支路 ≤5	20m	路宽（m）	<9	1	用3m直尺和塞尺连续量取两尺，取最大值
					9～15	2	
					>15	3	
宽度（mm）		不小于设计值	40m	1		用钢尺量
横坡		±0.3%且不反坡	20m	路宽（m）	<9	2	用水准仪测量
					9～15	4	
					>15	6	
井框与路面高差（mm）		≤5	每座	1		十字法，用直尺、塞尺量取最大值
抗滑	摩擦系数	符合设计要求	200m	1		摆式仪
				全线连续		横向力系数车
	构造深度	符合设计要求	200m	1		砂铺法
						激光构造深度仪

注：　1.测平仪为全线每车道连续检测每100m计算标准差σ；无测平仪时可采用3m直尺检测；表中检验频率点数为测线数；

2.平整度、抗滑性能也可采用自动检测设备进行检测；

3.底基层表面、下面层应按设计规定用量洒波透层油、粘层油；

4.中面层、底面层仅进行中线偏位、平整度、宽度、横坡的检测；

5.改性（再生）沥青混凝土路面可采用此表进行检验；

6.十字法检查井框与路面高差，每座检查井均应检查。十字法检查中，以平行于道路中线，过检查井盖中心的直线做基线，另一条线与基线垂直，构成检查用十字线。

（三）检验标准

1. 沥青贯入式面层质量检验应符合下列规定：

（1）主控项目

（1）沥青、乳化沥青、集料、嵌缝料的质量应符合设计及本规范的有关规定。

检查数量：按不同材料进场批次，每批次 1 次。

检验方法：查出厂合格证及进场复检报告。

（2）压实度不应小于 95%。

检查数量：每 1000m² 抽检 1 点。

检验方法：灌砂法、灌水法、蜡封法。

（3）弯沉值，不得大于设计规定。

检查数量：按设计规定。

检验方法：每车道、每 20m，测 1 点。

（4）面层厚度应符合设计规定，允许偏差为 -5 ~ +15mm。

检查数量：每 1000m² 抽检 1 点。

检验方法：钻孔或刨坑，用钢尺量。

（2）一般项目

（1）表面应平整、坚实、石料嵌锁稳定、无明显高低差；嵌缝料、沥青应撒布均匀，无花白、积油、漏浇、浮料等现象，且不应污染其他构筑物。

检查数量：全数检查。

检验方法：观察。

（2）沥青贯入式面层允许偏差应符合表 4-3-2 的规定：

表4-3-2　沥青贯入式面层允许偏差

项目	允许偏差	检验频率			检验方法
		范围	点数		
纵断高程（mm）	±15	20m	1		用水准仪测量
中线偏位（mm）	≤ 20	100m	1		用经纬仪测量
平整度（mm）	≤ 7	20m	路宽（m）	< 9	1	用3m直尺、塞尺连续两尺，取较大值
				9 ~ 15	2	
				> 15	3	
宽度（mm）	不小于设计值	40m	1		用钢尺量

项目	允许偏差	检验频率			检验方法
		范围	点数		
横坡	±0.3% 且不反坡	20m	路宽 (m)	<9 | 2 9~15 | 4 >15 | 6	用水准仪测量
井框与路面 高差(mm)	≤5	每座	1		十字法，用直尺、塞尺量 最大值
沥青总用量	±0.5%	每工作 日、每层	1		T0982

2.沥青表面处治施工质量检验应符合下列规定

（1）主控项目

沥青、乳化沥青的品种、指标、规格应符合设计和本规范的有关规定。

检查数量：按进场批次。

检验方法：查出厂合格证、出厂检验报告、进场检验报告。

（2）一般项目

（1）集料应压实平整，沥青应洒布均匀、无露白，嵌缝料应撒铺、扫墁均匀，不应有重叠现象。

（2）沥青表面处治允许偏差应符合表4-3-3的规定：

表4-3-3 沥青表面处治允许偏差

项目	允许偏差	检验频率			检验方法
		范围	点数		
纵断高程 （mm）	±15	20m	1		用水准仪测量
中线偏位 （mm）	≤20	100m	1		用经纬仪测量
平整度 （mm）	≤7	20m	路宽 （m）	<9 | 1 9~15 | 2 >15 | 3	用3m直尺和塞尺连 续量两尺，取较大值
宽度（mm）	不小于设计规定	40m	1		用钢尺量
横坡	±0.3%且不反坡	200m	1		用水准仪测量
厚度（mm）	+10 −5	1000㎡	1		钻孔，用钢尺量

续　表

项目	允许偏差	检验频率		检验方法
		范围	点数	
弯沉值	符合设计要求	设计要求时	—	弯沉仪测定时
沥青总用量（kg/m²）	±0.5% 总用量	每工作日、每层	1	T0982

第五章　水泥混凝土路面施工

第一节　材料要求

一、水泥

（1）极重、特重、重交通荷载等级公路面层水泥混凝土应采用旋窑生产的道路硅酸盐水泥、硅酸盐水泥、普通硅酸盐水泥；

中、轻交通荷载：矿渣硅酸盐水泥。高温期施工宜采用普通型水泥，低温期宜采用早强型水泥。

二、粉煤灰和其他掺合料

面层水泥混凝土可单独或复配掺用符合规定的粉状低钙粉煤灰、矿渣粉或硅灰等掺合料，不得掺用结块或潮湿的粉煤灰、矿渣粉或硅灰。

三、细集料

细集料应采用质地坚硬、耐久、洁净的天然砂或机制砂，不宜使用再生细集料。

使用天然砂或机制砂时，应符合各自对应的质量标准。极重、特重、重交通荷载等级公路面层混凝土用的细集料质量应不低于Ⅱ级的要求，中、轻交通荷载等级公路面层混凝土可使用Ⅲ级细集料。

四、水

饮用水可直接作为混凝土搅拌和养护用水。非饮用水应进行水质检验，还应与蒸馏水进行水泥凝结时间与水泥胶砂强度的对比试验；对比试验的水泥初凝与终凝时间差不应大于30min，水泥胶砂3d和38d强度不应低于蒸馏水配制的水泥胶砂3d和38d强度的90%。养护用水可不检验不溶物质含量和其他杂质。

五、外加剂

（1）外加剂品种主要有：普通减水剂、高效减水剂、早强减水剂、缓凝高效减水剂、缓凝减水剂、引气减水剂、引气高效减水剂、引气缓凝高效减水剂、早强高效减水剂、引气早强高效减水剂、早强剂、缓凝剂、引气剂、阻锈剂等。

（2）有抗冰（盐）冻要求地区，各交通等级路面、桥面、路缘石、路肩及贫混凝土基层必须使用引气剂；无抗冰（盐）冻要求地区，二级及二级以上公路路面混凝土中应使用引气剂。

（3）各交通等级路面、桥面混凝土宜选用减水率大、坍落度损失小、可调控凝结时间的复合型减水剂。

六、其他材料

水泥混凝土面层用养护剂应采用由石蜡、适宜高分子聚合物与适量稳定剂、增白剂经胶体磨制成水乳液，不得采用以水玻璃为主要成分的养护剂。养护剂宜为白色胶体乳液，不宜为无色透明的乳液。使用养护剂时，高速公路、一级公路水泥混凝土面层应使用满足一级品要求的养护剂，其他等级公路可使用满足合格品要求的养护剂。

第二节 水泥混凝土路面施工

一、施工准备

1. 施工单位应根据设计文件及施工条件，确定施工方案，编制施工组织设计；

2. 施工前应解决水电供应，交通道路，搅拌和堆料场地，办公生活用房、工棚仓库和消防等设施；

3. 有碍施工的建筑物、灌溉渠道和地下管线等，均应在施工前拆迁完毕；

4. 施工前必须对混凝土路面原材料进行取样试验分析，并应提供混凝土配合比试验数据；

5. 施工单位应根据设计文件，复测平面和高程控制桩，据以定出路面中心、路面宽度和纵横高程等样桩。控制桩测量的精度，应符合国家有关标准、规范的规定。

二、基层与垫层

（一）混凝土路面的路基，应符合下列要求

1. 路基的高度、宽度、纵横坡度和边坡等均应符合设计要求；

2. 路基应有良好的排水系统；

3. 路基应坚实、稳定，压实度和平整度应符合设计要求；

4. 对现有路基加宽，应使新旧路基结合良好，压实度应符合要求。

（二）混凝土路面的基层，宜采用板体性好，强度高的石灰稳定土、工业废渣类、级配碎（砾）石掺灰和水泥稳定沙砾（包括砾石土）等半刚性基层，及泥灰结碎（砾）石基层。

（三）混凝土路面基层的强度应满足设计要求

基层施工应符合下列要求：

1. 石灰稳定土基层，应做到土块粉碎，石灰合格，配料准确，拌和均匀，控制最佳含水量，碾压密实。石灰含量宜占土的 8 ~ 12%。当日平均气温低于 5℃（摄氏度）时，应停止施工，并应在冻结前达到规定强度，石灰稳定土基层不宜在雨天施工；

2. 对煤渣、粉煤灰、冶金矿渣等工业废渣类基层，应按其化学成分和颗粒组成，掺入一定数量石灰土或石渣组成混合料，加水拌和压实，洒水养护。当日平均气温低于 5℃时，不应施工，并应在冻结前达到规定强度；

3. 泥灰结碎（砾）石基层，应严格控制泥灰的含量。泥灰的总含量不宜大于总混合料的 20%，石灰含量宜占土的 8 ~ 12%，土的塑性指数宜为 10 ~ 14。施工可采用灌浆法或拌和法，采用拌和法时，应先拌匀灰土；

注：上的塑性指数，为采用 76 克平衡锥标准测定液限。如采用 100 克平衡锥，上的塑性指数宜为 15 ~ 22。

4. 级配碎（砾）石掺石灰基层的碎（砾）石颗粒应符合级配要求。细料含量宜为 20 ~ 30%，石灰含量宜占细料的 8 ~ 12%；

5. 水泥稳定沙砾（包括砾石土）基层的沙砾应有一定的级配，最大粒径不应超过 5cm。水泥含量不宜超过混合料总重的 6%，压实工作必须在水泥终凝前完成。

（四）基层完成后，应加强养护，控制行车，不使出现车槽。如有损坏应在浇筑混凝土板前采用相同材料修补压实，严禁用松散粒料填补。对加宽的基层，新旧部分的强度应一致。

（五）设置垫层时，垫层施工应符合下列要求

1. 宜选用当地的沙砾或炉渣等材料；

2. 垫层施工前，应处理好路基病害，并完成排水设施；

3. 垫怪铺筑应碾压密实、均匀；

4. 冰冻地区采用灰土垫层时，当日平均气温低于 5℃时，不应施工，并应在冰冻前达到规定强度。

（六）混凝土路面施工，应按设计要求，及时完成路肩、排水及人行道等工程。

三、水泥混凝土施工

（一）材料

1. 用于混凝土板的水泥，应符合下列要求

（1）应采用强度高、收缩性小、耐磨性强、抗冻性好的水泥。其物理性能和化学成分应符合国家有关标准的规定；

（2）公路、城市道路、厂矿道路应采用硅酸盐水泥或普通硅酸盐水泥（简称普通水泥），水泥标号不应低于 425 号。当条件受限制时，可采用矿渣水泥，其标号不应低于 425 号，并应严格控制用水量，适当延长搅拌时间，加强养护工作；亦可采用 325 号普通水泥，但应采取掺外加剂、干硬性混凝土或真空吸水等措施；

（3）民航机场道面和高速公路，必须采用标号不低于 425 号的硅酸盐水泥；

（4）水泥进场时，应有产品合格证及化验单。并应对品种、标号、包装、数量、出厂日期等进行检查和验收；

（5）不同标号、厂牌、品种、出厂日期的水泥，不得混合堆放，严禁混合使用。出厂期超过三个月或受潮的水泥，必须经过试验，按其试验结果决定正常使用或降级使用。已经结块变质的水泥不得使用。

2. 混凝土板用的砂，应符合下列要求

（1）应采用洁净、坚硬、符合规定级配、细度模数在 2.5 以上的粗、中砂；

（2）当无法取得粗、中砂时，经配合比试验可行，可采用泥土杂物含量小于 3% 的细砂；

（3）砂的技术要求应符合表 5-2-1 的规定。

3. 混凝土板用的碎（砾）石，应符合下列要求

表5-2-1 砂的技术要求

项目			技术要求					
			方孔				圆孔	
颗粒级配	筛孔尺寸（mm）		0.16	0.315	0.63	1.25	2.50	5.0
	累计筛余量（%）	Ⅰ区	100～90	95～80	85～71	65～35	35～5	10～0
		Ⅱ区	100～90	92～70	70～41	50～10	25～0	10～0
		Ⅲ区	100～90	85～55	40～16	25～10	15～0	10～0
泥土杂物含量（冲洗法）（%）			≤3					
硫化物和硫酸盐含量（折算为SO³）（%）			≤1					
有机物质含量（比色法）			颜色不应深与标准溶液的颜色					
其他杂物			不得混有石灰、煤渣、草根等其他杂物					

注：　①Ⅰ区砂基本属于粗砂。Ⅱ区砂属于中砂和一部分偏粗的细砂，颗粒适中，级配最好，Ⅲ区砂属细砂和一部分偏细的中砂。

②有机物质含量标准溶液的配制方法：取2g鞣酸粉溶解于98ml的10%酒精溶液中即得所需的鞣酸溶液，然后取该溶液2.5ml注入97.5ml、浓度为3%的氢氧化钠溶液中，加塞后剧烈摇，静置24h即得标准溶液。

（1）碎（砾）石应质地坚硬，并应符合规定级配，最大粒径不应超过40mm；

（2）碎石的技术要求，应符合表5-2-2的规定；

（3）砾石的技术要求，应符合表5-2-3的规定。

4.用于抗冻性混凝土的碎（砾）石，应进行冻融和坚固性试验。

注：一月份平均温度不低于 –10℃的地区，则不考虑石料的抗冻性。

5.混凝土搅拌和养护用水应清洁，宜采用饮用水。使用非饮用水时，应经过化验，并应符合下列规定：

（1）硫酸盐含量（按 SO_4 计）不得超过 2700mg/L：

表5-2-2 碎石技术要求

项目		技术要求			
颗粒级配	筛孔尺寸（mm）（圆孔筛）	40	20	10	5
	累计筛余量（%）	0～5	30～65	75～90	95～100

项目		技术要求
强度	石料泡水抗压强度与混凝土设计抗压强度比（%）	≥ 200
	石料强度分级	≥ 3 级
针片状颗粒含量（%）		≤ 15
硫化物和硫酸盐含量（折算为 SO$_3$）（%）		≤ 1
泥土杂物含量（冲洗法）（%）		≤ 1

注： 石料强度分级，应符合《公路工程石料试验规程》的规定。

表5-2-3 砾石技术要求

项目		技术要求			
颗粒级配	筛孔尺寸（mm）（圆孔筛）	40	20	10	5
	累计筛余量（%）	0 ~ 5	30 ~ 65	75 ~ 90	95 ~ 100
空隙率（%）		≤ 45			
软弱颗粒含量（%）		≤ 5			
针片状颗粒含量（%）		≤ 15			
泥土杂物含量（冲洗法）（%）		≤ 1			
硫化物和硫酸盐含量（折算为 SO3）（%）		<1			
有机物含量（比色法）		颜色不深于标准溶液的颜色			
石料强度分级		≥ 3 级			

注： 石料强主可采用压碎指标值（%）。

（2）含盐量不得超过 5000mg/L；

（3）pH 值不得小于 4。

6.混凝土掺用的外加剂，应经配合比试验符合要求后方可使用。掺用的外加剂，可按下列规定选用：

（1）为减少混凝土拌合物的用水量，改善和易性，节约水泥用量，提高混凝土强度，可掺入减水剂；

（2）夏季施工或需要延长作业时间时，可掺入缓凝剂；

（3）冬季施工为提高早期强度或为缩短养护时间，可掺入早强剂；

（4）严寒地区为抗冻，可掺入引气剂。

7. 混凝土板用的钢筋，应符合下列要求：

（1）钢筋的品种、规格，应符合设计要求；

（2）钢筋应顺直，不得有裂缝、断伤、刻痕，表面油污和颗粒状或片状锈蚀应清除。

（二）混凝土配合比

1. 混凝土配合比，应保证混凝土的设计强度、耐磨、耐久和混凝土拌合物和易性的要求在冰冻地区还应符合抗冻性的要求。

2. 混凝土配合比，应根据水灰经与强度关系曲线进行计算和试配确定。并应按抗压强度作配合比设计，以抗折强度作强度检验。混凝土抗压强度的试验应符合本规范附录六的规定。

3. 混凝土的试配强度宜按设计强度提高 10 ～ 15%。

4. 混凝土拌合物的稠度试验，采用坍落度测定时，坍落度宜为 1 ～ 2.5cm；坍落度小于 1cm 时，应采用维勃稠度仪测定，维勃时间宜为 10 ～ 30s。每一工作班应至少检查两次。

5. 混凝土的水灰比，当有经验数值时，可按经验数值选用。如无经验数值时，可按下列公式计算：

碎石混凝土 $C=0.46Coe（C/W-0.52）$

砾石混凝土 $C=0.48Coe（C/W-0.61）$

式中　　　C——混凝土试件抗压强度（MPa）（兆帕）；

　　　　　Coe——水泥实际抗压强度（MPa）；

　　　　　C/W——混凝土灰水比。

6. 混凝土最大水灰比，应符合下列规定：

（1）公路、城市道路和厂矿道路不应大于 0.50；

（2）机场道面和高速公路不应大于 0.46；

（3）冰冻地区冬季施工不应大于 0.45。

7. 混凝土的单位用水量，应按骨料的种类、最大粒径、级配、施工温度和掺用外加剂用外加剂等通过试验确定。粗骨料最大粒径为 40mm。粗细骨料均干燥时，混凝土的单位用水量，应按下列经验数值采用。

（1）碎石为 150 ～ 170kg/m³；

（2）砾石为 140 ～ 160kg/m³；

8. 混凝土的单位水泥用量，应根据选用的水灰比和单位用水量进行计算。单位水泥用量不应小于 300kg/m³。

9. 混凝土的砂率，应按碎（砾）石和砂的用量、种类、规格及混凝土的水灰比确定，并应按表5-2-4规定选用。

10.选定砂率并经试配后，采用绝对体积法或假定容重法计算砂、石用量，并确定混凝土拌合物的理论配合比。在施工时，应测定现场骨料的含水率，将理论配合比换算为施工配合比，并作为混凝土施工配料的依据。

表5-2-4　混凝土砂率

水灰比碎（砾）石	碎石最大粒径 40mm	砾石最大粒径 40mm
0.40	27 ~ 32%	24 ~ 30%
0.50	30 ~ 35%	28 ~ 33%

注：　①表中数值为Ⅱ区砂的选用砂率。

　　　②采用Ⅰ区砂时，应采用较大的砂率，采用Ⅲ区砂时，应采用较小的砂率。

混凝土配合比可参照附录一计算。

（三）混凝土拌合物的搅拌和运输

1.混凝土拌合物应采用机械搅拌施工，其搅拌站宜根据施工顺序和运输工具设置，搅拌机的容量应根据工程量大小和施工进度配置。施工工地宜有备用的搅拌机和发电机组。

2.投入搅拌机每盘的拌各物数量，应按混凝土施工配合比和搅拌机容量计算确定，并应符合下列规定：

（1）进入拌和机的砂、石料必须准确过秤。磅秤每班开工前应检查校正；

（2）散装水泥必须过秤。袋装水泥，当以袋计量时，应抽查其量是否准确；

（3）严格控制加水量。每班开工前，实测砂、石料的含水量，根据天气变化，由工地试验确定施工配合比；

（4）混凝土原材料按质量计的允许误差，不应超过下列规定：

1）水泥 ±1%；

2）粗细骨料 ±3%；

3）水 ±1%；

4）外加剂 ±2%。

3.搅拌每盘混凝土拌合物前，应先用适量的混凝土拌合物或砂浆搅拌，拌后排弃，然后再按规定的配合比进行搅拌。

4.搅拌机装料顺序。宜为砂、水泥、碎（砾）石，或碎（砾）石、水泥、砂。进料后，边搅拌边加水。

5.混凝土拌合物每盘的搅拌时间，应根据搅拌机的性能和拌合物的和易性确定。混凝土拌合物的最短搅拌时间，自材料全部进入搅拌鼓起，至拌合物开始出料止的连续搅拌时间，应符合表5-2-5的规定。搅拌最长时间不得超过最短时间的三倍。

表5-2-5　混凝土拌合物最短搅拌时间

搅拌机容量		转速（转/min）	搅拌时间（S）	
			低流动性混凝土	干硬性混凝土
自由式	400L	18	105	120
	800L	14	165	210
强制式	375L	38	90	100
	1500L	20	180	240

6.混凝土拌合物的运输，宜采用自卸机动车运输。当运距较远时，宜采用搅拌运输车运输。混凝土拌合物从搅拌机出料后，运至铺筑地点进行摊铺、振捣、做面，直至浇筑完毕的允许最长时间，由试验室根据水泥初凝时间及施工气温确定，并应符合表5-2-6的规定。

7.装运混凝土拌合物，不应漏浆，应防止离析。夏季和冬季施工，必要时应有遮盖或保温措施。出料及铺筑时的卸料高度，不应超过1.5m。当有明显离析时，应在铺筑时重新拌匀。

表5-2-6　混凝土从搅拌机出料至浇筑完毕的允许最长时间

施工气温	允许最长时间（h）
5～10℃	2
10～20℃	1.5
20～30℃	1
30～35℃	0.75

（四）混凝土拌合物的浇筑

1.模板宜采用钢模板。模板的制作与立模应符合下列规定：

（1）钢模板的高度应与混凝土板厚度一致；

（2）木模板应选用质地坚实，变形小，无腐朽、扭曲、裂纹的木料。模板厚度宜为5cm，其高度应与混凝土板厚度一致。模板内侧面、顶面要刨光，拼缝紧密牢固，边角平整无缺；

（3）模板高度的允许误差为±2mm。企口舌部或凹槽的长度允许误差：钢模板为±1mm，木模板为2mm；

（4）立模的闰面位置与高程，应符合设计要求，并应支立准确稳固，接头紧密平顺，不得有离缝、前后错茬和高低不平等现象。模板接头和模板与基层接触处均不得漏浆。模板与混凝土接触的表面应涂隔离剂。

2.混凝土拌合物摊铺前，应对模板的间隔、高度、润滑、支撑稳定情况和基层的平整、润湿情况以及钢筋的位置和传力杆装置等进行全面检查。

3. 混凝土拌合物的摊铺，应符合下列规定：

（1）混凝土板的厚度不大于 22cm 时，可一次摊铺，大于 22cm 时，可分二次摊铺，下部厚度宜为总厚的五分之三；

（2）摊铺厚度应考虑振实预留高度；

（3）采用人工摊铺，应用锹反扣，严禁抛掷和耧耙，防止混凝土拌合物离析。

4. 混凝土拌合物的振捣，应符合下列规定：

（1）对厚度不大于 22cm 的混凝土板，靠边角应先用插入式振捣器顺序振捣，再用功率不小于 2.2 千瓦平板振捣器纵横交错全面振捣。纵横振捣时，应重叠 10 ~ 20cm，然后用振动梁振捣拖平。有钢筋的部位，振捣时应防止钢筋变位；

（2）振捣器在每一位置振捣的持续时间，应以拌合物停止下沉、不再冒气泡并泛出水泥砂浆为准，并不宜过振。用平板式振捣器振捣时，不宜少于 15s；水灰比小于 0.45 时，不宜少于 30s。用插入式振捣器时，不宜少于 20s；

（3）当采用插入式与平板式振捣器配合使用时，应先用插入式振捣器振捣，后用平板式振捣器振捣。分二次摊铺的，振捣上层混凝土拌合物时，插入式振捣器应插入下层混凝土拌合物 5cm，上层混凝土拌合物的振捣必须在下层混凝土拌合物初凝以前完成。插入式振捣器的移动间距不宜大于其作用半径的 1.5 倍，甚至模板的距离不应大于振捣器作用半径的 0.5 倍，并应避免碰撞模板和钢筋；

（4）振捣时应畏以人工找平，并应随时检查模板。如有下沉、变形或松动，应及时纠正。

5. 干硬性混凝土搅拌时可先增大水灰比，浇筑后采用真空吸水工艺再将水灰比降低，以提高混凝土在未凝结硬化前的表层结构强度。混凝土板真空吸水工艺应按本规范附录二的要求操作。

6. 混凝土拌合物整平时，填补板面应选用碎（砾）石较细的混凝土拌合物，严禁用绩砂浆填补找平。经用振动梁整平后，可再用铁滚筒进一步整平。设有路拱时，应使用路拱成形板整平。整平时必须保持模板顶面整洁，接缝处板面平整。

7. 混凝土板做面，应符合下列规定：

（1）当烈日暴晒或干旱风吹时，做面宜在遮阴篷下进行：

（2）做面前，应做好清边整缝，清除粘浆，修补掉边、缺角，做面时严禁在面板混凝土上洒水、撒水泥粉；

（3）做面宜分二次进行。先找平抹平；俟混凝土表面无泌水时，再做第二次抹平。混凝土板面应平整、密实；

（4）抹平后沿横坡方向拉毛或采用机具夺槽。公路和城市道路、厂矿道路的拉毛和压槽深度应为 1 ~ 2mm。民航机场道面拉毛的平均纹理深度（填砂法）：跑道、高速出口滑行道不得小于 0.8mm；滑行道、停机坪不得小于 0.4mm。

（五）钢筋设置

1.钢筋混凝土板钢筋网片的安放，应符合下列规定：

（1）不得踩踏钢筋网片；

（2）安放单层钢筋网片时，应在底部选先摊铺一层混凝土拌合物，虚铺高度应按钢筋网片设计位置预加一定的沉落度。待钢筋网片安放就位后，再继续浇筑混凝土；

（3）安放双层钢筋网片时，对厚度不大于25cm的板，上下两层钢筋网片可事先用架立筋扎成骨架后一次安放就位。厚度大于25cm的，上下两层钢筋网片应分两次安放。

2.安放角隅钢筋时，应先在安放钢筋的角隅处摊铺一层混凝土拌合物，摊铺高度应比钢筋设计位置预加一定的沉落度。角隅钢筋就位后，用混凝土拌合物压住。

3.安放边缘钢筋时，应先沿边缘铺筑一条混凝土拌合物，拍实至钢筋设置高度，然后安放边缘钢筋，在两端弯起处，用混凝土拌合物压住。

（六）接缝施工

1.账缝的施工，应符合下列规定：

（1）账缝应与路面中心线垂直；缝壁必须垂直；缝隙宽度必须一致；缝中不得连浆。缝隙上部应浇灌填缝料，下部应设置胀缝板；

（2）胀缝传力杆的活动端，可设在缝的一边或交错布置。固定后的传力杆必须平行于板面及路面中心线，其误差不得大于5mm。传力杆的固定，可采用顶头木模固定或支架固定安装的方法，并应符合下列规定：

1）顶头木模固定传力杆安装方法，宜用于混凝土板不连续浇筑时设置的胀缝。传力杆长度的一半应穿过端头挡板，且固定丁外侧定位模板中。混凝土拌合物浇筑前应检查传力杆位置；浇筑时，应先摊铺下层混凝土拌合物用插入式振捣器振实，并应在校正传力杆位置后，再浇筑上层混凝土拌合物。浇筑邻板时应拆除顶头木模，并设置胀缝板、木制嵌条和传力杆套管。（见图5-2-1）；

2）支架固定传力杆安装方法，宜用于混凝土板连续浇筑时设置的胀缝。传力杆长度的一半应穿过胀缝板和端头挡板，并应用钢筋支架固定就位。浇筑时应先检查传力杆位置，再在胀缝两侧摊铺混凝土拌合物至板面，振捣密实后，抽出端头挡板，空隙部分填补混凝土拌合物，并用插入式振捣器振实。（见图5-2-2）。

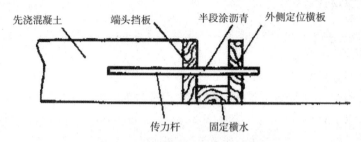

图5-2-1 顶头木模固定传力杆安装图

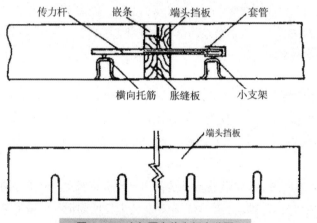

图5-2-2 支架固定传力杆安装图

2. 缩缝的施工方法，应采用切缝法。当受条件限制时，可采用压缝法。民航机场道面和高速公路必须采用切缝法。切缝法和压缝法的施工，应符合下列规定：

（1）切缝法施工，当混凝土达到设计强度 25 ~ 30% 时，应采用切缝机进行切割。切缝用水冷却时，应防止切缝水渗入基层和土基。切缝机具及施工工艺应符合附录三的要求；

（2）压缝法施工，当混凝土拌合物做面后，应立即用振动压缝刀压缝。当压至规定深度时，应提出压缝刀，用原浆修平缝槽，严禁另外调浆。然后，放铁制或木制嵌条，再次修平缝槽，待混凝土拌合物初凝前泌水后，取出嵌条，形成缝槽。

3. 施工缝的位置宜与胀缝或缩缝设计位置吻合。施工缝应与路面中心线垂直；多车道路面及民航机场道面的施工缝应避免设在同一横断面上。施工缝传力杆长度的一半锚固于混凝土中，另一半应涂沥青，允许滑动。传力杆必须与缝壁垂直。

4. 纵缝施工方法，应按纵缝设计要求确定，并应分别符合下列规定：

（1）平缝纵缝，对已浇混凝土板的缝壁应涂侧沥青，并应避免涂在拉杆上。浇筑邻板时，缝的上部应压成规定深度的缝槽；

（2）企口缝纵缝，宜先浇筑混凝土板凹棒的一边；缝壁应涂侧沥青。浇筑邻板时应靠缝壁浇筑；

（3）整幅浇筑纵缝的切缝或压缝，应符合本规范第 4.6.2 条规定。

纵缝设置拉杆时，拉杆应采用螺纹钢筋，并应设置在板厚中间。设置拉杆的纵缝模板，应预先根据拉杆的设计位置放样打眼。

5. 混凝土板养护期满后，缝槽应及时填缝在填缝前必须保持缝内清洁，防止砂石等杂物掉入缝内。常用的填缝料，可按本规范附录四选用。

6. 填缝采用灌入式填缝的施工，应符合下列规定：

（1）灌注填缝料必须在颖槽干燥状态下进行，填缝料应与混凝土缝壁黏附紧密不渗水；

（2）填颖料的灌注深度宜为 3 ~ 4cm。当缝槽大于 3 ~ 4cm 时，可填入多孔柔性衬底材料。填缝料的灌注高度，夏天宜与板面平；冬天宜稍低于板面；

（3）热灌填缝料加热时，应不断搅拌均匀，直至规定温度。当气温较低时，应用喷灯加热缝壁。施工完毕，应仔细检查填缝料与缝壁黏结情况，在有脱开处，应用喷灯小火烘使其黏结紧密。

7. 填缝采用预制嵌缝条的施工，应符合下列规定：

（1）预制胀缝板嵌入前，缝壁应干燥，并应清除缝内杂物，使嵌缝条与缝壁紧密结合；

（2）缩缝、纵缝、施工缝的预制嵌缝条，可在缝槽形成时嵌入。嵌缝条应顺直整齐。

（七）混凝土板养护

1. 混凝土板做面完毕，应及时养护。养护应根据施工工地情况及条件，选用湿治养护和塑料薄膜养护等方法。

2. 湿治养护应符合下列规定：

（1）宜用草袋、草帘等，在混凝土终凝以后覆盖于混凝土板表面，每天应均匀洒水，经常保持潮湿状态；

（2）昼夜温差大的地区，混凝土板浇筑后三天内应采取保温措施，防止混凝土板产生收缩裂缝；

（3）混凝土板在养护期间和填缝前，应禁止车辆通行。在达到设计强度的 40% 以后，方可允许行人通行；

（4）养护时间应根据混凝土强度增长情况而定，一般宜为 14 ~ 21d。养护期满方可将覆盖物清除，板面不得留有痕迹。

3. 塑料薄膜养护应符合下列规定：

（1）塑料薄膜溶液的配合比应由试验确定。薄膜溶剂一般具有易烯或有毒等特性，应做好贮运和安全工作；

（2）塑料薄膜施工，宜采用喷洒法。当混凝土表面不见浮水和用手指压无痕迹时，应进行喷洒；

（3）喷洒厚度宜以能形成薄膜为度。用量宜控制在每千克溶剂喷洒 3m² 左右；

（4）在高温、干燥、刮风时，在喷膜前后，应用遮阴篷加以遮盖；

（5）养护期间应保护塑料薄膜的完整。当破裂时应立即修补，薄膜喷洒后三天内应禁止行人通行，养护期和填缝前禁止一切车辆行驶。混凝土板塑料薄膜养护应符合本规范附录五年要求。

4. 模板的拆除，应符合下列规定：

（1）拆模时间应根据气温和混凝土强度增长情况确定，采用普通水泥时，一般允许拆膜时间应符合表 5-2-7 的规定：

表5-2-7　混凝土板允许拆模时间

昼夜平均气温（℃）	允许拆模时间（h）
5	72
10	48
15	36
20	30
25	24
30 以上	18

注：　①允许拆模时间，自混凝土成型后至开始拆模时计算；

　　　②使用矿渣水泥时，允许拆模时间宜延长 50～100%。

（2）拆模应仔细，不得损坏混凝土板的边、角，尽量保持模板完好。

5. 混凝土板达到设计强度时，可允许开放交通。当遇特殊情况需要提前开放交通时（不包括民航机场跑道和高速公路），混凝土板应达到设计强度 80% 以上，其车辆荷载不得大于设计荷载。混凝土板的强度，应以混凝土试块强度作为依据，也可按现行《钢筋混凝土工程施工及验收规范》中的温度、龄期对混凝土强度影响的规定执行。

（八）冬季施工和夏季施工

1. 冬季施工，根据当地多年气温资料，当室外日平均气温连续五天低于 5℃ 时，混凝土板的施工应按冬季施工规定进行。

2. 混凝土板冬季施工应符合下列规定：

（1）混凝土板在抗折强度尚未达到 1.0MPa 或抗压强度尚未达到 5.0MPa 时，不得遭受冰冻；

（2）冬季施工水泥应采用 425 号以上硅酸盐水泥或普通水泥，水灰比不应大于 0.45；

（3）混凝土拌合物搅拌站应搭设工棚或其他挡风设备；

（4）混凝土拌合物的浇筑温度不应低于 5℃。当气温在 0℃ 以下或混凝土拌合物的浇筑温度低于 5℃时，应将水加热搅拌（砂、石料不加热）；如水加热仍达不到要求时，应将水和砂、石料都加热。加热搅拌时，水泥应最后投入；

（5）材料加热应遵守下列规定：

1）在任何情况下，水泥都不得加热；

2）加热温度应为：混凝土拌合物不应超过 35℃，水不应超过 60℃，砂、石料不应超过 40℃；

3）水、砂、石料在搅拌前和混凝土拌合物出盘时，每台班至少测四次温度；室外气温每四小时测一次温度；混凝土板浇筑后的头两天内，应每隔六小时测一次温度；七天内每昼夜应至少测两次温度。

（6）混凝土板浇筑时，基层应无冰冻，不积冰雪，模板及钢筋积有冰雪时，在清除。混凝土拌合物不得使用带有冰雪的砂、石料，且搅拌时间应比本规范第 4.3.5 条规定的时间适当延长；

（7）混凝土拌合物的运输、摊铺、振捣、做面等工序，应紧密衔接，缩短工序间隔时间，减少热量损失；

（8）混凝土板浇筑完毕开始做面前，应搭盖遮阴篷。混凝土终凝后，可改用草帘等保温材料覆盖养护。洒水时应移去保温材料，洒水后覆盖；

（9）冬季养护时间不应少于 28d。允许拆模时间也应适当延长。

3. 夏季施工，当混凝土拌合物温度在 30 ~ 35℃时，混凝土板的施工应按夏季施工规定进行。

4. 混凝土板夏季施工，应符合下列规定：

（1）混凝土拌合物浇筑中应尽量缩短运输、摊铺、振捣、做面等工序时间，浇筑完毕应及时覆盖、洒水养护；

（2）搅拌站应有遮阴篷。模板和基层表面，在浇筑混凝土前应洒水湿润；

（3）应注意天气预报，如遇阵雨，应暂停施工；

（4）气温过高时，宜避开中午施工，可在夜间进行。

（九）旧混凝土板加厚

1. 旧混凝土板加厚，可采用结合式或隔离式，加厚前，应对旧混凝土板进行复查。对基础沉陷、翻浆，混凝土板翘曲、悬空等病害，以及已经形成结构损坏的混凝土板，应妥善处理后，方能进行加厚施工。

2. 采用结合式加厚施工，应符合下列规定：

（1）旧混凝土板应凿毛，达到表面粗糙；

（2）清除混凝土碎渣，用水冲洗洁净；

（3）加厚混凝土板的分仓应与旧版完全一致，接缝必须重合。加厚混凝土板的横向缩缝和纵缝应分开。胀缝的宽度，应与原胀缝同宽；

（4）支立模板，可采用混凝土块顶撑模板或利用旧版接缝钻孔插入钢钎，固定模板的方法；

（5）浇筑新混凝土前应洒水湿润旧混凝土板，待晾干无积水时喷侧水泥砂浆。水泥砂浆水灰比宜为 0.4 ~ 0.5，水泥砂浆用量宜为 1.5 ~ 2.0kg/m²。喷侧水泥浆后应即浇筑混凝土。

3. 采用隔离式加厚施工，应符合下列规定：隔离层的材料，可采用沥青砂、油毡、塑料布等。

第三节　水泥混凝土路面质量检查和竣工验收

一、质量检查

1. 混凝土用的水泥、砂、碎（砾）石、水、外加剂和钢筋等原材料，应按规定进行检查和试验，并做好记录。

2. 基层完成后，应检查强度和质量。基层强度应以基层顶面的当量回弹模量值或以黄河标准汽车测算回弹弯沉值作为强度检查指标，其值不得低于设计规定。基层质量检查，其允许误差，公路、城市道路、厂矿道路应符合表 5-3-1 的规定；民航机场道面、高速公路应符合表 5-3-2 的规定：

表5-3-1　公路、城市道路、厂矿道路基层质量检查允许误差

项目	允许误差	检验要求		检验方法
		范围	点数	
当量回弹模量值或计算回弹弯沉值	不小于设计要求	50m	2	现场实测
压实度	不小于规定要求	1000 ㎡	1	无骨料：用环刀法测定 有骨料：用灌砂法测定
厚度	±10%	50m	1	用尺量
平整度	10mm	50m	1	用 3m 直尺
宽度	不小于设计规定	50m	1	用尺量
纵坡高程	±10mm	20m	1	用水准仪测量

续 表

项目		允许误差	检验要求		检验方法
			范围	点数	
横坡	路面宽<9m	≤ ±1%	100m	3	用水准仪测量
	路面宽9～15m	≤ ±1%	100m	5	
	路面宽>15m	≤ ±1%	100m	7	

注： 压实度（单位重）以重型击实标准试验确定，石灰稳定土和工业废渣类为93%；级配碎（砾）石掺石石灰和水泥稳定沙砾为97%。

表5-3-2 民航机场道面、高速公路基层质量检查允许误差

项目	允许偏差	检验要求		检验方法
		范围	点数	
当量回弹模量值或计算回弹弯沉值	不小于设计要求	30m	2	现场实测
压实度	不小于规定要求	500m³	1	无骨料：用环刀法测定 有骨料：用灌砂法测定
厚度	±10%	2000㎡	1	用尺量
平整度	10mm	1000㎡	1	用3m直尺
宽度	不小于设计规定	50m	1	用尺量
纵坡高程	±50mm	10m	1	用水准仪测量
横坡	±0.5%			用水准仪测量

注： ①压实度（单位重）以重型击实标准试验确定，石灰稳定土和工业废渣类为93%；级配碎（砾）石掺石石灰和水泥稳定沙砾为97%。

②民航机场道面基层顶面，应铺垫石峭或中粗砂等紧硬材料找平层。

③横坡检验要求：民航机场道面：每10m长测一断面，横向测点间距≤10m。

高速公路：100m长测一断面，路面宽<9m，横向测3点；路面宽9～15m，横向测5点；路面宽>15m，横向测7点。

3. 钢筋混凝土板的钢筋网片允许误差，应符合表5-3-3的规定：

表5-3-3　钢筋网片的允许误差

项目	允许误差（mm）	检查方法
钢筋网片的长度、宽度	±10	用尺量
钢筋网限的尺寸	±70	用尺量
上下两网片的高度	±5	用水准仪检查垫块和钢筋表面
上下表面的保护层厚度	±5	用尺量
钢筋网片的平整度	±10	拉线用尺检查

4. 混凝土的配合比、搅拌、模板、浇筑，以及接缝等，应在施工中按规定及时检查，并应做好记录。

5. 混凝土抗折强度检验，应以28d龄期的计算抗折强度为标准，采用小梁试件方法测定，也可采用圆柱劈强度推算小梁抗折强度。当采用钻取圆芯检验的推算强度和小梁抗折强度时，应同时符合规定的强度要求以及混凝土抗折强度检验，应符合下列规定：

（1）应用正在摊铺的混凝土拌合物制作试件，试件的养护条件与现场混凝土板养护相同。

（2）每天或铺筑200m³混凝土（机场400m³），应同时制作二组试件。龄期应分别为7d和28d；每铺筑1000至2000m³混凝土应增做一组试件，用于检查后期强度，龄期不应小于90d；

（3）当普通水泥混凝土的7d强度达不到28d（换算成标准养护条件的强度）强度的60%（矿渣水泥混凝土为50%）时，应检查分析原因，并对混凝土的配合比作适当修正；

（4）浇筑完成的混凝土板，应检验实际强度，可现场钻取圆柱试件，进行圆柱劈裂强度的试验，以圆柱劈裂强度推算小梁抗折强度。混凝土抗压、抗折和劈裂抗拉强度试验及其劈裂强度与小梁抗折强度的计算关系式，应符合附录六的规定。

二、竣工验收

1. 混凝土路面竣工后，应根据设计文件、竣工资料和施工单位提出的竣工验收报告，按国家有关规定组织进行验收。

2. 竣工验收应提供下列资料：

（1）设计文件和竣工资料；

（2）竣工验收报告；

（3）混凝土试件的试验报告；

（4）混凝土工程施工和材料检查或材料试验验记录；

（5）基层检查记录；

（6）工程重大问题处理文件。

3. 混凝土的工程质量验收允许误差，公路、城市道路、厂矿道路应符合表 5-3-5 的规定；民航机场道面、高速公路应符合表 5-3-6 的规定。

4. 混凝土板面外观，不应有露石、蜂窝、麻面、裂缝、脱皮、啃边、掉角、印痕和轨迹等现象。接缝填缝应平实、黏结牢固和缝缘清洁整齐。

5. 混凝土合格强度的评定，应视检验组数多寡，分别按下列条件评定。

（1）试件组数大于五组（民航机场跑道、高速公路应大于 10 组）时；

1）混凝土合格强度按下式计算：

$$\sigma = \sigma_s + K\sigma$$

式中　　　σ——混凝土合格强度（MPa）；

　　　　　σ_s——混凝土设计计算强度（MPa）；

　　　　　K——合格评定系数，按表 5-3-4 采用；

表5-3-4　评定合格系数

n	5 ~ 9	10 ~ 14	15 ~ 24	≥ 25
K	0.35	0.45	0.55	0.65

　　　　　σ——强度均方差（MPa）。如工期长，试验结果有明显的标准偏差，且决定配合比强度时，是根据过去资料用标准偏差的，可用各自的标准偏差；

2）任何一组试件的最小强度：公路、城市道路和厂矿道路试件组数大于 25 组地，每 25 组允许有一组强度小于 $0.85\sigma s$，但不得小于 $0.75\sigma s$；民航机场道面、高速公路不得小于 $0.85\sigma s$。

（2）公路、城市道路和厂矿道路试件组数等于或少于五组时：

1）试件平均强度不得小于 $1.05\sigma s$；

2）任一组最小强度不得小于 $0.85\sigma s$。

6. 工程完工后，施工负责单位，应对完工工程组织初验。在初验中，如发现有质量不符合设计要求而需要返工的工程，应及时返工，返工后重新检查验收。

表5-3-5　公路、城市道路、厂矿道路混凝土板质量验收允许误差

验收项目	质量标准和允许误差	检验要求		检验方法
		范围	点数	
抗折强度	不小于规定合格强度	每天 或 每 200m³ 每 1000 ~ 2000m³	2组增1组	1. 小梁抗折试件 2. 现场钻圆柱体试件作校核
纵缝顺直度	15mm	100m 缝长	1	拉 20m 小线量取最大值

验收项目		质量标准和允许误差	检验要求		检验方法
			范围	点数	
横缝顺直度		10mm	20条缩缝	2条	沿板宽拉线量取最大值
板边垂直度		±5mm，胀缝板边垂直度无误差	100m	2	沿板边垂直拉线量取最大值
平整度	路面宽<9m	5mm	50m	1	用3m直尺连量三次，取最大三点平均值
	路面宽9～15m	5mm	50m	2	
	路面宽>15m	5mm	50m	3	
相邻板高差		±3mm	每条胀缝20条横缝抽量2条	2	用尺量
纵坡高程		±10mm	20m	1	用水准仪测量
横坡	路面宽<9m	±0.25%	100m	3	用水准仪测量
	路面宽9～15m	±0.25%	100m	5	
	路面宽>15m	±0.25%	100m	7	
板厚度		±10mm	100m	2	用尺量或现场钻孔
板宽度		±20mm	100m	2	用尺量
板长度		±20mm	100m	2	用尺量，两边缝间板长
板面拉毛压槽深度		1～2mm	100m	2块	用尺量

表5-3-6　民航机场道面、高速公路混凝土板质量验收允许误差表

验收项目	质量标准和允许误差	检验要求		检验方法
		范围	点数	
抗折强度	不小于现定合格强度	每400m³每1000～2000m³	2组增1组	1.小梁抗折试件 2.现场钻圆柱体试件作校核
纵缝顺直度	10mm	100m缝长	1	拉20m小线量取最大值
横缝顺直度	10mm	20条缩缝	2条	沿板宽拉线量取最大值
板边垂直度	±5mm，胀缝板边垂直度无误差	100m	2	沿板宽拉线量取最大值

验收项目		质量标准和允许误差	检验要求		检验方法
			范围	点数	
平整度		3mm			用3m直尺连量三次，取最大三点平均值
相邻板高差		±2mm	每条胀缝20条横缝抽量2条	2	用尺量
纵坡高程		±5mm	20m	1	用水准仪测量
横坡		±0.15%			用水准仪测量
板厚度		±5mm	100m	2	用尺量或现场钻孔
板宽度		1/2000	100m	2	用尺量
长度	机场	跑道全长1/4000	量全长	2	按三级导线测量跑道全长
	高速公路	板长度±10mm	100m	2	用尺量两缩缝间板长
板面拉毛，压槽	机场平均纹理深度	机场跑道、高速滑行道不得小于0.80mm，滑行道、停机坪不得小于0.40mm	板块总数的1/10		用填砂法并测板对角线的两端和中间
	高速公路		100m	2块	用尺量

注：　①平整度检验要求：民航机场道面，每50m长测一断面，横向测点间距≤10m，高速公路，每50m长测一断面，路面宽<9m，横向测一点；路面宽9～15m，横向测2点；路面宽>15m，横向测3点。

　　②横坡检验要求：民航机场道面，每10m长测一断面，横向测点间距≤10m。高速公路，每100m长测一断面，路面宽<9m，横向测3点；路面宽9～15m，横向测5点，路面宽>15m，横向测7点。

第四节　安全生产

1. 施工前应进行安全生产教育，树立安全生产、质量第一思想。建立和健全安全生产的管理制度，制订安全生产操作规程，工地应有领导分管安全生产工作，班组应有负责安全生产的人员，并制订安全生产守则，经常检查执行情况。

2. 施工现场必须做好交通安全工作。在不中断交通的情况下，应在施工现场设立明显标志，有专人守管和负责指挥，维持交通，确保施工和交通安全。

3. 施工机电设备，应有专人负责保管修理，确保安全生产。

4. 现场操作人员必须按规定佩戴防护用品。有毒、易烯材料施工时，其防毒、防火等应按现行有关规定严格执行。

5. 工地应有消防设施，并应处理好污水，做好环境保护工作。

一、混凝土配合比算例

某地修建水泥混凝土路面，混凝土板设计要求计算抗折强度为 4.5MPa。采用 425 号普通水泥，碎石由 5 ~ 20、20 ~ 40mm 二档级配，视比重为 2.65，砂为中砂，视比重 2.7。测得碎石的含水率为 1.0%，砂的含水率为 3.0%。掺用减水剂，要求坍落度 1 ~ 2cm，试算混凝土的配合比。

1. 选择水灰比

碎石混凝土水灰比按下列公式计算：

$$C=0.46C^o_e（C/W-0.52）$$

式中　　　C/W——混凝土所要求灰水比值；

　　　　　C——混凝土试件抗压强度 MPa；

　　　　　C^o_e——水泥实际抗压强度 MPa。

注：水泥实际抗压强度，可用下式计算：

$C^o_e=K_cC_e$

式中　　　C_e——水泥标号（抗压强度）；

　　　　　K_c——水泥标号富余系数。

水泥标号富余系数应按各地实际统计资料确定，无统计资料时，可取 Kc=1.13 计算。

混凝土抗折与抗压强度之间无一定对应关系，目前可参照表 5-4-1 试配：

表5-4-1　混凝土抗折与抗压强度参考表

混凝土 28d 计算抗折强度 $\sigma 3$	（MPa）	4.0	4.5	5.0	5.5
混凝土 28d 试件抗压强度 C	（MPa）	25.0	30.0	35.5	40.0

去 K_c=1.13. 代入公式

得　　　　　　　C^o_e=42.5*1.13=48.0

　　　　　　　　C=30.0*1.15=34.5

　　　　　　　　C/W=2.08. 水灰比 W/C=0.48

2. 单位用水量

根据骨料的最大粒径 40mm，坍落度为 1 ~ 2cm，单位经验用水量选用 160kg，掺和减水剂，减水率取用 10%。水灰比取用 0.46。

实际单位用水量为 160−16=144Kg。

3. 单位水泥用量

根据已确定的水灰比和单位用水量，求得单位水泥用量 C

$$C=144/0.46=313kg$$

4. 单位砂、石用量和混凝土理论配合比。

选用砂率 28% 计算砂和碎石的用量。

1）按假定容重法

假定混凝土容重为 2400kg/m³，则每立方米混凝土所需砂和碎石总质量为：

$$2400−144−313=1943kg;$$

其中　　　砂 =1943×0.28=544kg/m³；

　　　　　碎石 =1943−544=1399kg/m³。

按材料质量比表示为：

　　　　水泥：砂：碎石=313：544：1399=1：1.74：4.47

2）按绝对体积法

每立方米混凝中砂和碎石总体积为：

$$（313/3.1+144/l）=755L$$

其中　　　砂 =755×2.70×0.28=570kg/m³；

　　　　　碎石 =755×2.65×0.72=1440kg/m³。

按材料质量比表示为：

　　　　水泥：砂：碎石=313：570：1440=1：1.82：4.60

两种方法计算结果接近，在试配中都可采用。根据以上配合比，经试配小梁抗折强主检验，如不符合设计强度要求，则进行调整，取调整后的配合比，并作为理论配合比。

5. 施工配合比

设混凝土理论配合比为水泥：砂：碎石 = Ⅰ：X：Y，测得砂含水率为 W_x，碎石含水率为 W_y，则施工配合比为：

$$Ⅰ：X（1+W_x）：Y（1+W_y）$$

取假定容重法的配合比数值为例，碎石的含水率为 1.0%，砂的含水率为 3.0%。计算每立方米混凝土的砂和碎石用量为：

$$砂=544（1+0.03）=560kg/m³；$$

$$碎石=1399（1+0.01）=1413kg/m³；$$

每立方米混凝土实际用水量为：

$$144−〔（544×0.03）+（1399×0.01）〕=144kg/m³；$$

施工配合比按材料质量比表示为：

水泥：砂：碎石=313：560：1413=1：1.79：4.51。

二、混凝土板真空吸水工艺

1. 真空吸水的作用

采用真空吸水工艺，可解决干硬性混凝土施工操作的困难，并可提高混凝土在未凝结硬化前的表层结构强度，能有效地防治表面缩裂和防冻等性能，缩短整平、抹面、拉毛、拆模工序的间隔时间，为混凝土施工机械化连续作业创造条件。

2. 真空吸水设备

包括真空泵机组气垫薄膜吸水装置和振动梁、抹光机等组成。

3. 真仝吸水施工

1）采用真空吸的混凝土拌合物，按设计配合比适当增大用水量，水灰比可为 0.48 ~ 0.55 之间，其他材料用量维持原设计不变；

2）混凝土拌合物经振实整平后进行真空吸水。真空吸水时间（分钟）宜为板厚（厘米）的 1 ~ 1.5 倍，并应以剩余水灰比来检验真空吸水效果；

3）真空吸水的作业深度不宜超过 30cm；

4）开机后真空度应逐渐增加，当达到要求的真空度（500 ~ 600 毫米汞柱）开始正常出水后，真空度要保持均匀；结束吸水工作前，真空度应逐渐减弱，防止在混凝土内部留下出水通路，影响混凝土的密实度；

5）混凝土板完成真空吸水作业后，用抹水机抹面，并进行拉毛或压槽等工作。

三、混凝土板切缝机具及施工工艺

1. 切缝机具

切缝机具由切割、进刀、行走、定位导向和冷却五个部分组成。工作时由两台电动机带动，一台进行切割，一台行走移动。切缝机应有良好的静态和动态稳定性。传速、切速、冷却装置等都应符合切缝的工作要求。

2. 切缝施工工艺

1）切缝前应检查电源、水源及切缝机组试行运转的情况，切缝机刀片应与机身中心线成 90° 角，并应与切缝线成直线；

2）开始切缝前，应调整刀片的进刀深度，切割时应随时调整刀片切割方向。停止切缝时，应先关闭旋钮开关，将刀片提升到混凝板面以上，停止运转；

3）切缝时刀片冷却用水，水的压力不应低于 0.2MPa；

4）采用切缝机切缝的混凝土，宜采用 425 号以上普通水泥浇筑。碎石混凝土的最佳切割抗压强度为 6.0 ~ 12.0MPa，砾石混凝土为 9.0 ~ 12.0MPa。当气温突变时，应适当提早切缝时间，防止产生不规则裂缝；

5）切缝后，应尽快灌注填缝料。

四、混凝土板接缝填缝料

1. 灌入式填缝料

1）聚氯乙烯胶泥

分工厂预先配制和现场临时调制两种：

①工厂配制的聚氯乙烯胶泥，为用橡胶煤沥青、聚氯乙烯树脂、硫黄、稳定剂等材料配制而成。在工厂整批配制，装桶储运使用。其使用性能，与混凝土有良好的黏结力，耐热、耐寒性能好，适用于寒冷地区和温热地区的缩缝和胀缝的上部。使用时缓缓加热至130℃。保持恒温15min并不断搅拌，灌注后冷却成型。加热最高温度不得超过160℃，否则树脂将炭化失效；

②现场调制的聚氯乙烯胶泥，为煤焦油、聚氯乙烯树脂、粉煤炭和二盐或三盐（稳定剂）等材料调制而成。必须在使用时，现场临时调制，调制好即用，不能久放。其使用性能，低温时性能好，常温、高温时黏结力差，适用于寒冷地区的缩缝和胀缝上部。使用时，先将脱水煤焦油倒入锅内，加热至60℃拌匀，再加入其他材料，边加边搅拌，加热至140℃后，恒温塑化10~20min即灌注。加热最高温主不得超过150℃。其材料和配合比可按照表5-4-2使用。

表5-4-2 聚氯乙烯胶泥（现场调制）配合比（质量比）

材料名称	脱水煤焦油	聚氯乙烯树脂	增塑剂	粉煤灰	二盐或三盐（稳定剂）
配合比	100	9~11	15~25	30~50	0.5

2）沥青橡胶

①沥青橡胶配合比及使用性能，可按照表5-4-3使用；

②使用时将油10沥青加热脱水，温度升到180~220℃，加入柴没拌匀，再加入经预热的石粉和石棉粉的混合物，最后加入橡胶粉，边加边搅拌，慢慢升温到180~220℃，恒温1~1.5h，使具有较大流动性时，即可灌注。

表5-4-3 沥青橡胶配合比（质量比）

材料名称	配合比	性能及使用部位
油-10石油沥青	50~60	黏结强度较好，回弹率和底纹眼神较差，适用于文热带地区的缩缝
重柴油或轻柴油	10~20	
橡胶粉	10~15	
石棉粉或石棉短绒	4~6	
石粉	10~15	

注：　以重柴油较好，胀缝宜用石棉短绒。

2.预制嵌缝条

1）胀缝板宜用软木板、木纤维板或沥青浸制的没毛毡压制而成，适用于胀缝的下半部分；

2）沥青橡胶嵌缝条，采用沥青、石棉粉、石粉按比例配合压制成板条，适用于缩缝、纵缝及胀缝的上半部分。其配合比可按照表5-4-4使用；

表5-4-4　沥青橡胶嵌缝条配合比（质量比）

沥青惨配成分	惨配后沥青（％）	废橡胶粉（％）	石粉（％）	石棉粉短绒（％）	适用范围
油–10沥青（80％）~重（轻）柴油（20％）	50	25	20	石棉粉5	缩缝纵缝
油–10沥青（80％）~重（轻）柴油（20％）	50	20	20	石棉短绒10	胀缝上半部

3）有孔氯丁橡胶嵌缝条，采用氯丁橡胶原料，按设计图形用橡胶挤出机挤压成型，然后放在硫化罐内硫化而成，适用胀缝的上半部。

五、混凝土板塑料薄膜养护工艺

塑料薄膜养护是将几种化工原料按一定比例配制成没状溶液，用喷洒机具喷（或刷）在拉毛后的混凝土表面，等溶液中挥发物挥发后形成一层较坚韧的纸状薄膜，利用薄膜不透水的作用，将混凝土中的水化热和蒸发水大部分积蓄下来自行养护混凝土的方法。这种养护方法节约用水，在干旱地区或施工用水困难地区较为适用。

目前常用的为过氯乙烯树脂和氯偏乳液薄膜。

1.过氯乙烯树脂

过氯乙烯树脂应迁用粒细、色纯、容易溶解的白色蜂窝状颗粒。

1）配合比可根据施工条件的气温情况，经试验确定。也可按照表5-4-5配合比使用；

表5-4-5　过氯乙烯树脂配合比（质量比）

材料名称	过氯乙烯树脂	二辛脂（增塑剂）	硬脂酸钡（稳定剂）	粗苯（溶剂）	醋酸丁酯（助溶剂）
配合比	10	4	1	84	10

2）配制方法，应随配随用，调配时加料顺序为：①先将溶剂盛入木桶，边掺加过氯乙烯树脂边搅拌，当过氯乙烯树脂全部加入后，再搅拌10~20min；②加入稳定剂（硬脂酸钡）再搅拌；③加助溶剂（醋酸丁脂）或强溶剂，在寒冷地区或低温施工时，酌加丙酮搅拌；④最后加增塑剂（二辛脂或二丁脂）搅拌均匀，盖上木盖，每隔一小时左右搅拌一次，每次10~20min，直到树脂全部溶解（不含白色小颗粒，一般约3~5次）为止。

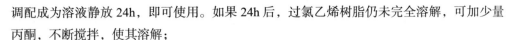

调配成为溶液静放 24h，即可使用。如果 24h 后，过氯乙烯树脂仍未完全溶解，可加少量丙酮，不断搅拌，使其溶解；

3）喷洒方法

①喷洒机具采用水型空压机和喷漆枪，先在混凝土板外试喷待均匀后再进入混凝土板喷洒，喷液的压力宜 0.5MPa。

②先喷洒板边，再逐条均匀喷洒，喷咀离混凝土板面 20 ～ 30cm 为宜。

2. 氯偏乳液

氯偏乳液为抗离子水稳性较高，能与湿的混凝土连成一体，并形成一定的强度，无毒、无刺激味。

1）配合比可按照表 5-4-6 使用；

表5-4-6　氯偏乳液配合比（质量比）

材料名称	氯乙烯	偏氯乙烯	烷基苯酚环氧乙烯缩合物（OP 乳化剂）	十六烷基磺酸钠（OP 乳化剂）	过硫酸钠（引发剂）	亚硫酸氢钠（还原剂）	水
配合比	30	70	1.5	4	0.3	0.2	100

注：　水应为蒸馏水或无离子水。

2）配制方法

乳液略呈酸性，应用塑料桶装运，不宜用金属桶。乳液在使用前应加磷酸三钠予以中和，磷酸三钠掺量，在拌匀后用试剂纸测定，pH 值宜为 7 ～ 8。乳液宜掺 0.5% 的磷酸三钠。中和后的氯偏乳液，在常温天气，应采用一份乳液，再掺入 1 ～ 3 份的水烯释后使用；

3）喷洒方法

①喷洒时间、喷洒机具及操作方法与过氯乙烯树脂薄膜相同；

②喷咀距混凝土板面的距离宜在 30 ～ 60cm。第一次喷洒成无色透明后，应再喷一次，两次的喷洒移动方向应保持垂直，两次喷洒用量宜在 10kg/m²（按一份乳液掺一份水计算）；

4）贮存温度不宜低于 0℃。

六、混凝土抗压、抗折和劈裂抗拉强度试验

抗压强度试验

1. 试验目的

测定混凝土立方体试件的抗压极限强度，以确定混凝土抗压强度。

2. 试验仪器

压力机或万能试验机，其负荷能力能满足试件破型吨位要求。精确度应在 ±2% 以内，其量程应能使试件的预期破坏荷载值不小于全量程的 20%，也不大于全量程的 80%。

3. 试件

按混凝土碎(砾)石最大粒径和附表6.1选择试件尺寸。试件同龄期者为一组,每组3个,同条件制作和养护标准养护条件为:温度 20±3℃,相对湿度 90% 以上,龄期 28 天。

4. 试验步骤

1)试件相对两面应平行,表面倾斜误差不得超过 0.5mm,尺寸测量精确至 1mm,并应据此计算试件的承压面积;

2)将试件旋转在压力机压板中心,其承压面应与成型时的顶面垂直,几何对中,接触均衡,以每秒 600±400kPa 的速度连续均匀加荷。当试件接近破坏而开始迅速变形时,停止调整试验机油门,直至镀件损坏,且记录破坏极限荷载。

5. 试验结果计算

1)试件的抗压强度 C 按下式计算:

$$C=P/A*10^4 \text{(Pa)}$$

式中　　　C—试件抗压强度(Pa);

　　　　　P—试件破坏时最大负荷(N)(牛);

　　　　　A—试件受压面积(cm²)

2)取三个试件测定值的算术平均值为该组试件的抗压强度值,如三个试件中的任一个测定值与中值差值超过中值的 15% 时,取中值为测定值。如有两个测定值与中值的差值均超过 15% 时,则该组试测结果无效;

3)混凝土抗压强度是以 150×150×150mm 的立方体为标准试件,用其他尺寸的试件测定时,应按照表 5-4-7 规定加以换算:

表5-4-7

骨料最大粒径(mm)	试件尺寸(mm)	换算系统
30	100*100*100	0.95
40	150*150*150	1.00
60	200*200*200	1.05

第六章 桥梁基础施工

第一节 明挖扩大基础施工

明挖扩大基础施工的内容包括：基础的定位放样、墓坑开挖、基坑排水、基底处理以及砌筑（浇筑）基础结构物等。

一、准备工作

在开挖基坑前，应做好复核基坑中心线、方向和高程，并应按地质水文资料，结合现场情况，决定开挖坡度、支护方案以及地面的防水、排水措施。

放样工作足根据桥梁中心线与墩台的纵横轴线，推算出基础边线的定位点，再放线画出基坑的开挖范围。基坑底部的尺寸较设计平面尺寸每边各增加 0.5~1.0m，以便于支撑、排水与立模板（坑壁垂直的无水基坑坑底，可不必加宽，直接利用坑壁作基础模板亦可）。

（一）基坑开挖

1.坑壁不加支撑的基坑

对于在干涸河滩、河沟中，或经改河或筑堤能排除地表水的河沟中，在地下水位低于基底，或渗透量少，不影响坑壁稳定，以及基础埋置不深，施工期较短，挖基坑时，不影响邻近建筑物安全的场所，可选用坑壁不加支撑的基坑。

黏性土在半干硬或硬塑状态，基坑顶无活荷载，稍松土质，基坑深度不超过 0.5m，中等密实（锹挖）土质基坑深度不超过 1.25m，密实（镐挖）土质基坑深度不超过 2.0m 时，均可采用垂直坑壁基坑。基坑深度在 5m 以内，土的湿度正常时，采用斜坡坑壁开挖或按坡度比值挖成阶梯形坑壁，每梯高度为 0.5~1.0m 为宜，可作为人工运土出坑的台阶。基坑深度大于 5m 时，坑壁坡度适当放缓，或加做平台。土的湿度影响坑壁的稳定性时，心采用该湿度下土的天然坡度或采取加固坑壁的措施。当基坑的上层土质适合敞口斜坡坑壁条件，下层土质为密实黏性土或岩石，可用垂直坑壁开挖，在坑壁坡度变换处，应保留有至少 0.5m 的平台。

2.坑壁有支撑的基坑

当基坑壁坡不易稳定并有地下水，或放坡开挖场地受到限制，或基坑较深工程数量较大，不符合技术经济要求时，可根据具体情况，采取加固坑壁措施撑、钢木结合支撑、混凝土护壁及锚杆支撑等。

混凝土护壁一般采用喷射混凝土。根据经验，一般喷护厚度为 5-8cm，一次喷护约需 1-2h。一次喷护如达不到设计厚度。应等第一次喷层终凝后再补喷，直至达到要求厚度为止。喷护的基坑深度应按地质条件决定，一般不宜超过 10m。

（二）基坑排水

桥梁基础设施了中常用的基坑排水方法有：

1.集水坑排水法。除严重流沙外，一般情况下均可适用。

2.井点排水法。当土质较差有严重流沙现象，地下水位较高，挖基较深，坑壁不易稳定，用普通排水方法难以解决时，可采用井点排水法。

3.其他排水法。对于土质渗透性较大、挖掘较深的基坑，可采用板桩法或沉井法，此外，视上程特点、工期及现场条件等，还可采用帐幕法，即将基坑周围土层用硅化法、水泥灌浆法及冻结法等处理成封闭的不透水的帐幕。

（三）基坑施工过程中注意要点

1.在基坑顶缘四周适当距离处设置截水沟.并防止水沟渗水，以避免地表水冲刷坑壁，影响坑壁稳定性；

2.坑壁边缘应留有护道，静荷载距坑边缘不小于 0.5m，动荷载距坑边缘不小于 1.0m，垂直坑壁边缘的护道还应适当增宽，水文地质条件欠佳时应有加固措施；

3.应经常注意观察坑边缘顶面土有无裂缝，坑壁有无松散塌落现象发生；

4.基坑施工不可延续时间过长，自开挖至基础完成，应抓紧时间连续施工；

5.如用机械开挖基坑。挖至坑底时，应保留不小于 30cm 厚度的底层，在基础浇筑坞工前用人工挖至基底标高；

6.基坑应尽量在少雨季节 施工；

7.基坑肩：用原土及时回填，对桥台及有河床铺砌的桥墩基坑，应分层夯实。

二、路面工程

（一）概述

蒋湾大道景观桥路面工程主要为桥梁路面工程，包括水泥稳定碎石基层（5%）581.3m³。

沙洲大道景观桥路面工程主要为桥梁路面工程，包括搭板、预埋下水泥稳定土底基层 115.2m³。

级配碎石底基层和水泥稳定碎石基层均采取厂拌法施工，混合料集中采用水泥稳定土拌和机拌和，汽车运输至施工路段后，级配碎石底基层采用人工配合平地机摊铺，水泥稳定碎石基层采用摊铺机摊铺。

1. 劳力、工期及施工安排

路面计划本工程一开工就着手路面工程的准备工作，于开工后第 6 个月内完成本项工程的施工，施工人员共计 90 人。

2. 施工方法

（1）碎石底层

碎石底层采用路拌法施工，混合料采用 12 吨自卸汽车运输，平地机摊铺，路拌机拌和，人工辅助整形，轻、重型压路机配套碾压成型。

1）设备准备

碎石底层路拌法施工所需要的机械主要分备料、拌和、现场铺筑设备三部分。

2）下承层准备

下承层表面平整、坚实，具有规定的路拱，在槽式断面的路段。

3）施工放样

恢复中线、进行测量、挂线施工。

4）材料准备

按监理工程师批准的混合料组成设计，准备垫层的各种材料。

5）运输

采用 12 吨以上自卸汽车运输，将未筛分碎石混合料送到铺筑现场。

6）摊铺

混合料的摊铺应采用监理工程师批准的机械进行，并使混合料按规定的松铺厚度，均匀地摊铺在要求的宽度上。

7）拌和

摊铺好后，采用路拌机现场拌和。

8）碾压

混合料摊铺后，根据路宽、压路机的轮宽和轮距的不同，按试验段确定的碾压程序、碾压长度和遍数及时进行碾压。

9）质量措施

a. 严格按技术规范要求和监理程序准备原材料，严格按规范要求施工。

b. 开工前，在规定时间内，按监理工程师批准的试验段实施，用于本工程的材料、松铺系数、最佳含水量、拌和机、摊铺机械、压实设备和施工工艺进行试验，取得满足设计规范要求并经监理工程师批准的试验数据，以指导后期基层施工。

（2）水泥稳定碎（砾）石基层

水泥稳定碎石采用稳定土厂拌设备集中拌和，12吨自卸汽车运输，平地机摊铺，人工辅助整形，轻、重型振动压路机配套碾压成型，轻型压路机跑光，边角以振动平板夯夯实或手扶式振动压路机压实。

1）设备准备

水泥稳定碎（砾）石基层施工所需要的机械主要分备料、拌和、现场铺筑设备三部分。

2）下承层准备

水泥稳定碎（砾）石的下承层表面平整、坚实，按相关标准进行验收，符合相关技术规范要求。

3）施工放样

恢复中线、进行测量、挂线施工。

4）材料准备

施工前，按监理工程师批准的混合料组成设计，准备基层的各种材料，各种不同材料及不同规格集料隔离、分别堆放。

5）拌和

采用搅拌机拌和。材料配合比控制准确，得到监理工程师批准后，正式拌制混合料。

6）运输

采用12吨自卸汽车运输。将拌好的混合料从拌和机直接卸入自卸汽车，尽快送到铺筑现场。车上的混合料用覆盖物覆盖严实，以防水分过多蒸发和污染沿线环境，运输的时间限制在30min内。运输能力与拌和能力相适应，并有所富余，以保证施工的连续性。

7）摊铺

每作业面采用1台摊铺机作业，注意摊铺速度和拌和、运输能力相协调，尽量避免停机待料。

8）碾压

水泥稳定碎（砾）石摊铺后，根据路宽、压路机的轮宽和轮距的不同，按试验段确定的碾压程序、碾压长度和遍数进行碾压。

9）接缝处理

a）用摊铺机摊铺混合料过程中，不能中断，如因故中断2h，将设置横向接缝，摊铺机驶离混合料末端；

b）人工将末端含水量合适的混合料摊放整齐，紧靠混合料放两根方木，方木的高度与混合料的压实厚度相同，整平紧靠方木的混合料；

c）方木的另一侧用碎石回填约3m长，并高出方木几厘米；

d）将混合料碾压密实；

e）在重新开始摊铺混合料之前，将碎石和方木除去，并将下承层顶面清扫干净。

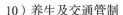

10）养生及交通管制

每一段水泥稳定沙砾基层碾压完成并经压实度检查合格后，立即开始养生。采用洒水车经常洒水养生。养生期不少于 7d，养生期间，除洒水车外，禁止其他车辆通行。

3. 水泥混凝土路面施工

本段路面面层为现浇混凝土路面。

（1）施工准备工作：

首先对基层进行质量检查：基层的几何尺寸、路拱、平整度和压实度，测量放出路面中线、边线及接缝线，并在路旁设置临时水准点，以便在施工过程中复核路面标高。

（2）安装模板：

混凝土板按一个车道宽度为一块路面板宽度来铺筑，因此，板两边的模板正好沿车道线安装。边模采用钢模，高度与混凝土板厚度相等。模板顶面高度用水平仪校准，内侧涂刷肥皂液或废机油以便拆模。接缝位则在安装好的模板上做出标记。

（3）混凝土的制备：

本项工程采用现浇混凝土以保证质量，施工前必须核对混凝土所用原材料是否与配合比相符，施工中要严格计量。

（4）混凝土料的运输：

现浇混凝土在现场用搅拌站搅拌。

（5）混凝土的摊铺

①混凝土摊铺前，应对模板的间隔、高度、润滑、支撑稳定情况和基层的平整、湿润情况、以及钢筋的位置和传力杆装置等进行全面的检查。

②混凝土混合料运送车辆到达摊铺地点后，一般直接倒入安装好的侧模路槽内，并用人工找补均匀，如混合料有离析现象，则用铁铲翻拌均匀。摊铺时不得抛撒，用方铲扣铲法撒铺，以保持混合料的均匀性。松铺高度由试验确定，以路面高程符合设计为准；混合料摊铺到一半厚度时，整平后用插入式振捣器振捣一遍，然后继续加铺。

③在一个规定连续浇注的区域内，浇注施工过程不得中断，也不得因拌和料干涩而加水。

（6）混凝土的振捣

①摊铺好的混凝土混合料，应迅即用平板振捣器和插入式振捣器均匀的振捣。平板振捣器的有效深度一般为 22cm 左右。不采用真空脱水工艺施工时，宜采用 2.2kW 的平板振捣器；采用真空脱水工艺施工时，可采用功率较小的平板振捣器。插入式振捣器主要用于振捣面板的边角部、窨井、进水口附近，以及安设钢筋的部位，施工中宜选用频率 6000 次 /min 以上的振捣器。

②振捣混凝土混合料时首先应用插入式振捣器在模板边缘角隅等平板振捣器振捣不到之处振一次（如面板厚度大于 22cm，则需用插入式振捣器全面顺序插振一次），同一位置不宜少于 20S。插入式振捣器移动间距不宜大于其作用半径的 0.5 倍，并应避免碰撞模

板和钢筋。分二次摊铺的，振捣上层混凝土混合料时，插入式振捣器应插入下层混凝土混合料 5cm，上层混凝土混合料的振捣必须在下层混凝土拌和物初凝之前完成。其次，再用平板振捣器全面振捣。振捣时应重叠 10~20cm。同一位置振捣时，当水灰比小于 0.45 时，振捣时间不宜少于 30S；水灰比大于 0.45 时，不宜少于 15S，以不再冒气泡并泛出水泥浆为准。

③混凝土在全面振捣后，再用振捣梁进一步拖拉振实并初步整平。振动梁往返拖拉 2~3 遍，使表面泛浆，并赶出气泡。振动梁移动的速度要缓慢而均匀，前进速度以 1.2~1.5m/min 为宜。对不平之处，应及时铺以人工补填找平。补填时应用较细的混合料原浆，严禁用纯砂浆填补，振动梁行进时，不允许中途停留。牵引绳不可过短，以减少振动梁底部的倾斜，振动梁底面要保持平直，当弯曲超过 2mm 时应调查或更换，下班或不用时，要清洗干净，放在平整处（必要时将振动梁朝下搁放，以使其自行校正平直度），不得暴晒或雨淋。

④最后再用平直的滚杠进一步滚揉表面，使表面进一步提浆并调匀。如发现混凝土表面与拱板仍有较大高差，应重新补填找平，重新振滚平整。最后挂线检查平整度，发现不符合之处应进一步处理刮平，直至平整度符合要求为止。

（7）真空脱水

真空脱水的工艺主要工序如下：

检查泵垫

脱水前，打开真空泵机组水箱盖，向真空室和集水室注入清水，使水面与箱内管口相平或略高一些，调节搭扣松紧，盖严箱盖，用 3~4mm 厚橡胶板堵住进水口，检查泵的空载真空度，泵表位应大于 650~700mmHg。此外，还要检查黏结剂和修补用品以及常用的修理工具是否齐全。

铺设吸垫

计划采用 VS8 型新型吸垫，应先铺放尼龙布。要求布面拉平，少皱褶，过长时可折叠放置，尼龙布应比板面略小 6~8cm（即密封带宽度），气垫薄膜比板面应略小 8~10cm（见图所示）。安放时，应用小擦刷沿密封边轻轻扫一遍，开泵脱水的同时，再拉压一遍，以保证密封效果。如采用尼龙网格吸垫时应铺设网片，周边与尼龙布对齐，每网片间还应搭接 2~3cm，最后铺上部吸罩，产并接通接水桶。

开泵吸水

开泵吸水，一般控制真空表 1min 内逐步升高到 400~500mmHg，最高值不宜大于 650~700mmHg。如在规定时间（3min）内达不到规定真空度要求时，应立即查找漏气处进行补救。如使用密封带时，一般可略浇些水将密封边湿润，再轻轻拍压一下，如仍不见效，要采取修补或更换等措施。真空处理过程中，要认真记录真空度、脱水时间与脱水量，并观察各处气垫薄膜内水流状况，若发现局部水分移动不畅，可间隔短暂地掀起邻近的密封边，借此渗入少量的空气，促使混凝土表层水分移动。当脱水达到规定时间（脱水时间一般为板厚（cm）的 1-1.5 倍，单位 min）要求后或已脱出规定水量（脱水率一般为 12%-15%）后，在吸垫四周位置要略微掀起 1~2cm，继续抽吸 10-15S，以脱尽作业表面及管路中余水。

卷起吸垫，移至下一块作业面上再继续进行真空脱水。每次吸垫位置应与前次重叠 20cm，以防漏吸，造成含水量分布不均。

真空脱水应注意如下事项：

真空脱水的作业深度不宜超过 30cm，混合物的水灰比不宜大于 0.55；

购置滤布和吸垫时应根据混凝土路面板块的大小，选择适当的尺寸。过大或过小都会影响脱水效果。

真空操作人员必须站在自制的"工作桥"上行走，不准随意在吸垫上行走。不准穿硬底带钉的鞋子，最好穿胶鞋或球鞋操作；

脱水时要做好记录，把握好脱水时间均匀性，防止混凝土出现"弹簧层"和产生裂缝。

吸垫存放或搬移时，应避免与带尖角的硬物接触。卷起或铺放吸垫时，应手拿担棍。以免吸垫损坏。每班施工完毕，应将吸垫洗干净，并冲净真空泵箱的沉积物，排尽存水。

接缝处理：施工缝不用接缝板，只在混凝土板顶部放置压缝板条。混凝土凝固后，胀缝和施工缝的压缝板及时拔出，然后灌入填缝料。缩缝的施工采用切缝法。即在混凝土达到设计强度的 50-70% 时，用切缝机切割成缝，缝宽 3-5mm。

（8）表面修整

采用真空工艺时，脱水后还应进行机械抹光、精抹、制毛等工序。

机械抹光：圆盘抹光机粗抹或用振动梁复振一次能起匀浆、粗平及表层致密作用。它能平整真空脱水后留下的凹凸不平，封闭真空脱水后出现的定向毛细孔开口，通过挤压研磨作用消除表层孔隙，增大表层密实度，使表层残留水和浆体不均匀现象得到改善，以减少不均匀收缩。实践证明，粗抹是决定路面大致平整的关键，因此，应在 3m 直尺检查下进行。通过检查，采取高处多磨、低处补浆（原浆）的方法进行边抹光边找平，用 3m 直尺纵横检测，保证其平整度不宜大于 1cm。应注意的是抹光机进行的方向不同，其效果亦略有不同。顺路方向行进易保证纵向的平整，横路方向行进则纵向平整度效果略逊。

精抹：精抹是路面平整度的把关工序。为给精抹创造条件，可在精抹后用包裹铁皮的木搓或小钢轨（或滚杆）对混凝土表面进行拉锯式搓刮，一边横向搓、一边纵向刮移。为避免模板不平或模板接头错位给平整度带来的影响，横向搓刮后还应进行纵向搓刮（搓杆与模板平行），同时要附以 3m 直尺检查。搓刮前一定要将模板清理干净。搓刮后即可用 3m 直尺于两侧边部及中间三处紧贴浆面各轻按一下，低凹处不出现压痕或印痕不显，较高处印痕较深，据此进行找补精平。每抹一遍，都得用 3m 直尺检查，反复多次检查直至平整度满足要求为止。精抹找平应用原浆，不得另拌砂浆，更禁止撒水泥粉，否则不但会发生沁水现象，延长制毛间隔时间，还会因水灰比的不均匀，致使收缩不均匀。在较高温度下，还会出现表面网裂，路面成形通车后表层破皮脱落。

刻槽工艺：刻槽是为保持路面的粗糙度，提高路面的抗滑性能，但对路面平整度亦有一定的影响。水泥混凝土在经过刻槽处理后，形成较大的宏观构造深度，但在槽与槽之间仍然存在着未经防滑处理的砂浆平台。它必将影响路面的抗滑效果，为克服这一不足，可采用拉毛刻槽组合工艺，即在混凝土处于塑性状态时，利用拉毛刷将表层进行拉毛处理，待混凝土凝结后再进行刻槽处理。

压纹（或压槽）和拉毛（或拉槽）两种方法，但这两种方法各有利弊。压纹具有向下挤压致密作用，能增强路面的耐磨性，如果掌握得当，纹理顺直均匀（深度一般0.6–1.0mm），比较美观。但纹理均匀很难掌握，因为它不但与压纹的时间有关，而且还与混凝土真空脱水的均匀性有关。在吸垫层的四周，特别是密封带处，由于真空度分布较小，脱水较少，故压纹的时间应长些，而吸垫层的中央部分真空度大，脱水多，所以压纹的时间应短一些，这就造成了压纹时间上的矛盾。解决这一问题的方法是：以四周边混凝土适合压纹的时间为准。在板面中央等强度较高的部位，采用在压纹机上加载的办法解决。当混凝土脱水时间不够，强度较低时，应切忌压纹，否则在相邻两压纹机之间的路面很容易形成不平整的一个鼓包。拉毛易疏松和破损表层，使表层1–2mm范围内密实度受到影响，不利于路面的耐磨性，但拉毛对平整度有所改善。采用压纹的路面平整度，一般都不如拉毛的路面平整度好。

（9）切缝：先用墨线标出切缝位置，再用切缝机切缝，操作时要使切缝机的刀片、指针、导向轮成一直线与切缝黑线重合（最大误差0.5mm）。当切缝深小于30mm时，可直接用7mm厚的金刚石锯片切割，切缝深大于30mm，则可用组合金刚石锯片一次切割成，也可用不同厚度的金刚石锯片分两次完成（第一次用7mm厚刀片切割30mm深，第二次用3–4mm厚的刀片切割至设计深度）。

保证切缝质量的关键在于准确掌握切缝时间，过早会导致掉边、掉角、毛边、骨料松动和骨料脱落；过迟则造成混凝土道面开裂，甚至使板块报废。切缝时间与气温的关系比照下表所示办理。

（10）拆模：混凝土模板的拆除时间仍视气温而定。拆模操作中，要十分注意保护接缝、边角和企口等部位。

（11）养生与填缝：养生工作在抹面后2h（小时）且混凝土表面已有相当硬度时开始。养生时采用麻袋、锯末或塑料溶液等覆盖混凝土表面，每天洒水2–3次，保持混凝土呈潮湿状态。养生时间视气温而定，一般2–3周。所有接缝的上部都要用填缝料封填。填缝工作在混凝土初步硬结后即进行，待清理畅通的接缝晾干后，再在缝壁涂一薄层沥青，接着将加热成液体的填缝料灌入缝中，灌入的填缝料要略高于混凝土表面。

第二节　钢筋混凝土预制桩

一、施工准备

（一）作业条件

1. 桩基的轴线和标高均已测定完毕，并经过检查办完预检手续。桩基的轴线和高程的控制桩，要设置在不受打桩影响的地点并妥善保护。

2. 处理完高空和地下的障碍物。如影响邻近建筑物或构筑物的使用或安全时，要会同有关单位采取有效措施，予以处理。

3. 据轴线放出桩位线，用木橛或钢筋头钉好桩位，并用白灰作标志，以便于施打。

4. 场地应碾压平整、排水畅通，保证桩机的移动和稳定垂直。

5. 打试验桩。施工前必须打试验桩，其数量不少于2根，确定贯入度并校验打桩设备、施工工艺以及技术措施是否适宜。

6. 选择和确定打桩机进出路线的打桩顺序，制定施工方案。

（二）材料要求

1. 预制钢筋混凝土桩：规格质量必须符合设计要求和施工质量验收规范的规定，成品购买的有出厂合格证，现场预制的有相关的试验资料。

2. 焊条（接桩用）：型号、性能必须符合设计要求和有关标准规定。

3. 钢板（接桩用）：材质、规格符合设计要求，采用低碳钢。

（三）施工机具

打桩机、电焊机、桩帽、运桩小车、索具、钢丝绳、钢垫板或槽钢以及木折尺等。

二、质量要求

1. 混凝土预制桩钢筋骨架质量标准

质量要求符合《建筑地基基础工程施工质量验收规范》（GB50202-2002）的规定。

表6-2-1

项	序	检查项目	允许偏差或允许值
主控项目	1	主筋距桩顶距离	±5mm
	2	多节桩锚固钢筋位置	5mm
	3	多节桩预埋铁件	±3mm
	4	主筋保护层厚度	±5mm
一般项目	1	主筋间距	±5mm
	2	桩尖中心线	10mm
	3	箍筋间距	±20mm
	4	桩顶钢筋网片	±10mm
	5	多节桩锚固钢筋长度	±10mm

2. 钢筋混凝土预制桩质量检验标准

表6-2-2

项	序	检查项目			允许偏差或允许值
主控项目	1	桩体质量检验			按基桩检测技术规范
	2	桩位偏差			见下表
	3	承载力			按基桩检测技术规范
一般项目	1	砂、石、水泥、钢材等原材料（现场预制时）			符合设计要求
	2	混凝土配合比及强度（现场预制时）			符合设计要求
	3	成品桩外形			表面平整，颜色均匀，掉角深度<10mm，蜂窝面积小于总面积0.5%
	4	成品桩裂缝（收缩裂缝或起吊、装运、堆放引起的裂缝）			深度<20mm，宽度<0.25mm，横向裂缝不超过边长的一半
	5	成品桩尺寸		横截面边长	mm	±5
			桩顶对角线差	mm	<10
			桩尖中心线	mm	<10
			桩身弯曲矢高		<1/1000L
			桩顶平整度	mm	2
	6	电焊接桩	焊缝质量		−
			电焊结束后停歇时间	min	>8.0
			上下节平面偏差	mm	<10

续　表

项	序	检查项目		允许偏差或允许值	
		节点弯曲矢高			< 1/1000L
	7	硫黄胶泥接桩	胶泥浇注时间	min	< 2
			浇注后停歇时间	min	> 7
	8	桩顶标高		mm	± 50
	9	停锤标准		设计要求	

3. 打（压）入钢筋混凝土预制桩的桩位偏差

打（压）入钢筋混凝土预制桩的桩位偏差，必须符合下表规定。斜桩倾斜度的偏差不得大于倾斜角正切位的 15%（倾斜角系桩的纵向中心线与铅垂线间的夹角）。

表6-2-3

序号	检查项目	允许偏差（mm）
1	盖有基础梁的桩： 垂直基础梁的中心线 沿基础梁的中心缝	100+0.01H 150+0.01H
2	桩数为 1-3 根桩基中的桩	100
3	桩数为 4-16 根桩基中的桩	1/2 桩径或边长
4	桩数大于 16 根桩基中的桩： 最外边的桩 中间桩	1/2 桩径或边长 1/2 桩径或边长

注：　H为施工现场地面标高与桩顶设计标高的距离。

三、工艺流程

桩机就位→起吊预制桩→稳桩→打桩→接桩→送桩→中间检查验收→移桩机至下一个桩位。

（一）操作工艺

1. 桩机就位

打桩机就位时，要对准桩位，保证垂直稳定，在施工中不发生倾斜、移动。

2. 起吊预制桩

先拴好吊桩用的钢丝绳和索具，然后用索具捆住桩上端吊环附近处，一般不超过 30cm，再起动机器起吊预制桩，使桩尖垂直对准桩位中心，缓缓放下插入土中，位置要准确，再在桩顶扣好桩帽或桩箍，即可除去索具。

3. 稳桩

桩尖插入桩位后，先用较小的落距锤击 1~2 次，桩入土一定深度，再使桩垂直稳定。10m 以内短桩可目测或用线坠双向校正；10m 以上或打接桩必须用线坠或经纬仪双向校正，不得用目测。桩插入时垂直度偏差不得超过 0.5%。桩在打入前，要在桩的机面或桩架上设置标尺，以便在施工中观测、记录。

4. 打桩

（1）用落锤或单动锤打桩时，锤的最大落距不能超过 1.0m；用柴油锤打桩时，应使锤跳动正常。

（2）打桩要重锤低击，锤重的选择要根据工程地质条件、桩的类型、结构、密集程度及施工条件来选用。

（3）打桩顺序根据基础的设计标高，先深后浅；依桩的规格要先大后小，先长后短。由于桩的密集程度不同，可自中间向两个方向对称进行或向四周进行；也可由一侧向单一方向进行。

5. 接桩

（1）在桩长不够的情况下，采用焊接接桩，其预制桩表面上的预埋件要清洁，上下节之间的间隙要用铁片垫实焊牢；焊接时，要采取措施，减少焊缝变形；焊缝要连续焊满；

（2）接桩时，一般在距地面 1m 左右时进行。上下桩节的中心线偏差不得大于 10mm，节点折曲矢高不得大于 1‰桩长；

（3）接桩处入土前，要对外露铁件，再次补刷防腐漆。

6. 送桩

设计要求送桩时，送桩的中心线要与桩身吻合一致，才能进行送桩。若桩顶不平，可用麻袋或厚纸垫平。送桩留下的桩孔要立即回填密实。

7. 检查验收

每根桩达到贯入度要求，桩尖标高进入持力层，接近设计标高或打至设计标高时，要进行中间验收。在控制时，一般要求最后三次十锤的平均贯入度，不大于规定的数值或以桩尖打至设计标高来控制，符合设计要求后，填好施工记录。如发现桩位与要求相差较大时，要会同有关单位研究处理，然后移桩机到新桩位。

待全部桩打完后，开挖至设计标高，做最后检查验收，并将技术资料整理完毕提交甲方。

8. 打桩过程中，遇见下列情况要暂停，并及时与有关单位研究处理：

（1）贯入度剧变；

（2）桩身突然发生倾斜、位移或有严重回弹；

（3）桩顶或桩身出现严重裂缝或破碎；

（4）冬期在冻土区打桩有困难时，要先将冻土挖除或解冻后进行。

（二）成品保护

1. 桩应达到设计强度的 70% 方可起吊，达到 100% 才能运输。

2. 桩在起吊及搬运时，必须做到吊点符合设计要求，要平稳并不得损坏。

3. 桩的堆放要符合下列要求：

（1）场地平整、坚实，不得产生不均匀下沉；

（2）垫木与吊点的位置要相同，并保持在同一平面内；

（3）同桩号的桩要堆放在一起，而桩尖要同向一端；

（4）多层垫木要上下对齐，最下层的垫木要适当加宽。堆放层数一般不超过 4 层。

4. 妥善保护好桩基的轴线和标高控制桩，不得由于碰撞和振动而位移。

5. 打桩时如发现地质资料与提供的数据不符时，要停止施工，并与有关单位共同研究处理。

6. 在邻近有建筑物或岸边、斜坡上打桩时，要会同有关单位采取有效的加固措施。施工时要随时进行观测，确保避免因打桩振动而发生安全事故。

7. 打桩完毕进行基坑开挖时，要制定合理的施工顺序和技术措施，防止桩的位移和倾斜。

（三）要注意的质量问题

1. 预制桩必须提前订货加工，打桩时预制桩的强度必须达到设计强度的 100%，并应增加养护期一个月后方准施打。

2. 桩身断裂：由于桩身弯曲过大，强度不足及地下有障碍物等原因造成，或桩在堆放、起吊、运输过程中产生断裂，没有发现所致原因，要及时检查。

3. 桩顶碎裂：由于桩顶强度不够及钢筋网片不足、主筋距桩顶面太小，或桩顶不平、施工机具选择不当等原因所造成，应加强施工准备时的检查。

4. 桩身倾斜：由于场地不平、打桩机底盘不水平或稳桩不垂直、桩尖在地下遇见硬物等原因所造成，要严格按工艺操作规定执行。

5. 接桩处拉脱开裂：连接处表面不干净、连接铁件不平、焊接质量不符合要求、接桩上下中心线不在同一条线上等原因所造成，应保证接桩的质量。

第三节　钻孔灌注桩

一、钻孔灌注桩施工

桩基为普通钻孔灌注桩，规格为 φ1.2m 和 φ1.5m。其中，主桥 φ150cm 钻孔桩 12 根，引桥 φ120cm 钻孔桩 108 根；钻孔桩砼为 C25 水下混凝土。

（一）场地准备

在桩基施工前，将钻机移动范围内的地面整平，清除杂物，换除软土，夯打密实，桩机下垫枕木。桩位的测定按设计要求，由测量组采用全站仪放线定位，桩位标志应准确牢固。

（二）护筒设置

1. 在钻孔前埋设护筒：护筒采用厚 6mm 钢板焊制，节长 2-4m，其直径比桩径大 15-20cm。护筒采用挖坑埋设法，护筒底部和四周所填黏质土必须分层夯实。

2. 护筒埋设时，要求准确竖直，护筒顶部高出施工地面 30cm，一般情况下埋置深度为 2-4m，特殊情况下应加深以保证钻孔和灌注砼的顺利进行。其中心轴线应正对测量标定的桩位中心，其偏差不得大于 5cm，倾斜度不得大于 1%。

（三）泥浆循环系统的设置

1. 泥浆循环系统主要由泥浆池、沉淀池、高压泥浆泵和溢流沟组成。在每两个桥墩墩位之间设置一座泥浆池。先开挖至地面以下 1m，砌筑泥浆池砖墙（厚 30cm、高出地面 1.5m），地面以下部分用土篷布隔水防漏，平面尺寸为 10×15m。

位于 ×× 高速公路上的 14# 主墩钻孔时，在高速公路用地外的 12#-13# 桥梁之间设一座大型泥浆池，平面尺寸 10×20m，泥浆循环管通过施工便桥连通。

钻孔及清理泥浆池时排水、清渣，并装入泥浆槽罐车，运往指定的弃土区经沉淀后排放。

2. 钻孔泥浆采用的优质黏土在孔内制备。造浆用的黏土应符合下列技术要求：胶体率 ≥ 95%，含砂率 ≤ 4%，造浆率 0.006-0.008m³/kg；

3. 泥浆性能指标应符合下列技术要求：

泥浆相对密度 1.1-1.2，黏度 17-18s，含砂率 < 4%，胶体率 > 95%，失水率 < 20mL/30min。

（四）钻孔

1. 造浆：正式钻进前，向将要施工的桩及循环用的护筒孔底供泥浆，换出原孔内清水。

泥浆制备采用优质黏土，钻进过程中根据不同的土层制备不同浓度的泥浆，使泥浆既起到护壁及清渣的作用，又不至于太浓而影响钻进速度。

2.成孔：钻机就位后，进行桩位校核，保证就位准确。造浆完毕后低速开钻，待整个钻头进入土层后进入正常钻进。在护筒脚部位必须慢速钻进。

整个成孔过程中分班连续作业，专人负责做好记录并观察孔内泥浆面和孔外水位情况，对钻渣定时做取样分析，核对地质资料；同时应控制好泥浆比重和黏度。钻孔过程中分不同深度测量钻孔垂直度，发现偏斜及时采取措施纠正。

（五）清孔

清孔采用换浆法，分两次进行。一次清孔，当钻进深度距孔底标高 3–5m 时，开始用新配制的泥浆置换孔内循环泥浆，同时，慢慢钻进至设计标高，钻头在孔底转动或在 3m 范围内上下缓慢窜动，泥浆继续循环，一直到泥浆指标达到：相对密度 1.03–1.1、黏度 17–20S、含砂率＜ 4% 之后为止。然后，提钻并下仪器检测，检查合格后，方可吊放钢筋笼和下放混凝土灌注导管。

二次清孔由导管与泥浆泵循环系统连接进行，直至孔底检测沉渣厚度满足规范和设计要求。二次清孔控制总体原则是泥浆黏度＜ 18s，含砂率＜ 4%。

（六）钢筋笼制作与吊装

钢筋笼在加工车间分节制作，吊机吊安、人工焊接接长。

钢筋笼在制作加工必须保证牢固顺直，并满足施工规范要求。用抬吊方法将钢筋笼吊立垂直，以便钢筋笼垂直对接，每节钢筋笼顶端用起吊扁担立，以免在起吊过程中别弯主筋。为防止变形，在每道箍筋内增设六角内撑，快要进入孔口时再将其割除。钢筋笼分节下放，钢筋接头采用焊接连接。吊入钢筋笼时，对准孔位转放、慢放。严禁高起猛落，强行下放，防止钢筋笼损坏和碰坏孔壁引起塌孔。钢筋笼到位后，牢固定位，以免"跑笼"、移位或上浮。

（七）灌注水下砼

1.漏斗、导管的制作和安装

漏斗采用 δ–3mm 的钢板拼装焊接，边角处均用角钢加固，上口四周对称各焊两个吊环，出口为圆筒，其容量应能满足灌注水下砼首批储备量的需要。

导管采用 φ250cm 丝扣接头型导管，单节长度为 2.5–3m。导管使用前要进行试拼，试拼好后进行水密承压和接头抗拉试验。施工时，用人工配合钻机起吊安装，就位后应使导管下口距孔底 0.3–0.4m。

2.水下砼的生产运输

在中心试验室进行水下砼配合比试验和设计，并报监理工程师检验认可。具体要求如下：砼强度等级满足设计要求，粗骨料使用碎石，粒径 1-4cm，砂用级配良好的中砂。砼水灰比＜0.6，水泥用量≯370kg/m³，含砂率为 40%-50%，坍落度 18-22cm，扩散度为 34-38cm，砼初凝时间为 3-4h。

砼的拌和在砼拌和站集中拌和，砂、碎石等采用自动配料机计量，混凝土搅拌运输或泵车运输至现场。

3. 灌注水下砼

（1）灌注前，再次核对孔深、沉渣厚度等，若超出要求，用泥浆泵及导管冲翻沉碴，并重新清孔直到符合要求后才能灌注水下砼。

（2）灌注砼前应将漏斗插入导管内，漏斗底口应高于井孔内水面 30cm，并于该处安置隔水设施，经检查稳妥后，将首批砼拌和物灌入漏斗和储料斗内，待数量满足要求后，方可开启隔水设施。

（3）灌注开始后，应连续的灌注，并尽量缩短拆除导管的间隔时间。灌注过程中经常用测深锤探测孔内砼面位置，及时调整导管埋深。导管埋置深度不小于 2m，一般控制在 2-6m。在灌注过程中，应注意保持孔内水头高度。

（4）在灌注过程中，为防止钢筋骨架上浮，当灌注的砼顶面距钢筋骨架底部 1m 左右时，应降低砼的灌注速度。当砼拌和物上升到骨架底口 4m 以上时，提升导管，使其底口高于骨架底部 2m 以上，即可恢复正常的灌注速度。

（5）为确保桩顶质量，灌注的桩顶标高应比设计高出一定高度，一般为 0.5-1.0m，多余部分接桩前凿除，残余桩头应无松散层。

（6）有关砼灌注情况，如灌注时间、砼面的深度、导管埋深、导管拆除以及发生的异常现象等，指定专人记录。在砼灌注时，每根桩应至少留取两组砼试件。

二、钻孔灌注桩施工质量缺陷及处理

（一）钻孔灌注桩施工缺陷桩的形成原因

1. 断桩

断桩是严重的质量事故。对于诱发断桩的因素，必须在施工初期就彻底清除其隐患，同时又必须准备相应的对策，预防事故的发生或一旦发生事故及时采取补救措施。断桩产生的原因有以下几个方面：

（1）灌注混凝土过程中，测定已灌混凝土表面标高出现错误，导致导管埋深过小，出现拔脱提漏现象形成夹层断桩。特别是钻孔灌注桩后期，超压力不大或探测仪器不精确时，易将泥浆中混合的坍土层误为混凝土表面。因此，必须严格按照规程用规定的侧身锤测量孔内混凝土表面高度，并认真核对，保证提升导管不出现失误。

（2）在灌注过程中，导管的埋置深度是一个重要的施工指标。导管埋深过大，以及灌注时间过长，导致已灌混凝土流动性降低，从而增大混凝土与导管壁的摩擦力，加上导管采用已很落后而且提升阻力很大的法兰盘连接的导管，在提升时连接螺栓拉断或导管破裂而产生断桩。

（3）卡管现象也是诱发断桩的重要原因之一。由于人工配料（有的机械配料不及时校核）随意性大、责任心差，造成混凝土配合比在执行过程中的误差大，使坍落度波动大，拌出混合料时稀时干。坍落度过大时会产生离析现象，使粗骨料相互挤压阻塞导管；坍落度过小或灌注时间过长，使混凝土的初凝时间缩短，加大混凝土下落阻力而阻塞导管，都会导致卡管事故、造成断桩。所以严格控制混凝土配合比，缩短灌注时间，是减少和避免此类断桩的重要措施。

（4）坍塌。因工程地质情况较差，施工单位组织施工时重视不够，有甚者分包或转包，施工者谈不上有什么经验，在灌注过程中，井壁坍塌严重或出现流沙、软塑状质等造成类泥沙性断桩。这类现象在本工程的断桩中占有相当大的比例，较为严重。而且位置深、难处理，是导致工期无限延期及经济上大量浪费的重要因素之一。

（5）另外，导管漏水、机械故障和停电造成施工不能连续进行，突然井中水位下降等因素都可能造成断桩。因此应认真对待灌注前的准备工作，这对保证桩基的质量很重要。

2. 缩颈

在钻孔过程中，由于钻锥磨损或焊补不及时，再或地层中遇到膨胀的软土、黏土、泥岩等，容易产生缩孔现象。在浇筑混凝土过程中，导管脱离混凝土面，泥水进入导管中，造成桩身夹泥或断桩。造成导管拔空的主要原因是施工人员操作失误，过量上拔导管所致。解决措施：当发现导管拔空时，应迅速将导管插入到混凝土中，利用小型水泵或小口径抽水设备，将导管中泥水抽出，再继续浇灌混凝土；迅速提出导管，重新设隔水球灌注混凝土，在隔水球冲出导管后，应将导管继续下降，直到导管不能插入时再少许提升导管，继续浇灌混凝土。

3. 灌注时发生井壁坍落

成孔后灌注水下混凝土时发生坍孔现象，若坍塌不止，应将导管拔出，以黏土回填重新成孔；轻微坍落在施工中不易被察觉，声测时发现局部裹泥或夹砂现象。根据实际情况还可以采用压浆、旋喷等工艺处理桩芯局部夹泥沙或空洞等缺陷，不再赘述。

（二）钻孔灌注桩主要质量缺陷的常用处理方法

钻孔桩灌注桩成桩后质量缺陷主要有压浆补强法、桩身搭接法、重新成桩法和补加新桩法等。

1. 接桩法。处理浅层处钻孔灌注桩存在的断桩以及重大缺陷等问题时，通常使用接桩法。接桩法操作方法：①将缺陷处与柱端间的混凝土全部凿除，并将缺陷位置松散的混凝土凿除，断桩处的泥土要清理洁净。②凿毛缺陷位置的混凝土表面并冲洗干净。③重新支灌注桩模板并绑扎钢筋（若桩的直径和接桩的直径一样则可以直接浇注混凝土至柱顶标高）。④重新灌注的混凝土常选用高于原标号的混凝土。⑤按要求进行养护，达到规定龄期后方可拆模。

2. 钻芯取样钻孔高压注浆法。这种处理方法多用于下面两类情况，一是灌注桩桩长低于设计长度或者桩体底部的沉渣比较厚：①准备工作：准备钻机等机具，整理场地，确保钻机能有平稳的施工场地。②钻孔：钻孔时要时刻保持钻机的平衡，作业人员要不断的对钻机位置进行校正，防止桩孔偏移不能达到桩体底部。③底部清淤：钻机钻进桩体底部后，陆续会有沉渣流出，要及时将其清除掉。在进行注浆前，要不断地清理柱底淤泥。④注浆：计算出压浆时需要的水泥量，然后按高标号的规格进行水泥浆配制。注浆时，孔口壁要进行密封，防止水泥浆溢出（允许少量水泥浆、清水流出），直至无法继续压注。二是灌注桩局部出现蜂窝及离析现象，可按下列步骤进行操作：钻孔→清孔→埋设注浆管→压水试验→制浆、注浆→封孔。

3. 补桩法。此方法多用于钻孔灌注桩出现断桩或灌注的桩体承载力没有达到设计要求，补桩法能够有效增强桩体的荷载承载力。补桩法具体做法：在桩体的两侧再浇筑两个灌注桩，顶高和原桩体的设计标高相同，然后再用联系梁将桩体连在一起，让三个桩体一起承受荷载。

4. 直接凿除法。即在施工与检测时，若发现桩体存在断桩现象，为了完全消除病害，凿除桩体，然后再灌注一个新的桩体。该方法难度较大且耗费的时间与费用多，但相对来说，桩体整体性较好，没有病害残留，这种方法多用在高速公路等重要路段的建设过程。

5. 增大截面法。如果灌注桩存在桩体位置偏移过大或上部桩体出现缩径等问题，导致桩体的承载能力无法达到设计要求时通常使用增大截面法进行处理。例如某个地区的一级公路改建项目，路基基础为钻孔灌注桩，桩的标高为 25m，桩径为 1.5m，经检测发现在桩体在 4～5m 间存在缺陷，处理缺陷的具体办法：①准备工作：依据缺陷所处位置来制定有效的计划，初步设计，计算出截面尺寸及配筋情况等，保证经过处理的桩体能达到设计承载力要求。②清表工作：清除桩体上部四周的土壤，并将其表面的混凝土凿除，直到能看见新鲜的混凝土层。③植筋工作：在桩体缺陷的上下两侧 0.3m 处，用冲击钻沿水平方向钻孔，然后将孔冲刷干净，再用环氧拌和砂浆植筋，当植筋达到规定强度时使用钢筋沿垂直和水平方向将植筋焊接在一起，连成整体。④支模及灌注工作：当植筋满足要求且焊接完成后，根据截面的大小支模板并浇注混凝土，养护至规定龄期，拆模。加固 28 天后，验算其承载能力是否达到了设计要求。

6. 补加新桩法。灌注桩的桩身缺陷非常严重或者桩体的倾斜度远远超出了误差范围，且在场地允许情况下适宜这种方法。补加新桩体之后单桩承台成为二桩承台、二桩承台成为三桩承台。施工方法相同，且在施工过程不可损害到周围桩体。例如在进行钻孔时，地下水丰富、孔壁垮塌、掩埋钻头，采取回填桩孔，在钻孔过程中，埋设钢护筒加固孔壁，打捞钻头，最终钻头无取回。通过业主、设计、监理研究后，取消该桩孔，重新加桩，也就是补加新桩法。

7. 桩身搭接法。桩身搭接法主要适用于砼灌注完后经检测，灌注桩存在严重夹泥、裂缝、松散和 断桩，而且缺陷部位不深，一般深度在 10m 以内。如：0# 台 0-1-4# 在进行水下砼灌注时，突遇雷雨天气，施工专用电线停止供电，而当 时雷电异常，为了保证施工人员人身安全，经请示监理工程师同意，停止施工。此时该桩基已灌注完成 24m，剩余桩身 6m 未完成。按照规范要求对已经灌注完成的 24m 砼桩采用声波透视法检测进行，无质量问题。对未灌注完成的桩孔，考虑到该桩上半部分采用人工挖孔，护壁在钻孔过程中未造成破坏，故采用桩身搭接。采用人工挖孔，使用风镐分层凿除桩顶上面的浮浆，按照具体要求进行凿除。层厚为 0.3-0.5m，通常从中间开始凿起，然后沿着桩径进行凿孔，禁止采用爆破手段。凿除时，不可破坏到钢筋。若钢筋笼不符合要求，则应及时更换满足要求的钢筋笼，除预留的搭接筋外，断层以上的其他钢筋均不可再使用。监理工程师同意且符合设计要求的钢筋笼方可使用。灌注桩桩孔的渗水率很小，完全符合旱桩灌注的要求，用旱桩灌注法浇筑剩下部分的砼，旱料与方法与原设样。

8. 重新成桩法。该方法多用于桩体出现重大缺陷或者缺陷所在位置较深，或桩体发生严重偏移的灌注桩，因为一些客观原因无法采取其他的处理方法，重新成桩法是利用冲击设备将废桩冲除，再重新灌注桩体的方法。使用冲击钻进行冲桩，钻径通常要比废桩的直径大 5-10 cm，避免冲桩时钻头被钢筋笼卡住。冲击锤的质量大于 5 000 kg，多是采用 6 翅锤头，在进行冲击时一般先是大约 2 m 的冲程，主要起到冲击破碎及向外挤压的目的。例如在砼灌注时，当灌注到 14m 时发生导管阻塞，提升砼导管，导致导管漏气，出现断桩。因桩孔很深，又紧挨河流，渗水现象严重，只好重新成桩。在进行冲除前，应使用强度大于 30Mpa 的片石将桩孔填满，并用冲击锤将其夯实，然后再进行冲桩，为了提高冲击力及冲击速率，冲击时最好使用密度较低的泥浆，并不断地进行泥浆沉淀循环和掏渣换浆工作。泥浆相对密度以 1.2 为宜，含沙率宜小于 8 %。如发现泥浆稠度太小，可在冲桩前及冲桩过程中适当抛加粘土块用以护壁防止塌孔。

（三）钻孔灌注桩质量缺陷的预防措施

1. 对于桩身存在严重缺陷或缺陷部位深度较大者，或者桩身严重位移、倾斜，同时由于客观条件不能采取其他方法处理的，为不留下隐患，可采用冲除废桩重新成桩的方法。冲除废桩可采用冲击钻，钻头直径比要废除的桩径大 5-10 cm，以防止废桩钢筋笼卡住钻头。冲击锤质量不小于 5 000 kg，宜使用 6 翅锤头，冲击时应先采用 2 m 左右的冲程，以起到冲击破碎和向外挤压的作用。

2. 底部沉渣过厚的预防措施。在施工过程中当灌注桩成孔以后，应将钻头提到距离孔底 10-20cm 的位置，然后让钻头持续慢速空转，确保清孔的时间不小于 20 分钟。施工过程中要控制好泥浆的密度等指标。吊放钢筋笼的整个过程中，桩中心和笼中心应该始终保持在一条线上，且应防止碰触孔壁，产生沉渣。清孔之后要尽可能减小待灌的时间，防止因泥浆沉积而导致沉渣较厚。灌注时，导管底部距桩孔底部应为 30-40mm，且首次灌注混凝土的储备量要充足；首次灌注量可根据相应规范进行计算，导管应一次伸入到混凝土面以下1m以上位置，依靠混凝土强大的冲击力将底部沉渣挤出，达到清除孔底沉渣的目的。

3. 护筒失效的预防措施。用黏土对护筒进行加固，如果漏水情况很严重，要及时将其拔除，回填以后再进行埋设；埋设钢护筒时，应将其埋设深一点，这样能够有效提高护筒的稳定性及抗冲刷能力；若护筒不易下沉，则可以通过提高泥浆的密度等来改善泥浆，然后在进行钻孔；如果护筒变形，应依据其变形的情况及位置灵活处理，可采用氧割法、套筒法等。

4. 桩孔倾斜的预防措施。在钻孔前预控、在钻孔过程时时监控。在钻孔期间要时刻观察钻杆的垂直度，若发生倾斜应马上校正。地基不均匀、地下土壤中含有大的孤石或坚硬物体时，则应在施工之前制定处理方案。钻机的自重较大且钻杆的刚度较大，在不均匀地基中进行钻孔比较有利。在钻孔过程中，如果遇到孤石或者不均匀硬层及斜状岩层时，钻头的速度要控制在慢档。对于碰到的孤石与硬岩石，通常使用复合式的牙轮钻头对其进行处理。

5. 扩径与缩颈的预防措施。加强孔径的检测和控制，提升泥浆品质，泥浆的密度、黏度等指标要严格控制。钻径应根据需要进行加大，在导正器上焊接一定量合金刀片，这些刀片在钻孔时起到扫孔的作用。缩短成孔后孔的空置时间也是预防缩颈的方法，扩径现象的出现通常与坍孔有关，减少坍孔是预防扩径最有用的方法。

6. 钢筋笼倾斜的预防措施。初始安放钢筋笼的位置要准确，安放后要与孔口固定在一起。为了防止钢筋笼上下浮动，应采取可行的办法将其紧固。灌注时，要控制好灌注的速率，以防钢筋笼出现向上浮动的现象，当混凝土的顶面与骨架底面的距离大约为1m时，应该减小灌注的速率。当混凝土浇筑到距离骨架底面4m以上时，应提升导管，使导管的底部位于骨架底面2m以上的位置，然后继续进行灌注。

7. 断桩的预防措施。成孔后要认真仔细的进行清理，根据孔内沉渣的多少确定清孔的时间。桩孔清理之后要尽早进行灌注，防止空置时间太久出现沉渣等问题。在灌注之前，根据孔径计算出所需要的混凝土量及首次灌注量。要严格控制好混凝土的运输、待灌时间，灌注开始后，整个过程应连续、迅速的进行，应有充足的混凝土，保证混凝土在初凝时间内能够连续进行灌注。另外还应该增强导管密封性，导管长度应根据孔内混凝土的上升高度进行调整。

（四）钻孔灌注桩的质量控制

钻孔灌注桩的施工质量直接影响到上部结构的稳定与安全。颁布的《公路工程质量检验评定标准》对钻孔灌注桩的质量作了严格的要求，明确规定了钻孔灌注桩进行无破损检测，这一结果需由设计单位的确认。对钻孔灌注桩的质量控制，我们认为在现时代仍应强调以下几点：

1. 对质量控制应注重预防为主，即在施工前做好充分准备工作，制定相应的防范措施，并责任到人。

2.严把队伍进场关。"一流队伍投标、二流队伍进场、三流队伍干活儿"的现象在建筑市场上仍然存在。只有从严把关，使一流人才、先进的工艺、过硬的设备进场，就为优良工程打下了坚实的物质基础。

3.严把检测关。桥梁钻孔灌注桩无破损检测是确保施工质量的一个重要技术检测手段，我们的做法是：a、对承担本工程桩基无破损检测任务的单位和个人进行资格审查；b、逐根桩作超声波法检测；c、对处理后的缺陷桩做二次声测，若声测仍有缺陷，则该桩再辅以承载试验（大应变），以确保成桩质量及工程的安全性。

第七章　桥梁墩台施工

第一节　混凝土墩台、石砌墩台施工

一、混凝土墩台施工

（一）适用范围

适用于公路及城市桥梁工程中基础（承台或扩大基础）以上的现浇钢筋混凝土轻型墩台、重力式墩台的施工。

（二）施工准备

1. 技术准备

（1）认真审核设计图纸，编制分项工程施工方案，进行模板设计并经审批。

（2）已进行钢筋的取样试验、钢筋翻样及配料单编制工作。

（3）组织有关方面对模板进行进场验收。

（4）进行混凝土各种原材料的取样试验工作，设计混凝土配合比。

（5）对操作人员进行培训，向有关人员进行安全、技术交底。

2. 材料要求

（1）钢筋：钢筋出厂时，应具有出厂质量证明书和检验报告单。品种、级别、规格和性能应符合设计要求。进场时，应抽取试件做力学性能复试，其质量必须符合国家现行标准《钢筋混凝土用热轧带肋钢筋》（GB 1499）《钢筋混凝土用热轧光圆钢筋》（GB 13013）等的规定。当发现钢筋脆断、焊接性能不良或力学性能显著不正常等现象时，应对该批钢筋进行化学分析或其他专项检验。

（2）电焊条：电焊条应有产品合格证，品种、规格、性能等应符合国家现行标准《碳素钢焊条》（GB/T 5117）的规定。选用的焊条型号应与母材强度相适应。

（3）水泥：宜采用硅酸盐水泥和普通硅酸盐水泥。水泥进场应有产品合格证或出厂检验报告，进场后应对强度、安定性及其他必要的性能指标进行取样复试，其质量必须符合国家现行标准《硅酸盐水泥、普通硅酸盐水泥》（GB 175）等的规定。

当对水泥质量有怀疑或水泥出厂超过 3 个月时，在使用前必须进行复试，并按复试结果使用。不同品种的水泥不得混合使用。

（4）砂：应采用级配良好、质地坚硬、颗粒洁净、粒径小于 5mm 的河砂，也可用山砂或用硬质岩石加工的机制砂。砂的品种、质量应符合国家现行标准《公路桥涵施工技术规程》（JTJ 041）的规定，进场后按国家现行标准《公路工程集料试验规程》（JTJ 058）进行复试合格。

（5)石子：应采用坚硬的碎石或卵石。石子的品种、规格、质量应符合国家现行标准《公路桥涵施工技术规程》（JTJ 041）的规定，进场后按现行《公路工程集料试验规程》（JTJ 058）进行复试合格。

（6）外加剂：外加剂应标明品种、生产厂家和牌号。出厂时应有产品说明书、出厂检验报告及合格证、性能检测报告，有害物含量检测的报告应由有相应资质等级的检测部门出具，其质量和应用技术应符合国家现行标准《混凝土外加剂》（GB 8076）和《混凝土外加剂应用技术规范》（GB50119）的规定。进场应取样复试合格，并应检验外加剂与水泥的适应性。

（7）掺合料：掺合料应标明品种、等级及生产厂家。出厂时应有出厂合格证或质量证明书和法定检测单位提供的质量检测报告，进场后应取样复试合格。混合料质量应符合国家现行相关标准的规定，其掺量应通过试验确定。

（8）水：宜采用饮用水。当采用其他水源时，其水质应符合国家现行标准《混凝土拌合用水标准》（JGJ 63）的规定。

3. 机具设备

（1）脚手架：φ48 扣件式钢管脚手架或碗扣式钢管脚手架、钢管扣件、脚手板、可调底托等。

（2）钢筋加工机具：钢筋弯曲机、钢筋调直机、钢筋切断机、电焊机、砂轮切割机等。

（3）模板施工机具：电锯、电刨、手电钻、模板、方木或型钢、可调顶托等。

（4）混凝土施工机具：混凝土搅拌机、混凝土运输车、混凝土输送泵、行走式起重机、混凝土振捣器等。

（5）其他机具设备：空压机、发电机、水车、水泵等。

（6）工具：气焊割枪、扳手、铁锲、铁锹、铁抹、木抹、斧子、钉锤、缆风绳、对拉螺杆及 PVC 管、钉子、8# 铁丝、钢丝刷等。

4. 作业条件

（1）基础（承台或扩大基础）和预留插筋经验收合格。

（2）基础（承台或扩大基础）与墩台接缝位置按有关规定已充分凿毛。

（3）作业面已临时通水通电、道路畅通、场地平整、满足施工要求。

（4）所需机具已进场，机械设备状况良好。

（三）施工工艺

1. 工艺流程

钢筋加工　模板加工

　　↓　　　　↓

测量放线→搭设脚手架→钢筋绑扎→模板安装→混凝土浇筑→混凝土成型养生→模板拆除

2. 操作工艺

（1）测量放线

墩柱和台身施工前应按图纸测量定线，检查基础平面位置、高程及墩台预埋钢筋位置。放线时依据基准控制桩放出墩台中心点或纵横轴线及高程控制点，并用墨线弹出墩柱、台身结构线、平面位置控制线。测放的各种桩都应标注编号，涂上各色油漆，醒目、牢固，经复核无误后进行下道工序施工。

（2）搭设脚手架

1）脚手架安装前应对地基进行处理，地基应平整坚实、排水顺畅。

2）脚手架应搭设在墩台四周环形闭合，以增加稳定性。

3）脚手架除应满足使用功能外，还应具有足够的强度、刚度及稳定性。

（3）钢筋加工及绑扎

1）墩、台身钢筋加工应符合一般钢筋混凝土构筑物的基本要求，严格按设计和配料单进行，加工方法参照"2.2 桥梁钢筋加工及安装"。

2）基础（承台或扩大基础）施工时，应根据墩柱、台身高度预留插筋。若墩、台身不高，基础施工时可将墩、台身钢筋按全高一次预埋到位；若墩、台身太高，钢筋可分段施工，预埋钢筋长度宜高出基础顶面1.5m左右，按50%截面错开配置，错开长度应符合规范规定和设计要求，一般不小于钢筋直径的35倍且不小于500mm，连接时宜采用帮条焊或直螺纹连接技术。预埋位置应准确，满足钢筋保护层要求。

3）钢筋安装前，应用钢丝刷对预埋钢筋进行调直和除锈除污处理，对基础混凝土顶面应凿去浮浆、清洗干净。

4）钢筋需接长且采用焊接搭接时，可将钢筋先临时固定在脚手架上，然后再行焊接。采用直螺纹连接时，将钢筋连接后再与脚手架临时固定。在箍筋绑扎完毕即钢筋已形成整体骨架后，即可解除脚手架对钢筋的约束。

5）墩、台身钢筋的绑扎除竖向钢筋绑扎外，水平钢筋的接头也应内外、上下互相错开。

6）所有钢筋交叉点均应进行绑扎，绑丝扣应朝向混凝土内侧。

7）钢筋骨架在不同高度处绑扎适量的垫块，以保持钢筋在模板中的准确位置和保护层厚度。保护层垫块应有足够的强度及刚度，宜使用塑料垫块。使用混凝土预制垫块时，必须严格控制其配合比，保证垫块强度，垫块设置宜按照梅花形均匀布置，相邻垫块距离以 750mm 左右为宜，矩形柱的四面均应设置垫块。

（4）模板加工及安装

1）圆形或矩形截面墩柱宜采用定型钢模板，薄壁墩台、肋板桥台及重力式桥台视情况可使用木模、钢模和钢木混合模板。

2）采用定型钢模板时，钢模板应由专业生产厂家设计及生产，拼缝以企口为宜。

3）圆形或矩形截面墩柱模板安装前应进行试拼装，合格后安装。安装宜现场整体拼装后用汽车吊就位，每次吊装长度视模板刚度而定，一般为 4m·8m。

4）采用木质模板时，应按结构尺寸和形状进行模板设计，设计时应考虑模板有足够的强度、刚度和稳定性，保证模板受力后不变形、不位移，成型墩台的尺寸准确。墩台圆弧或拐角处，应设计制作异形模板。

5）木质模板的拼装与就位

①木质模板以压缩多层板及竹编胶合板为宜，视情况可选用单面或双面覆膜模板，覆膜一侧面向混凝土一侧，次龙骨应选用方木，水平设置，主龙骨可选用方木及型钢，竖向设置，间距均应通过计算确定。内外模板的间距用拉杆控制。

②木质模板拼装应在现场进行，场地应平整。拼装前将次龙骨贴模板一侧用电刨刨平，然后用铁钉将次龙骨固定于主龙骨上，使主次龙骨形成稳固框架，然后铺设模板，模板拼缝夹弹性止浆材料。要求设拉杆时，须用电钻在模板相应位置打眼。每块拼装大小应根据模板安装就位所采用设备而定。

③模板就位可采用机械或人工。就位后用拉杆、基础顶部定位撅、支撑及缆风绳将其固定，模板下口用定位楔定位时按平面位置控制线进行。模板平整度、模内断面尺寸及垂直度可通过调整缆风绳松紧度及拉杆螺栓松紧度来控制。

6）墩台模板应有足够的强度、刚度和稳定性。模板拼缝应严密不漏浆，表面平整不错台。模板的变形应符合模板计算规定及验收标准对平整度控制要求。

7）薄壁墩台、肋板墩台及重力式墩台宜设拉杆。拉杆及垫板应具有足够的强度及刚度。拉杆两端应设置软木锥形垫块，以便拆模后，去除拉杆。

8）墩台模板，宜在全桥使用同一种材质、同一种类型的模板，钢模板应涂刷色泽均匀的脱模剂，确保混凝土外观色泽均匀一致。

9）混凝土浇筑时应设专人维护模板和支架，如有变形、移位或沉陷，应立即校正并加固。预埋件、保护层等发现问题时，应及时采取措施纠正。

（5）混凝土浇筑

1）浇筑混凝土前，应检查混凝土的均匀性和坍落度，并按规定留取试件。

2）应根据墩、台所处位置、混凝土用量、拌和设备等情况合理选用运输和浇筑方法。

3）采用预拌混凝土时，应选择合格供应商，并提供预拌混凝土出厂合格证和混凝土配合比通知单。

4）混凝土浇筑前，应将模内的杂物、积水和钢筋上的污垢彻底清理干净，并办理隐、预检手续。

5）大截面墩台结构，混凝土宜采用水平分层连续浇筑或倾斜分层连续浇筑，并应在下层混凝土初凝前浇完上层混凝土。

水平分层连续浇筑上下层前后距离应保持 1.5m 以上。

倾斜分层坡度不宜过陡，浇筑面与水平夹角不得大于 25°。

6）墩柱因截面小，浇筑时应控制浇筑速度。首层混凝土浇筑时，应铺垫 50mm-100mm 厚与混凝土同配比的减石子水泥砂浆一层。混凝土应在整截面内水平分层，连续浇筑，每层厚度不宜大于 0.3m。如因故中断，间歇时间超过规定则应按施工缝处理。

7）柱身高度内如有系梁连接，则系梁应与墩柱同时浇筑，当浇筑至系梁上方时，浇筑速度应适当放缓，以免混凝土从系梁顶涌出。V 形墩柱混凝土应对称浇筑。

8）墩柱混凝土施工缝应留在结构受剪力较小，且宜于施工部位，如基础顶面、梁的承托下面。

9）在基础上以预制混凝土管等作墩柱外模时，预制管节安装时应符合下列要求：

①基础面宜采用凹槽接头，凹槽深度不应小于 50mm。

②上下管节安装就位后，用四根竖方木对称设置在管柱四周并绑扎牢固，防止撞击错位。

③混凝土管柱外模应加斜撑以保证浇筑时的稳定性。

④管口应用水泥砂浆填严抹平。

10）钢板箍钢筋混凝土墩柱施工，应符合下列要求：

①钢板箍、法兰盘及预埋螺栓等均应由具有相应资质的厂家生产，进场前应进行检验并出具合格证。厂内制作及现场安装应满足钢结构施工的有关规定。

②在基础施工时应依据施工图纸将螺栓及法兰盘进行预埋，钢板箍安装前，应对基础、预埋件及墩柱钢筋进行全面检查，并进行彻底除锈除污处理，合格后施工。

③钢板箍出厂前在其顶部对称位置焊吊耳各一个，安装时由吊车将其吊起后垂直下放到法兰盘上方对应位置，人工配合调整钢板箍位置及垂直度，合格后由专业工人用电焊将其固定，稳固后摘下吊钩。

④钢板箍与法兰盘的焊接由专业工人完成，为减小焊接变形的影响，焊接时应对称进行，以便很好的控制垂直度与轴线偏位。混凝土浇筑前按钢结构验收规范对其进行验收。

⑤钢板箍墩柱宜灌注补偿收缩混凝土。

⑥对钢板箍应进行防腐处理。

11）浇筑混凝土一般应采用振捣器振实。使用插入式振捣器时，移动间距不应超过振捣器作用半径的 1.5 倍；与侧模应保持 50mm-100mm 的距离；插入下层混凝土 50mm-100mm；必须振捣密实，直至混凝土表面停止下沉、不再冒出气泡、表面平坦、不泛浆为止。

（6）混凝土成型养生

1）混凝土浇筑完毕，应用塑料布将顶面覆盖，凝固后及时洒水养生。

2）模板拆除后，及时用塑料布及阻燃保水材料将其包裹或覆盖，并洒水湿润养生。养生期一般不少于 7d。也可根据水泥、外加剂种类和气温情况而确定养生时间。

（7）模板及脚手架拆除

侧模在混凝土强度能够保证结构表面及棱角不因拆模被损坏时进行，上系梁底模的拆除应在混凝土强度达到设计值的 75% 后进行。

3.季节性施工

（1）雨期施工

1）雨期施工中，脚手架地基须坚实平整、排水顺畅。

2）模板涂刷脱模剂后，要采取措施避免脱模剂受雨水冲刷而流失。

3）及时准确地了解天气预报信息，避免雨中进行混凝土浇筑。

4）高墩台采用钢模板时，要采取防雷击措施。

（2）冬期施工

1）应根据混凝土搅拌、运输、浇筑及养护的各环节进行热工计算，确保混凝土入模温度不低于 5℃。

2）混凝土的搅拌宜在保温棚内进行，对集料、水泥、水、掺和料及外加剂等应进行保温存放。

3）视气温情况可考虑水、集料的加热，但首先应考虑水的加热，若水加热仍不能满足施工要求时，应进行集料加热。水和集料的加热温度应通过计算确定，但不是超过有关标准的规定，投料时水泥不得与 80℃ 以上的水直接接触。

4）混凝土运输时间尽可能缩短，运输混凝土的容器应采取保温措施。

5）混凝土浇筑前应清除模板、钢筋上的冰雪和污垢，保证混凝土成型开始养护时的温度，用蓄热法时不得低于 10℃。

6）根据气温民政部和技术经济比较可以选择使用蓄热法、综合蓄热法及暖棚法进行混凝土养护。

7）在确保混凝土达到临界强度，且混凝土表面温度与大气温度差小于 15℃ 时，方可撤除保温及拆除模板。

（四）质量标准

1.基本要求

（1）钢筋、电焊条的品种、规格和技术性能应符合国家现行标准规定和设计要求。

（2）受力钢筋同一截面的接头数量、搭接长度和焊接、机械接头质量应符合规范要求。

（3）所用的水泥、砂、石、水、掺和料及外加剂的质量规格，必须符合有关技术规范的要求，按规定的配合比施工。

（4）混凝土应振捣密实，不得出现空洞和露筋现象。

3. 外观鉴定

（1）混凝土表面平整、施工缝平顺、外露面色泽一致，沉降装置必须垂直、上下贯通。

（2）混凝土蜂窝麻面面积不得超过该面面积的 0.5%，深度超过 10mm 的必须处理。

（3）混凝土表面不应出现非受力裂缝，裂缝宽度超过设计规定或设计未规定时超过 0.15mm 必须处理。

（五）成品保护

1. 钢模板安装前均匀涂抹脱模剂，涂好后立即进行安装，防止污染，不得在模板就位后涂刷脱模剂，以免污染钢筋。

2. 现浇墩台拆模（不含系梁）须在混凝土强度达到 2.5MPa 后进行，在拆除模板时注意轻拿轻放，不得强力拆除，以免损坏结构棱角或清水混凝土面。

3. 在进行基坑回填或台背填土时，结构易损部位要用木板包裹，以免夯实机械运行过程中将其损坏。回填时，宜对称回填对称夯实，距离结构 0.5m−0.8m 范围内宜采用人工夯实。

（六）应注意的质量问题

1. 混凝土浇筑前要用高强度等级砂浆将底口封严，以防出现烂根现象。

2. 为防止出现露筋现象，要按要求的位置或数量安装保护层垫块。当使用混凝土垫块时，要保证其具有足够的强度，在施工中宜使用塑料垫块。

3. 为保证结构表面质量，要保证脱模剂涂刷均匀并避免脱模剂流失，以免混凝土硬化收缩出现黏膜现象；混凝土浇筑时振捣适宜，以防产生孔洞及麻面。

4. 保证混凝土供应的连续性，以确保混凝土不出现冷缝。

5. 墩台混凝土浇筑脚手架，不得与模板支架联结，应自成体系，防止模板出现位移。

（七）环境、职业健康安全管理措施

1. 环境管理措施

（1）施工垃圾及污水的清理排放处理

1）在施工现场设立垃圾分拣站，施工垃圾及时清理到分拣站后统一运往处理站处理。

2）进行现场搅拌作业的，必须在搅拌机前台及运输车清洗处设置排水沟、沉淀池，废水经沉淀后方可排入市政污水管道。

3）其他污水也不得直接排入市政污水管道内，必须经沉淀后方可排入。

（2）施工噪声的控制

1）要杜绝人为敲打、叫嚷、野蛮装卸噪声等现象，最大限度减少噪声扰民。

2）电锯、电刨、搅拌机、盆压机、发电机等强噪声机械必须安装在工作棚内，工作棚四周必须严密围挡。

3）对所用机械设备进行检修，防止带故障作业、噪声增大。

（3）施工扬尘的控制

1）对施工场地内的临时道路要按要求硬化或铺以炉渣、砂石，并经常洒水压尘。

2）对离开工地的车辆要加强检查清洗，避免将泥土带上道路，并定时对附近的道路进行洒水压尘。

3）水泥和其他易飞扬的细颗粒散体材料，应安排在库房存放或严密遮盖。

4）运输水泥和其他易飞扬的细颗粒散体材料和建筑垃圾时，必须封闭、包扎、覆盖，不得沿途泄漏遗撒，卸车时采取降尘措施。

5）运输车辆不得超量运载。运载工程土方最高点不得超过槽帮上沿 500mm，边缘低于车辆槽帮上沿 100mm，装载建筑渣土或其他散装材料不得超过槽帮上沿。

2. 职业健康安全管理措施

（1）施工前应搭好脚手架及作业平台，脚手架搭设必须由专业工人操作。脚手架及工作平台外侧设栏杆，栏杆不少于两道，防护栏杆须高出平台顶面1.2m以上，并用防火阻燃密目网封闭。脚手架作业面上脚手板与龙骨固定牢固，并设挡脚板。

（2）采用吊斗浇筑混凝土时，吊斗升降应设专人指挥。落斗前，下部的作业人员必须躲开，不得身倚栏杆推动吊斗。

（3）高处作业时，上下应走马道（坡道）或安全梯。梯道上防滑条宜用木条制作。

（4）混凝土振捣作业时，必须戴绝缘手套。

（5）暂停拆模时，必须将活动件支稳后方可离开现场。

二、石砌墩台施工

（一）工艺流程

修凿石料

↓

搅拌砂浆 → 砌筑 → 勾缝 → 养护

（二）操作要点

1. 搅拌砂浆

（1）水泥计量精度应控制在±2%以内，砂、水的计量精度应控制在±5%以内，其配合比一律采用重量比，并应经试验确定。

（2）搅拌砂浆时，必须保证其成分、颜色和塑性的均匀一致，大量搅拌砂浆应使用搅拌机，在工程数量较小时，可以人工拌制。

（3）砂浆拌制后用沉锤测沉入度和分层度，在搅拌机出料口随机取样制作砂浆试块。砂浆拌成后和使用时，均应盛入储灰器内。如砂浆出现泌水现象时，应在砌筑前再拌和，砂浆应随拌随用。水泥砂浆必须在 3h 内使用完毕；如果施工期间最高气温超过 30℃，应在 2h 内使用完毕。

2. 修凿石料

（1）片石应选用爆破法或楔劈法开采的石块，用作镶面的片石，应表面平整，稍加修凿。

（2）块石应选用形状大致方正、上下面大致平整的，敲除棱、锐角；用作镶面的块石，应由外露面四周向内修凿，深度不少于 70mm。

（3）料石加工包括修边打荒、粗打、一遍錾凿、二遍錾凿、一遍剁斧、二遍剁斧和磨光。粗料石应选用外观方正的六面体石料，侧面应与外露面垂直，顺石应比相邻丁石大150mm 以上，一般应经裁边和平凿两道工序处理。

3. 砌筑

（1）浆砌石料的一般顺序均为先砌角石，再砌面石，最后砌腹石，角石砌好后即可将线挂到角石上（应双面拉线），再砌面石。砌面石时应留送填腹石缺口，砌完腹石后再行封砌。腹石砌筑宜采取沿运送石料方向倒退自远而近砌筑的方法。石砌体的转角处和交接处应同时砌筑，对不能同时砌筑而又必须留置的临时间断处，应砌成踏步槎。腹石应与面石一样，按规定层次和灰缝砌筑整齐，砂浆饱满。砌筑过程中应随时用水平尺和线坠校核砌体。两相邻工作段的砌筑高差不宜超过 1.2m。

（2）浆砌片石

1）应用挤浆法分层砌筑，先湿润石料并铺砂浆，再安放石块，经揉动再用手锤轻击，每层高 0.7 ~ 1.2m（3-4 层片石），层间大致找平。

2）砌片石时应充分利用片石的自然形状，相互交错地咬合在一起，但最下一皮石块应大面朝下，最上一皮应大面朝上。砌筑镶面石时应先在石下不垫砂浆试砌，再用大锤砸去棱角，后用锤敲去小棱角，最后用凿子剔除突出部分，再铺浆砌石，用小撬棍将石块拨正，最后用手锤轻击或用手揉动，使灰缝密实。

3）按设计要求和规范规定，砌体应留设沉降缝或变形缝，的端面需垂直，最好是在缝的两端跳段砌筑，在缝内填塞防水料（如麻筋沥青板），墙身设置泄水孔，墙后设防水层和反滤。

4）石块搭接咬合长度应不小于 80mm，应避免通缝（竖直缝和连续规则的曲线缝）、干缝、瞎缝、三角缝和十字缝（石料四碰头）。

5）填腹中间应设拉结石，侧面每 0.7 ㎡至少设一块拉结，以保证结构的整体性。拉结石的长度，如基础宽度或墙厚等于或小于 400mm，应与砌体宽度或厚度相等；如基础宽度或墙厚大于 400mm，可用两块拉结石内外搭接，搭接长度不应小于 150mm，且其中一块长度不应小于基础宽度或墙厚的 2/3。

6）墩台斜坡面可砌成逐层收台的阶梯形。

（3）浆砌块石

与浆砌片石基本相同，不同的是镶面砌法应一顺一丁或二顺一丁砌筑，丁石的面积不小于表面积的 1/5，丁石尾部嵌入腹部约 200mm，且不小于顺石宽度的一半。

（3）浆砌料石

1）可以丁顺叠砌（架井式叠砌）、丁顺组砌（双轨组砌）或全顺砌（单轨组砌）。料石砌体基础可以斜叠砌。丁顺叠砌适用于砌体厚度等于石长；丁顺组砌适用于砌体厚度大于或等于两块石料宽；全顺砌适用于砌体厚度等于石宽。料石基础砌体的第一皮应采用丁砌层坐浆砌筑，阶梯形料石基础上级阶梯的料石应至少压砌下级阶梯的 1/3，料石砌体应上下错缝搭砌。

2）石间灰缝宽宜为 10~12mm。要使横缝与竖缝垂直，错缝不小于 100mm，竖缝不宜设在丁石处，只允许在丁石上面或下面有一条垂直缝。但结构在以下三个位置不得设缝：

A. 破冰体；

B. 砌体截面突变处；

C. 桥墩分水石中线或圆端形桥墩。

3）浆砌桥墩分水体、破冰体镶面石前应先做出配料设计图，注明每块石料的尺寸，根据砌体高度、尺寸、分层错缝等情况先行放样。应当注意的是，破冰体的破冰凌和垂直方向所成的角 $\theta \leqslant 20°$ 时，破冰体的镶面分层应成水平；$\theta > 20°$ 时，破冰体的镶面分层应垂直于破冰体，同时破冰体的分层应和墩身一致。

4. 勾缝

砌体的勾缝根据设计要求有平缝、凸缝、凹缝等。勾缝分为原浆勾缝和加浆勾缝两种，原浆勾缝是用砌筑的砂浆，随砌墙随勾缝；加浆勾缝的砂浆强度：主体工程一般不小于M10，附属工程一般不小于 M5，其稠度在 40~50mm。

（1）勾缝砂浆（宜用过筛的砂）应嵌入砌体 20mm，缝槽深度不足时，应凿够深度后再勾缝。除料石砌体勾凹缝外，其他砌体一般勾平缝。片石、块石、粗料石缝宽不宜大于 20mm，细料石缝宽不宜大于 5mm。

（2）勾缝前须先对墙面进行修整，再将墙面洒水湿润，勾缝的顺序是从上到下，先勾水平缝后勾竖直缝。勾水平缝用长溜子（勾缝条），将托灰板顶在要勾缝的灰口下缘，用溜子将灰浆嵌入缝内。勾完一段后，溜子在缝内溜压密实、平整，使其深浅一致。勾竖直缝时用短溜子，在托灰板上将灰刮起，然后勾入竖缝中，塞密压实。勾缝后应用扫帚用力清除余灰，并应避免砌体碰撞、振动、承重。

（3）成活的灰缝水平缝与竖直缝应深浅一致、交圈对口、密实光滑，搭接处平整，阳角方正，阴角处不能上下直通，不能有丢缝、瞎缝现象。灰缝应整齐、拐弯圆滑、宽度一致、不出毛刺，不得空鼓、脱落。

5. 养护

砌体灰缝养生时间不得少于 7d。

（三）质量控制及标准

1. 基本要求

（1）石料的强度和规格应符合设计和有关规范要求。

（2）砂浆的配合比应符合试验规定；砂浆的强度必须满足设计和规范要求。

（3）砌体水平灰缝的砂浆饱满度按净面积计算不得低于 90%，竖向灰缝砂浆饱满度不得低于 80%。

（4）砌筑时，砌块要错缝。浆砌时坐浆挤紧，嵌缝后砂浆饱满，无空洞现象；砌缝匀称，不勾假缝、瞎缝，干砌时不松动、叠砌和浮塞。

2. 实测项目

实测项目见下表。

表7-1-1 砌片石基础实测项目

检查项目		规定值或允许偏差（mm）		检查方法和频率
		国标、行标	企标	
砂浆强度（MPa）		符合设计要求	符合设计要	执行现行《砖石工程施工及验收规范》GBJ 203
轴线偏位		25	25	用经纬仪测量纵、横各2点
平面尺寸		50	50	用尺量长、宽各3处
顶面高程		30	30	用水准仪测5-~8点
基底高程	土质	50	50	用水准仪测5~8点
	石质	+50，-200	+50，-200	

表7-1-2 墩、台身翻体实测项目

检查项目		规定值或允许偏差（mm）		检查方法和频率
		国标、行标	企标	
砂浆强度（MPa）		符合设计要求	符合设计要	执行现行《砖石工程施工及验收规范》GBJ 203
轴线偏位		10	10	用经纬仪测量纵、横各2点
长、宽	料石	+20，-10	+20，-10	用尺量各断面
	块石	+40，-10	+40，-10	
	片石	+40，-10	+40，-10	

检查项目		规定值或允许偏差（mm）		检查方法和频率
		国标、行标	企标	
竖直度或坡度（%）	料石、块石	0.3	0.3	用垂线或经纬仪测量纵、横各2点
	片石	0.5	0.5	
墩台顶面高程		±10	±10	
大面积平整度	料石	10	10	用2m直尺检查
	块石	20	20	
	片石	30	30	

3. 外观鉴定

（1）勾缝平顺、坚固、整齐，缝宽均匀、无脱落现象。砂浆饱满，无瞎缝、假缝、通缝。

（2）砌体牢固、边缘直顺、表面平整、清洁、无污染。

（3）伸缩缝、沉降缝、防震缝中无砂浆、碎石渣和杂物等。

（四）安全措施

1. 编制专项安全技术方案，开工前对操作人员进行安全技术交底。

2. 现场施工必须戴安全帽。

3. 作业前必须检查工具，锤头必须安装牢固，作业时应戴防护目镜、护腿、鞋盖等防护用品。

4. 不准在砌体顶上做画线、刮缝及清扫墙面或检查大角垂直等工作。严禁在砌体顶上行走。砌筑作业面下方不得有人。

5. 用锤打石时，应先检查铁锤有无破裂，锤柄是否牢固。打锤要按照石纹走向落锤，锤口要平，落锤要准，同时要看清附近情况有无危险，然后落锤，以免伤人。

6. 不准在砌体顶或脚手架上修改石材，以免震动墙体而影质量或石片掉下伤人。石块不得往下掷。

7. 吊装石料应用筐装，不得有破损和变形。吊筐不得超负荷吊运，并经常检查吊筐，发现问题及时处理。

8. 墙身砌体高度超过地坪1.2m以上时，应搭设脚手架。当砌体高度超过4m时，采用里脚手架必须支搭安全网。采用外脚手架应设护身栏杆和挡脚板后方可砌筑。脚手架未经验收不得使用，验收后不得随意拆改，严禁搭探头板。

9. 脚手架上堆料量不得超过规定荷载（270 kN/m²），脚手架上最多放两层石料。同一脚手板上的操作人员不应超过二人。

10. 不准在超过胸部以上的墙体上进行砌筑，以免将墙体碰撞倒塌或上石时失手掉下造成安全事故。

11. 如遇雨天及每天下班时，要做好防雨措施，以防雨水冲走砂浆，致使砌体倒塌。

12. 冬期施工时，脚手板上如有冰霜、积雪，应先清除后才能上架子进行操作。

13. 下列情况应停止砌筑作业：风力超过六级；大雨、大雾、大雪天气；夜间照明不足。

（五）环保及绿色施工措施

1. 石料堆放场地应平整，且比周边地面高出约 100mm，并做好排水设施。

2. 施工垃圾应集中堆放、统一处理。

3. 现场砂浆搅拌站应设置排水沟和沉淀池，必要时采取喷水防尘措施。

第二节　装配式墩台施工

装配式墩台是将高大的墩台沿垂直方向、按一定模数、水平分成若干构件，在桥址周围的预制场地上进行浇筑，通过运输车船、现场拼装。装配式墩台比较适用于桥梁长度较长，桥墩数量较多，桥墩高度相对较高、现场无混凝土拌和施工场地或较难布置、混凝土输送管道设备较难布置的桥梁墩台的施工。装配式墩台的主要特点是：可以在预制场预制构件，受周围外界干扰少，但相对来说，对运输、起重机械设备要求较高。

装配式柱式墩系将桥墩分解成若干构件，如承台、柱、盖梁（墩帽）等，在工厂或现场集中预制，再运送到现场装配成桥墩，如图 7-2-1 所示。其施工工序主要为预制构件、安装连接与混凝土填缝。其中拼装接头是关键工序，既要牢固、安全，又要结构简单便于施工。常用的拼装接头有以下几种：

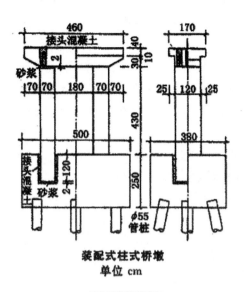

装配式柱式桥墩
单位 cm

图7-2-1

1. 承插式接头

将预制构件插入相应的承台预留孔内，插入长度一般为 1.2-1.5 倍的构件宽度，底部铺设 2cm 的砂浆，四周以半干硬性混凝土填充，常用于立柱与基础的接头连接。

2. 钢筋锚固接头

构件上预留钢筋形成钢筋骨架，插入另一构件的预留槽内，或将钢筋互相焊接，再浇筑半干硬性混凝土，多用于立柱与墩帽处的连接。

3. 焊接接头

将预埋在构件中的钢板与另一构件的预埋钢板用电焊连接，外部再用混凝土封闭。这种接头易于调整误差，多用于水平连接杆与立柱的连接。

4. 扣环式接头

相互连接构件按预定位置预埋环式钢筋，安装时柱脚先坐落在承台的柱芯上，上下环式钢筋互相错接，扣环间插入 U 形钢筋焊接，立模浇筑外侧接头混凝土。

5. 法兰盘接头

在相连接构件两端安装法兰盘，连接时用法兰盘连接，要求法兰盘预埋件位置必须与构件垂直，接头处可以不用混凝土封闭。

二、装配式柱式墩台施工应注意以下几点

1. 墩台柱构件与基础顶面预留杆形基座应编号，并检查各个墩、台高度和基坐标高是否符合设计要求；基口四周与柱边空隙不得小于 2cm。

2. 墩台柱吊入基环内就位时，应在纵、横方向测量，使柱身竖直度或倾斜度以及平面

位置均符合设计要求；对重量大、细长的墩柱，需用风缆或撑木固定后，方可放吊钩。

3.在墩台柱顶安装盖梁前，应先检查盖梁上预留槽眼位置是否符合设计要求，否则应先修凿。

4.柱身与盖梁（墩帽）安装完毕并检查符合要求后，可在基杯空隙与盖梁槽眼处浇筑稀砂浆，待其硬化后，撤除楔子、支撑或风缆，再在楔子孔中灌填砂浆。

随着预应力技术的成熟与发展，预应力开始应用于墩台上，特别是后张法预应力钢筋混凝土装配式墩台。它的施工方法与装配式柱式墩台施工方法相似，除了安装时的连接接头处理技术之外，节段预制构件之间的连接方式主要依赖于预应力钢束。

后张法预应力钢筋混凝土装配式墩台采用的预应力钢材主要有高强度低松弛钢丝和冷拉Ⅳ级粗钢筋两种。高强度低松弛钢丝，其强度高、张拉力大、预应力束数较少；施工时穿束较容易，在预应力钢束连接处受预应力钢束连接器的影响，需要局部加大构件壁厚。冷拉Ⅳ级粗钢筋要求混凝土预制构件中的预留孔道精度高，以利冷拉Ⅳ级钢筋的连接。

后张法预应力钢筋混凝土装配式墩台的预应力张拉方式有以下两种：张拉位置可以在墩帽顶上张拉，如图7-2-2所示；亦可以在墩台底的实体部位张拉。一般采用墩帽顶上张拉。

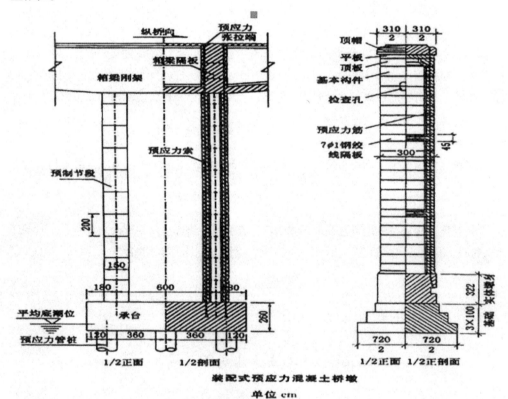

图7-2-2

1. 墩帽顶上张拉预应力钢束其主要特点是：①张拉操作人员及设备均处于高空作业，张拉操作虽然方便，但安全性较差；②预应力钢束锚固端可以直接埋入承台，而不需要设置过渡段；③在墩底截面受力最大位置可以发挥预应力钢束抗弯能力强的特点。

2. 墩底实心体张拉预应力钢束其主要特点是：①张拉操作人员和设备均为地面作业，安全方便；②在墩底处要设置过渡段，既要满足预应力钢束张拉千斤顶安放要求，同时，又要布置较多的受力钢筋，满足截面在运营阶段受力要求；③过渡段构件中预应力钢束的张拉位置与竖向受力钢筋相互关系较为复杂。

3. 预应力钢束的张拉要求、预应力管道内的压浆要求与预应力混凝土梁的要求一致，不再重述。特别应注意的是，压浆最好由下而上压注，构件装配的水平拼装缝采用 35 号水泥砂浆，砂浆厚度为 15mm，一方面可以起调节水平，另一方面可避免因渗水而影响预制构件的连接质量。

第三节　滑动模板施工

一、滑动模板施工概述

（一）工法特点

滑模（滑动模板）施工，是现浇结构混凝土的一项施工工艺，与常规施工方法相比，这种施工工艺具有施工速度快、机械化程度高、可节省支模和搭设脚手架所需的工料、能较方便地将模板进行拆散和灵活组装并可重复使用。

滑模施工的连续性：模板组装完毕后，试滑成功，开始滑升，没有特殊情况，应连续滑升，不宜停滑；因为停滑后，易出现黏膜等现象，升均分为白班和夜班两班，连续施工。

滑模施工的动态性：滑模平台在动力系统的带动下不断提升，其提升不受外力影响，是个动态过程，在滑升过程中进行中心垂直度偏差和扭转偏差等偏差的纠正，并控制到规范允许的范围内。

滑模施工的季节性：滑模施工温度不宜太高，也不宜太低。当温度太高时，比如，高于 25℃时，混凝土强度增长过快，容易出现严重黏膜现象，容易造成混凝土表面蜂窝、麻面、开裂、破碎、垮塌、露筋等质量缺陷，外观处理相当困难，影响滑升速度，并容易造成恶性循环，就需要采取在混凝土内参加缓凝剂和加大模板清理力度等一系列措施，增加了工程成本；温度过低时，比如低于 5℃时，混凝土强度增长过慢，影响了滑升速度，造成窝工现象，并容易造成混凝土垮塌等缺陷，就需要采取在混凝土内参加早强剂等一系列冬季施工措施，也造成工程成本的增加；滑模较适宜的温度为 10-20℃，一般春季和秋季为宜，尽量避开夏季，南方冬季温度较高，适当采取冬季施工措施，也适宜滑模施工，所以滑模施工受季节影响较大。

滑模施工的组织性和协作性：滑模施工需要大量的人力物力，牵涉的工种很多，人员复杂，需要很好地进行组织，各个工种和岗位需要相互协调、密切配合。混凝土的供应、浇筑，钢筋的制作、绑扎，混凝土外观的处理、养护等方面都应协调一致，相互之间必须跟上步调、不能脱节、不能相互影响。所以滑模操作平台上白班和晚班均应设置台长一名，负责操作平台上的人员组织和协调，而为保证滑模的顺利施工，地面上也应组织一定的人员做配合工作，如混凝土的供应、钢筋的制作，其他材料的供应等，则由工长负责协调和指挥。

（二）适用范围

本工法适用钢筋混凝土造粒塔、烟囱、筒仓等高耸构筑物的滑模施工（侧重造粒塔和烟囱滑模施工）。包括滑模操作平台的组装、滑模施工、垂直度和扭转的控制、砼外观处理、造粒塔喷头层的施工、操作平台的拆除等。滑模操作平台分为柔性平台和刚性平台，本工法适用于刚性操作平台。

二、工艺原理

滑模装置主要由模板系统、操作平台系统、液压系统以及施工精度控制系统和水、电配套系统等部分组成。

1. 模板系统

（1）模板

模板依赖围圈带动其沿混凝土的表面向上滑动。模板的主要作用是承受混凝土的侧压力、冲击力和滑升时的摩阻力，并使混凝土按设计要求的截面形式成型。模板按其所在部位及作用不同，可分为内模板、外模板、堵头模板及变截面工程的收分模板等。

井塔不变径，所以采用组合钢模即可，为保证模板不变形，滑模所用的组合钢模一般采用钢模板，宽度不大于 300mm. 钢模板可采用 2-2.5mm 厚的钢板冷压成型，或用 2-2.5mm 厚的钢板与角钢肋条制成，角钢肋条的规格不小于 30×4。墙体、柱结构的阴阳角处，宜采用同样材料阴角模板、阳角模板、连接角模等。

2. 围圈

围圈的主要作用是使模板保持组装的平面形状，并将模板与提升架连接成一个整体。围圈应有一定的强度和刚度，一般可采用 70-80，80-110 或 110 制作。围圈分为模板围圈和提升架围圈，模板围圈把模板连接为整体，而提升架围圈则把提升架连接为整体。模板围圈和提升架围圈一般内外各设置两道，形成封闭结构，把模板和提升架连接为整体刚性结构，上下围圈的间距一般为 600~700mm。围圈在工作时，承受由模板传递来的混凝土侧压力、冲击力和风荷载等水平荷载及滑升时的摩阻力，操作平台自身荷载，作用于操作平台上的静荷载和施工荷载等竖向荷载，并将其传递到提升架、千斤顶和支撑杆上。

模板与围圈的连接，一般采用挂在围圈上的方式，而围圈与提升架的连接一般采用焊接刚性连接或螺栓连接。为保证模板系统的刚性，防止其变形，上下围圈一般用 $\phi 18$ 钢筋设置剪刀撑。如下图 7-3-1 所示。

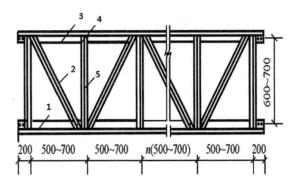

1—下围圈；2—斜腹杆；3—上围圈；4—连接螺栓（或焊接连接）；5—垂直腹杆

图7-3-1　围圈桁架构造示意图

3. 提升架

提升架是安装千斤顶并与围圈、模板连接成整体的主要构件。其主要作用是控制模板、围圈由于混凝土上的侧压力和冲击力而产生的向外变形，同时承受作用于整个模板上的竖向荷载，并将上述荷载传递个千斤顶和支撑杆。当千斤顶爬升时，通过提升架带动围圈、模板及操作平台等一起向上滑动。

提升架的横梁与立柱必须刚性连接，两者的轴线应在同一平面内，在使用荷载作用下，立柱的侧向变形应不大于 2mm。

提升架横梁至模板顶部的净高度：对配筋结构不宜小于 500mm，对于无筋结构不宜小于 250mm。当采用工具式支撑杆时，应在提升架横梁下设置内径比支撑杆直径大 2~5mm 的套管，其长度达到模板下缘，而支撑杆可回收再利用。

三、操作平台系统

1. 操作平台

滑模的操作平台即工作平台，是绑扎钢筋、浇筑混凝土、提升模板、安装预埋件等工作的场所，也是钢筋、混凝土、预埋件等材料和千斤顶、振捣器等小型备用机具的暂时存放场地。液压控制机械设备，一般布置在操作平台的中央位置附近。

操作平台系统主要包括：主操作平台、外挑操作平台、吊脚手架等。在施工需要时，还可设置上辅助平台。它是供材料、工具、设备堆放和施工人员进行操作的场所，如图 7-3-3

所示。

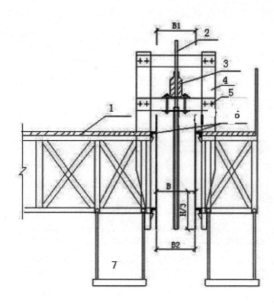

1—工作平台；2—支承杆；3—千斤顶；4—门架；5—连接螺栓；6—套管；7—内外模板；8—抹面脚手架；
B—构件壁厚；B1—模板上口宽；B2—模板下口宽；H—模板高度

图7-3-2

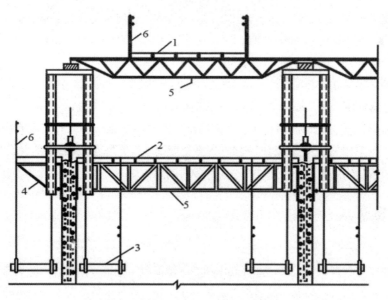

1—上辅助平台（或卸料平台）；2—主操作平台；3—吊脚手架；
4—三角挑架；5—承重桁架；6—防护栏杆

图7-3-3　操作平台系统示意图

操作平台一般分为内操作平台和外操作平台两部分，内操作平台通常由承重桁架（或梁）与平台铺板组成，承重桁架（或梁）的两端可支承于提升架的立柱上，亦可通过托架支承于上下围圈上。造粒塔滑模操作平台桁架钢梁两端支承在提升架上下围圈上，由围圈把平台荷载传递给提升架，避免荷载集中传递给少量的提升架，受力较为合理。外操作平台通常由支承于提升架外立柱的三角挑架于平台铺板组成，外挑宽度不宜大于 1000mm，在其外侧需设置防护栏杆，其高度不小于 1200mm。操作平台的桁架（或梁）、三角挑架及平台铺板等主要构件，许按其跨度和实际荷载情况通过计算确定。

2. 吊脚手架

如图图 7-3-4 所示，操作平台下面设置吊脚手架，分为内外吊脚手架，主要用于检查混凝土的质量、模板的检修和拆除、混凝土表面装修和浇水养护等工作。内吊脚手架可挂在提升架和操作平台的桁架上，外吊脚手架可挂在提升架和外挑三脚架上。掉脚手架铺板的宽度，宜为 500–800mm，钢吊杆的直径不应小于 16mm，也可用角钢，一般为 ∠ 50 × 5 等边角钢。吊杆螺栓必须采用双螺帽。吊脚手架的外侧必须设置安全防护栏杆，并满挂安全网和密目网，并完全封闭。

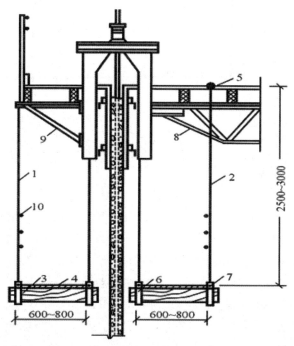

1—外吊脚手杆；2—内吊脚手杆；3—木楞（或钢楞）；4—脚手板；5—固定吊杆的卡扣；
6—套靴；7—连接螺栓；8—平台承重桁架；9—三角挑架；10—防护栏杆。

图7-3-4　吊脚手架

3. 液压系统

液压提升系统主要由支撑杆、液压千斤顶、液压控制柜和油路系统等部分组成。

支承杆支承着作用于千斤顶的全部荷载，包括模板系统、操作平台、模板的摩阻力和施工荷载等全部荷载。支承杆一般采用 φ25 圆钢或 φ48 × 3.5 钢管，由于钢管的稳定性较好，脱空长度大较大（达 2.5 米），目前一般采用 φ48×3.5 钢管作支承杆。

支承杆的连接方法，常用的有 3 种：丝扣连接、榫接和剖口焊接（图 7-3-5）。在实际操作时，φ25 圆钢支承杆一般采用丝扣方法进行连接，φ48×3.5 钢管支承杆一般采用榫接方法进行连接。支承杆的焊接，一般在液压千斤顶上升到接近支承杆顶部时进行，接口处略有偏斜或凸疤，可采用手提砂轮机处理平整，使其能顺利通过千斤顶孔道。也可在液压千斤顶底部超过支承杆后进行，但当这台液压千斤顶脱空时，其全部荷载要由左右两台千斤顶承担，因此，在进行千斤顶数量及围圈强度设计时，就要考虑到这一因素。

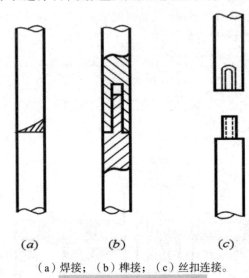

（a）焊接；（b）榫接；（c）丝扣连接。

图7-3-5　支撑杆的连接

（1）液压千斤顶

液压千斤顶又称穿心式液压千斤顶或爬杆器。其中心穿支承杆，在周期式的液压动力作用下，千斤顶可沿支承杆作爬升动作，以带动提升架、操作平台和模板随之一起上升。

国产千斤顶有 GYD 型和 QYD 型等，卡具分别为滚珠式和楔块式，额定起重量为 30-100 kN。常用的型号为 GYD-60 型。其工作原理（图 7-3-6）：工作时，先将支承杆由上向下插入千斤顶中心孔，然后开动油泵，使油液由油嘴进入千斤顶油缸，由于上卡头与支承杆锁紧，只能上升不能下降。在高压油液的作用下，油室不断扩大，排油弹簧被压缩，整个缸筒连同下卡头及底座被举起，当上升到上、下卡头相互顶紧时，既完成提升一个行程。回油时，油压被解除，依靠排油弹簧的压力，将油室中的油液由油嘴排出千斤顶，此时，下卡头与支承杆锁紧，上卡头及活塞被排油弹簧向上推动复位。依次循环可使千斤顶爬升一个行程，加压即提升，排油即复位，如此往复动作，千斤顶即沿着支承杆不断爬升。一个行程可以爬升 20-30mm。

液压千斤顶使用前，应按下列要求检验：

①耐油压 12MPa 以上，每次持压 5min，重复三次，各密封处无渗漏；

②卡头锁固牢靠，放松灵活；

③在 1.2 倍额定荷载作用下，卡头锁固时的回降量，滚珠式不大于 5mm，楔块式不大于 3mm；

④同一批组装的千斤顶，在相同的荷载作用下，其行程应接近一致，用行程调整帽调整后，行程差不得大于 2mm。

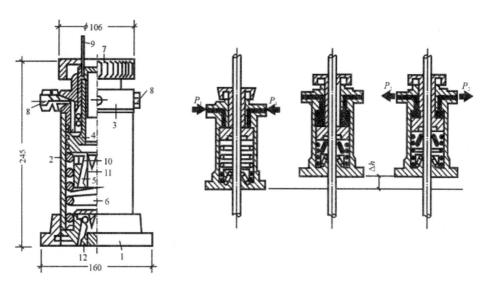

1—底座；2—筒缸；3—缸盖；4—活塞；5—上卡头；6—排油弹簧；
7—行程调整帽；8—油嘴；9—行程指标杆；10—钢珠；11—卡头小弹簧；12—下卡头

图7-3-6　液压千斤顶构造及顶升原理

（2）液压控制台

液压控制台是液压传动系统的控制中心，是液压滑模的心脏。主要由电动机、齿轮油泵、换向阀、溢流阀、液压分配器和油箱等组成。其工作过程为：电动机带动油泵运转，将油箱中的油液通过溢流阀控制压力后，经换向阀送到液压分配器，然后，经油管将油液输入进千斤顶，使千斤顶沿支承杆爬升，当活塞走满行程之后，换向阀变换油液的流向，千斤顶中的油液从输油管、液压分配器，经换向阀返回油箱。每一个工作循环，可使千斤顶带动模板系统爬升一个行程。

液压控制台按操作方式的不同，可分为手动和自动控制等形式，常用的型号有 HY-36、HY-56 型以及 HY-72 型等，应根据需要控制千斤顶的数量和流量来选择。液压系统安装完毕，应进行试运转，首先进行充油排气，然后加压至 12N/mm²，每次持压 5min，重复 3 次，各密封处无渗漏，进行全面检查，待各部分工作正常后，插入支承杆。

（3）油路系统

油路系统是连接控制台到千斤顶的液压通路，主要由油管、管接头、液压分配器和截止阀等元、器件组成。

油管一般采用高压无缝钢管及高压橡胶管两种，根据滑升工程面积大小和荷载决定液压千斤顶的数量及编组形式。主油管内径不得小于 16mm，分油管内径应为 10-16mm，连接千斤顶的油管内径为 6-10mm。现今滑模所用的主、分油管均采用高压橡胶胶管。

油路的布置一般采取分级方式，即：从液压控制台通过主油管到分油器，从分油器经分油管到支分油器，从支分油器经胶管到千斤顶。由液压控制台到各分油器及由分、支分油器到各千斤顶的管线长度，设计时应尽量相近。油管接头的途径、压力应与油管相适应。胶管接头的连接方法是用接头外套将软管与接头芯子连成一体，然后再用接头芯子与其他油管或元件连接，一般采用扣压式橡胶管接头或可拆式胶管接头。截止阀又叫针形阀，用于调节管路及千斤顶的液体流量，控制千斤顶的升差。一般设置于分油器上或千斤顶与管路连接处。

液压油应具有适当的黏度，当压力和湿度改变时，黏度的变化不应太大。一般可根据气温条件选用不同黏度等级的液压油。液压油液等级型号一般为：L-HM，年度等级从 15 号到 150 好。压油在使用前和使用过程中均应进行过滤，冬季低温时可用 22 号液压油，常温用 32 号液压油，夏季酷热天气 46 号液压油。

四、水、电配套系统

水电配套系统包括动力、照明、信号、通讯、水泵和管路设施等。

动力为专用临时用电线路，利用专用电缆从底部引至操作平台配电柜。电缆随操作平台的提升而伸长，电缆应采取措施加固，防止因拉力而损坏，一般用棕绳进行加固。

水需通过高压水泵加压，经高压管或钢管随平台提升而逐步接长，用于平台用水和混凝土养护等。

吊脚手架上的照明电压为 36V，并采用安全防护灯，一般在操作平台配电箱旁设置一小型变压器即可。

信号和通讯采用对讲机等方式联络。

五、施工工艺流程及操作要点

1. 施工工艺流程

滑模施工主要包含滑模准备、滑模组装、正常滑升和滑模装置拆除等几个主要阶段，滑模准备包含滑模装置设计、滑模装置制作、人力、机械的准备工作。滑模组装顺序如下：

（1）搭设临时组装平台，安装垂直运输设施；

（2）安装提升架；

（3）安装围圈（先安装内围圈，后安装外围圈），调整倾斜度；

（4）绑扎竖向钢筋和提升架横梁以下的水平钢筋，安设预埋件及预留孔洞的胎模，对工具式支承杆套管下端进行包扎；

（5）安装模板，宜先安装角模后安装其他模板；

（6）安装操作平台的桁架、支撑和平台铺板；

（7）安装外操作平台的支架、铺板和安全栏杆等；

（8）安装液压提升系统、垂直运输系统及水、电、通讯、信号、精度控制和观察装置，并分别进行编号、检查和试验；

（9）在液压系统试验合格后，插入支承杆；

（10）安装内外吊脚手架及挂安全网；在地面或横向结构面上组装滑模装置时，应待模板滑升至适当高度后，再安装内外吊脚手架、挂安全网。滑模装置组装的允许偏差如下表所示：

表7-3-1　滑模装置组装的允许偏差

内容		允许偏差（mm）
模板结构轴线与相应结构轴线位置		3
围圈位置偏差	水平方向	3
	垂直方向	3
安放千斤顶的提升架横梁相对标高偏差		5
考虑倾斜度后模板尺寸的偏差	上口	−1
	下口	+2
千斤顶安装位置的偏差	提升架平面内	5
	提升架平面外	5
方模边长的偏差		5
相邻两块模板平面平整偏差		2

正常滑升阶段的工艺流程如下：

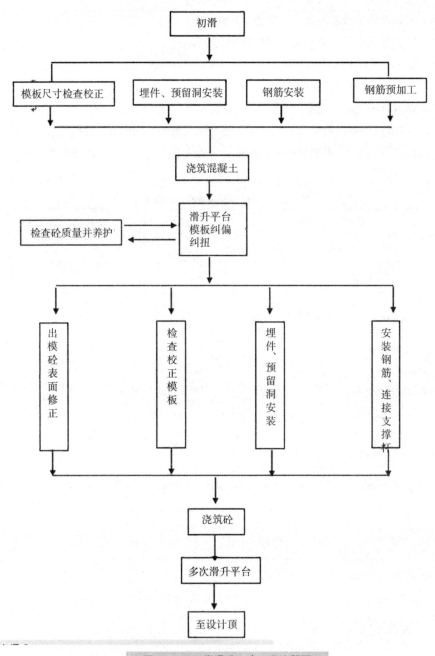

图7-3-7 正常滑升工序工艺流程图

2. 操作要点

（1）滑模装置设计与制作

1）滑模装置设计的主要内容

①绘制滑模初滑结构平面图及中间结构变化平面图；

②确定模板、围圈、提升架及操作平台的布置，进行各类部件和节点设计，提出规格和数量；

③确定液压千斤顶、油路及液压控制台的布置，提出规格和数量；

④制定施工精度控制措施，提出设备仪器的规格和数量；

⑤进行特殊部位处理及特殊措施（附着在操作平台上的垂直和水平运输装置等）的布置与设计；

⑥绘制滑模装置的组装图，提出材料、设备、构件一览表。

（2）滑模装置设计的荷载项目及其取值

①操作平台上的施工荷载标准值（施工人员、工具和备用材料）：

设计平台铺板及檩条时 2.5 kN/㎡

设计平台桁架时 2.0 kN/㎡

设计围圈及提升架时 1.5 kN/㎡

计算支承杆数量时 1.5 kN/㎡

平台上临时集中存放材料，手推车、吊罐、液压控制台、电、气焊设备、随升井架等特殊设备时，应按实际重量计算设计荷载。

脚手架的设计荷载（包括自重和有效荷载）按实际重量计算，且不得低于 1.8 kN/㎡。

②模板与混凝土的摩阻力标准值：

钢模板 1.5–3.0 kN/㎡

③操作平台上设置的垂直运输设备运转时的额定附加荷载包括：

垂直运输设备制动时刹车力按下式计算：

$$W=(A/g+1)Q=KQ$$

式中　　W——刹车时产生的荷载（N）；

　　　　A——刹车时的制动减速度（m/s²）；

　　　　G——重力加速度（9.8m/s²）；

　　　　Q——料罐总重量（N）；

　　　　K——动力荷载系数。

式中 A 值一般取 g 值的 1–2 倍；K 值在 2–3 之间。

④混凝土对模板的侧压力：对于浇筑高度为80cm左右的侧压力合力取 5.0–6.9 kN/m，合力作用点约在混凝土浇筑高度的 2/5 处。

倾倒混凝土时模板承受的冲击力：用溜槽串筒或 0.2m³ 的运输工具向模板内倾倒混凝土时，作用于模板面的水平集中荷载为 2.0 kN。

⑤当采用料斗向平台上直接卸混凝土时，混凝土对平台卸料点产生的集中荷载按实际情况确定，且不应低于下式计算的标准值 W（kN）：

$$W=\gamma【(h_0+h)A+B】$$

式中　　γ——混凝土的重力密度（kN/m³）；

h_0——料斗内混凝土上表面至料斗口最大高度（m）；

h——斜料时料斗口至平台斜料点的最大高度（m）；

A——斜料口的面积（m²）；

B——斜料口下方可能堆放的最大混凝土量（m³）。

⑥风荷载按《建筑结构荷载规范》（GB50009-2001）的规定采用。模板及其支架的抗倾倒系数不应小于1.15。

⑦固定荷载的分项系数取1.2，可变荷载的分项系数取1.4。

（3）千斤顶数量的确定

液压提升系统所需的千斤顶和支承杆的最少数量可按下式计算：

$$n = N / P$$

N 为总垂直荷载（kN），按上述中①、②、③项之和，或①、②、⑤项之和，取其中较大者。

P 为单个千斤顶的计算承载力（kN），按支承杆允许承载力，或千斤顶允许承载能力（为千斤顶额定承载力的二分之一），两者取较小者。

（4）支承杆允许承载力的计算

1）当采用 φ25 圆钢支承杆，模板处于正常滑升状态时，既从模板上口以下，最多只有一个浇灌层高度尚未浇灌混凝土的条件下，支承杆的允许承载力按下式计算：

$$P_0 = \alpha.40EJ / \left[K \left(L_0 + 95 \right) 2 \right]$$

式中　　P_0——支承杆的允许承载力；

　　　　α——工作条件系数，取0.7-1.0，视施工操作水平、滑模平台结构情况确定，一般整体式刚性平台取0.7，分割式平台取0.8，采用工具式支承杆取1.0；

　　　　E——支承杆弹性模量（kN/cm²）；

　　　　J——支承杆截面惯性矩（cm⁴）；

　　　　K——安全系数，取值不小于2.0；

　　　　L_0——支承杆脱空长度，从混凝土上表面至千斤顶下卡头距离（cm）。

2）当采用 φ48×3.5 钢管作支承杆时，支承杆的允许承载力，按下式计算：

$$P_0 = \alpha.f.\phi.A_n$$

式中　　P_0——支承杆的允许承载力；

　　　　f——支承杆钢材强度设计值，取 20 kN/cm²；

　　　　A_n——支承杆的截面面积为 4.89cm²；

　　　　α——工作条件系数，取 0.7；

　　　　φ——轴心受压杆件的稳定系数，计算出杆的长细比 λ 值，查现行《钢结构设计规范》得到 φ。

$$\lambda = \left(\mu L_1 \right) / \gamma$$

式中　　μ——长度系数，对 φ48×3.5 钢管支承杆，μ=0.75；

γ——回转半径，对 $\phi48\times3.5$ 钢管支承杆，$\gamma=1.58$cm；

L_1——支承杆计算长度（cm）。

当支承杆在结构体内时，L_1 取千斤顶下卡头到浇筑混凝土上表面的距离；当支承杆在结构体外时，L_1 取千斤顶下卡头到模板下口第一个横向支撑扣件节点的距离。

（5）千斤顶的布置原则

千斤顶的布置应使千斤顶受力均衡，布置方式应符合下列规定：

1）筒壁结构宜沿筒壁均匀布置或成组等间距布置；

2）框架结构宜集中布置在柱子上，当成串布置千斤顶或在梁上布置千斤顶时，必须对其支撑杆进行加固。当选用大吨位千斤顶时，支撑杆也可布置在柱、梁的体外，但应对支撑杆进行加固；

3）墙板结构宜沿墙体布置，应避开门、窗洞口；洞口部位必须布置千斤顶时，支撑杆应进行加固；

4）平台上设有固定的较大荷载时应按实际荷载增加千斤顶数量。

（6）提升架的布置原则

提升架的布置应与千斤顶的位置相适应。

（7）操作平台的设计原则

刚性操作平台结构必须保证足够强度、刚度和稳定性。其结构布置形式应适应工程结构特点，主要的形式如下：

1）等截面筒壁结构（如造粒塔）可采用桁架（平行或井字型布置）、小梁和支承等组成操作平台，或采用挑三脚架、中心环、拉杆及支撑等组成的环行操作平台；

2）框架、墙板结构可采用桁架、梁与支撑组成桁架操作平台，或采用桁架和带边框的活动平台板组成可拆卸的围梁式活动操作平台。

（8）滑升速度的确定

滑升速度与砼出模强度有关，规范规定砼出模强度宜控制在 0.2–0.4MPa，滑升前按此要求由试验室提供 3 种凝结速度的配合比供现场选用。同时，还应根据滑升时的气温，原材料的变化随时调整。

滑升速度的确定式 $V=（H-h-a）/T$

其中　　　　V——模板滑升速度，m/h

　　　　　　H——模板使用高度

　　　　　　h——浇筑层厚度

　　　　　　a——浇筑完后，砼离模板上口距离

　　　　　　T——砼达到出模强度所需的时间。

如果取：$H=1.2$m，$h=0.3$m，$a=0.1$m，$T=2$h，则：滑升速度为 $V=（1.2-0.3-0.1）/2h=0.4$m/h

钢筋绑扎，砼浇筑经综合计算需 2 小时，提升需 0.4 小时，则每 2.4 小时提升一次，

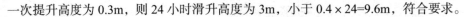

一次提升高度为 0.3m，则 24 小时滑升高度为 3m，小于 0.4×24=9.6m，符合要求。

2. 滑模装置的组装

滑模施工的特点之一，是将模板一次组装好，一直到施工完毕，中途一般不再变化。因此，要求滑模基本构件的组装工作，一定要认真、细致，严格地按照设计要求及有关操作技术规定进行。否则，将给施工中带来很多难度，甚至影响工程质量。操作平台、模板系统如：模板、提升架等的组装精度和准确性很重要，组装质量差，将对模板纠纷纠偏带来较大难度，

并容易出现黏膜等现象，影响工程质量。

（1）准备工作

滑模装置组装前，应做好人、材、机等方面的准备工作，应做好各组装部件编号、操作基准水平、弹出组装线，作好墙、柱标准垫层及有关的预埋件等工作。

（2）组装顺序

滑模装置的组装应根据施工组织设计的要求，可以按下列顺序进行：

1）清理基础砼之浮面，找平砼面，砼面上弹出轴线，内外筒壁线、提升架、支承杆位置线和主要预留洞口边线等；

2）安装提升架，提升架的标高应满足操作平台的安装要求，提升架下口临时固定，安装提升架内外围圈，把所有提升架连接为整体；

3）安装模板内外围圈，调整其位置，使其满足模板倾斜度正确和对称的要求；

4）绑扎竖向钢筋和提升架横梁以下钢筋，安设预埋件及预留孔洞的模板，对体内工具式支承杆套管下端进行包扎；钢筋绑扎时，应严格控制钢筋径向位置，否则将影响模板的安装；

5）安装内外模板，宜先安装角模后再安装其他模板；模板的安装应对称分段安装，防止模板产生单方向倾斜，从而使平台产生偏扭力，影响正常滑升；

6）安装操作平台的桁架、支撑和平台铺板等；

7）安装外操作平台的支架、铺板和安全栏杆等；

8）安装液压提升系统、垂直运输系统及水、电、通讯、信号精度控制和观测装置，并分别进行编号、检查和试验；

9）在液压系统试验合格后，插入支承杆；

10）安装内外吊脚手架及挂安全网，当在地面或横向结构面上组装滑模装置时，应待模板滑至适当高度后，再安装内外吊脚手架、挂安全网。

（3）组装要求

1）模板的安装应符合下列规定：

①安装好的模板应上口小、下口大，单面倾斜度为模板高度的 0.1%–0.3%，对带坡度的筒壁结构如烟囱等，其模板倾斜度应根据结构坡度情况适当调整；

②模板上口以下 2/3 模板高度处的净间距应与结构设计截面等宽；

2）液压系统组装完毕，应在插入支承杆前进行试验和检查，并符合下列规定：

①对千斤顶逐一进行排气，并做到排气彻底；

②液压系统在试验油压下持压5min，不得渗油和漏油；

③整体试验的指标（如空载、持压、往复次数、排气等）应调整适宜，记录准确。

3）液压系统试验合格后方可插入支承杆，支承杆轴线应与千斤顶轴线保持一致，其偏斜度允许偏差为2/1000。

3.竖向滑模施工

（1）滑模施工准备工作

1）编制施工组织设计，包含施工总平面布置，滑模施工技术设计，施工程序和施工进度安排，安全文明施工和质量保证措施，现场施工管理机构、劳动组织及人员培训，材料、半成品、预埋件、机具和设备需用计划、特殊部位的施工方法等；

2）施工总平面布置：

①施工总平面布置应满足施工工艺要求，减少施工用地和缩短地面运输距离；

②在滑模建筑物的周围应设立危险警戒区。警戒线至建筑物边缘的距离不应小于其高度的1/10，且不应小于10m。对于烟囱类圆锥变截面结构，警戒线距离应增大至其高度的1/5，且不小于25m。不能满足要求时，应采取安全防护措施；

③临时设施及材料堆放场地等均应设在警戒区以外，当需要在警戒区内堆放材料时，必须采取安全防护措施。通过警戒区的人行道或运输道均应搭设安全防护棚；

④材料堆放场地应靠近垂直运输机械，堆放数量应满足施工进度的需要；

⑤根据现场施工条件确定混凝土供应方式，当设置现场搅拌站时，宜靠近施工工程，靠近垂直运输机械，其供应量必须满足混凝土连续浇灌的需要；

⑥现场运输、布料设备的数量必须满足滑升速度的需要，塔楼、筒仓等大型滑模施工的垂直运输一般采用塔吊，塔吊的选用应满足工程的需要；

⑦供水、供电必须满足滑模连续施工的要求。施工工期较长，且有断电可能时，应有双回路供电或自备电源，操作平台的供水系统，当水压不够时，应加设高压水泵；

⑧确保测量施工工程垂直度和标高的观测站、点不受损坏，不受振动干扰。

（2）一般滑模施工

1）钢筋与预埋件

①横向钢筋的长度不宜大于7m；竖向钢筋直径小于或等于12mm时，其长度不宜大于8m，一般与楼层高度一致；

②钢筋绑扎应与混凝土的浇筑及模板的滑升速度相配合，在绑扎过程中，应随时检查，以免发生差错；

③每层混凝土浇筑完毕后，在混凝土表面上至少应有一道绑扎好的横向钢筋作为后续钢筋绑扎时参考；

④竖向钢筋绑扎时，应在提升架的上部设置钢筋定位架（图7-3-9），以保证钢筋位

置准确；

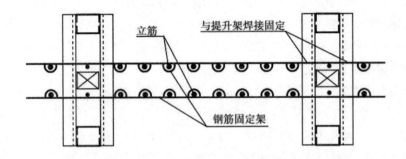

图7-3-8　钢筋定位架布置方式

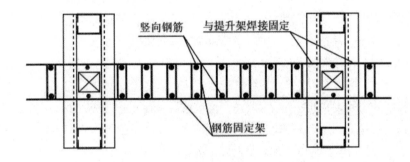

图7-3-9　钢筋定位架布置方式

⑤双层配筋的墙体结构，双层钢筋之间绑扎后应用拉结筋定位；

⑥支承杆作为结构受力筋时，其设计强度宜降低 10% ~ 25%，接头的焊接质量必须与钢筋等强；

⑦梁的横向钢筋可采取边滑升边绑扎的方法，为便于绑扎，可将箍筋做成上部开口的形式，待水平钢筋穿入就位后再将上口封闭扎牢；

⑧预埋件的留设位置、数量、型号必须准确。

2）支承杆

①支承杆的直径、规格应与所使用的千斤顶相适应，第一批插入千斤顶的支承杆其长度不得少于 4 种，两相邻接头高差不小于 1m 或 φ25 支承杆直径的 35 倍，同一高度上支承杆接头数不大于总量的 25%；

②支承杆上如有油污和锈斑应及时清除干净，对兼做受力钢筋的支承杆表面不得有油污。如果支承杆表面油污和锈蚀严重，将影响千斤顶的爬升，并降低千斤顶的寿命。除锈

方法可以采用小型手持电动磨光机，也可购买专用的模板除锈机；

③对采用平头对接、榫接或丝扣接头的非工具式支承杆，当千斤顶通过接头部位后，应及时对接头进行焊接加固。当采用钢管支承杆并设置在混凝土体外时，应采用工具式扣件及时加固；

④采用钢管做支承杆时应符合下列规定；

支承杆宜为 $\phi 48 \times 3.5$ 焊接钢管，管径允许偏差为 −0.2−0.5mm；采用焊接方法接长钢管支承杆时，钢管上端平头，下端斜角 $2 \times 45°$，接头进入千斤顶前先点焊三点以上并磨平焊点，通过千斤顶后进行围焊；接头处加衬管或加焊与支承杆内径同直径的钢筋，衬管长度应不大于 200mm。

⑤用于筒壁结构施工的非工具式支承杆，当通过千斤顶后，应与横向钢筋点焊连接，焊点间距不宜大于 500mm，点焊时严禁损伤受力钢筋；

⑥当模板空提时，为防止支承杆失稳，应对支承杆进行加固处理。当发生支承杆失稳，被千斤顶带起或弯曲等情况时，应立即进行加固处理。当支承杆穿过较高洞口，应对支承杆进行加固。

3）混凝土

①用于滑模施工的混凝土，性能除应满足设计所规定的强度、抗渗性、耐久性以及施工季节的要求，根据滑模的特殊性，尚应满足下列规定：

A 混凝土早期强度的增长速度，必须满足模板滑升速度的要求，必要时用早强剂或缓凝剂进行调整混凝土的早期强度；

B 滑模混凝土所用的砂，宜采用中、中粗或粗砂，并严格控制含泥量，干净的河砂为宜。如果砂过细或含泥量偏大，将造成混凝土粘模，影响混凝土外观和滑模的正常施工；

C 由于筒壁等薄壁结构的厚度较小，而钢筋密度往往很大，所以滑模所用混凝土石子粒径的选择应满足滑模的需要：石子粒径偏大，混凝土入模困难，混凝土浇筑不密实，影响滑模施工质量；石子粒径偏小，将加大水泥用量，增加工程成本。滑模施工所用的石子一般采用 10−30mm 的中小石子；

D 薄壁结构的混凝土宜用硅酸盐水泥或普通硅酸盐水泥配置；

E 滑模混凝土坍落度，由于滑模一般为钢筋密集的筒壁结构，一般应偏大一些，非泵送时，一般采用 60−90mm 的坍落度，泵送时，一般采用 140−200mm 的坍落度，而滑模混凝土一般采用非泵送；

F 在混凝土中掺入的外加剂或掺合料，其品种和掺量应通过试验确定。

②混凝土的浇筑应满足下列规定：

A 必须分层均匀对称交圈浇灌：每一浇灌层的混凝土表面应在同一水平面上，并应根据滑模工艺的需要变换浇灌的起始点和浇灌的方向；

B 分层浇灌的厚度不应大于 200mm；

C 各层混凝土浇灌的间隔时间（包括混凝土运输、浇筑及停歇的全部时间）不得大于混凝土的初凝时间，当间隔时间超过规定，接槎处应按施工缝的要求处理；

D 在气温高的季节，宜先浇灌内墙，后浇灌阳光直射的外墙；先浇灌墙角、墙朵及门窗洞口的两侧，后浇灌直墙；先浇灌较厚的墙，后浇灌较薄的墙；

E 预留洞、门窗洞等两侧的混凝土应堆成均衡浇灌。

③混凝土的振捣应满足下列要求：

A 振捣混凝土时振捣器不得直接触及支承杆、钢筋或模板；

B 振捣器插入前一层混凝土上内深度不应超过 50mm。

④每次提升后，应对脱出模板下口的混凝土表面进行检查和修整：

A 情况正常时，对混凝土表面先作常规修整，然后进行设计规定的水泥砂浆抹面；

B 若有裂缝或坍塌等较大的缺陷，应及时研究处理。

⑤混凝土的养护应符合下列规定：

A 混凝土出模后应及时进行修整，及时进行养护；

B 养护期间，应保持混凝土表面湿润，除冬季施工外，养护时间不少于 7d；

C 养护方法宜选用连续喷雾养护和喷涂养护液。

4）混凝土出模强度和滑升速度的控制：滑模混凝土的出模强度应采用贯入阻力试验来确定滑升速度，但实际操作过程以出模达 0.2–0.6MPa（即用手按压混凝土表面，没有明显的凹陷）时所需时间，来控制滑升速度。

5）模板的滑升

滑升过程是滑模施工的主导工序，其他各工序作业均应安排在限定时间内完成，不宜以停滑或减缓滑升速度来迁就其他工序作业。

在确定滑升程序或平均滑升速度时，除应考虑混凝土出模强度要求外，还应考虑下列相关因素：

①气温条件；

②混凝土原材料及强度等级；

③结构特点：包括结构形状、构件厚度及配筋的变化数；

④模板条件：包括模板表面状况及清理维护情况等。

模板的滑升分为初滑、正常滑升和完成滑升三个阶段。

①模板的初滑阶段

初滑时首次分层交圈浇筑的混凝土高度为 500–700mm（或模板高度的 1/2–2/3）高度后，第一层混凝土强度达到 0.2MPa 左右（相当于贯入阻力值 0.4 kN/cm² ）应进行 1–2 各千斤顶行程的提升，使混凝土脱模，并对滑模装置和混凝土凝结状态进行检查，确定正常后，即可转入正常滑升。

②正常滑升阶段

A 正常滑升过程中，两次提升的时间间隔不应超多 0.5 小时；

B 提升过程中，应使所有的千斤顶充分的进油、排油。提升过程中，如出现油压增至正常滑升压力值的1.2倍，尚不能使全部千斤顶升起时，应停止提升操作，立即检查原因，及时进行处理；

C 在正常滑升过程中，操作平台保持基本水平（平台倾斜法纠偏时除外）。每滑升200-400mm，应对各千斤顶进行一次调平（如采用限位卡等），特殊结构或特殊部位应按施工组织设计的要求实施。各千斤顶的相对标高差不得大于40mm，相邻两个提升架上千斤顶升差不得大于20mm；

D 在滑升过程中，应检查和记录结构垂直度、水平度、扭转及结构截面尺寸等偏差数值，检查及纠偏、纠纷应符合下列规定：

Ⅰ 对整体刚度较大的结构，每滑升1m至少应检查、记录一次；

Ⅱ 在纠正结构垂直偏差时，应徐缓进行，避免出现硬弯；

Ⅲ 当采取倾斜操作平台的方法纠正垂直偏差时，操作平台的倾斜度应控制在1%之内；

Ⅳ 在对圆形筒壁结构，在任意3m高度上的相对扭转值不应大于30mm，且任意一点的高最大扭转值不应大于200mm。但有楼电梯间的塔楼的扭转值应严格控制，否则将影响电梯的安装，一般全高最大扭转值应控制在30mm以内；

E 在滑升过程中，应随时检查操作平台结构、支承杆的工作状态及混凝土的凝结状态，如发现异常，应及时分析原因并采取有效的处理措施；

F 在滑升过程中，应及时清理黏结在模板上的砂浆和转角模板、收分模板之间的夹灰，不得间已硬结的干灰落入模板内混进混凝土土中。模板混凝土的混凝土应及时清理干净，否则容易造成大量混凝土粘模，影响混凝土外观：对于粘在模板内表面干硬的混凝土一般采用人工铲除，然后把落入模板内的混凝土清理干净，对于没有凝固粘在模板内表面的混凝土除了人工清理外，也可以用少量的水进行冲洗，比如采用清洗车辆所用的高压水枪，水量小，压力大，清理效果好；

G 滑升过程中不得出现油污，凡被油污污染的钢筋和混凝土，应及时处理干净。

③模板的完成滑升阶段

模板的完成滑升阶段，又称末升阶段。当模板滑升至距离建筑物顶部标高1m左右时，滑模即进入完成滑升阶段。此时应放慢滑升速度，并进行准确的操平和找正工作，以使最后一层混凝土能够均匀地交圈，保证顶部标高及位置的正确。

④停滑措施

因施工需要或其他原因不能连续滑升时，应有准备地采取下列停滑措施：

A 混凝土应浇灌至同一标高；

B 模板应每隔一定时间（接近混凝土初凝时间前或出模混凝土强度达到贯入阻力值0.30 kN/cm^{2}前，比如间隔1.5小时）提升1-2各千斤顶行程，直至模板与混凝土不再黏结为止。对滑空部位的支承杆，应采取适当的加固措施；

C 继续施工时，应对模板与液压系统进行检查。

6）筒壁阶段变截面壁厚的处理

①调整丝杠法

在提升架立柱上设置调整围圈和模板位置的丝杠（螺栓）和支撑，当模板滑升至变截面的位置，只要调整丝杆移动围圈和模板即可。此法调整壁厚比较简单，但提升架制作比较复杂，而且在调整过程中，必须处理好转角处围圈和模板变截面前后的节点连接。

②衬模板法

按变截面结构宽度制备好衬模，待滑升至变截面部位时，将衬模固定于滑动模板的内侧，随模板一起滑动。这种方法构造比较简单，缺点是需另制作衬模板。

③直接调整模板围圈承托架法

把模板围圈承托角钢制作成可以内外伸缩的形式，当模板滑升到变截面部位时，空提模板，加固支承杆，拆除模板，模板清理，钢筋绑扎，调整承托角钢和模板围圈到相应壁厚的位置，安装模板，加固承托角钢，加固模板围圈，改模即告完成。

（3）门窗、孔洞的留设

1）框模法

框模可事先用钢材或木材制作（图7-3-10），尺寸宜比设计尺寸大20-30mm，厚度应比内外模板的上口尺寸小5-10mm。安装时应按设计要求的位置和标高放置。安装后，应与墙体中的钢筋或支承杆连接固定。也可用正式工程的门窗口直接作框模，但需在两侧立边框加设挡条。挡条可用钢材或木材制成，用螺钉与门窗框连接。

2）堵头模板法

当预留孔洞较大或不设门窗时，可采用在孔洞位置滑模中设置堵头板的方法。

3）预制混凝土挡板法

当利用工程的门窗框作框模，随滑随安装时，在门窗框的两侧及顶部设置预制钢筋混凝土挡板。在门窗框的两侧及顶部，可设置预制混凝土挡板，挡板一般厚50mm.宽度应比内外模板的上口小10-20mm。为了防止模板滑升时将挡板带起，在制作挡板时可预埋一些木块，与门窗框钉牢；也可在挡板上预留插筋，与墙体钢筋连接，必要时，门窗本身亦应与墙体钢筋连接固定。

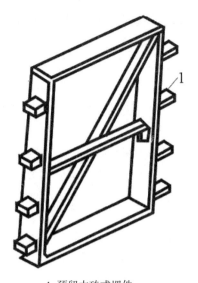

1. 预留木砖或埋件

图7-3-10　门窗洞口框模

4）孔洞的留设

预留穿墙孔洞和穿楼板孔洞，可事先按孔洞的具体形状，用钢材、木材及聚苯乙烯泡沫塑料、薄膜包土坯等材料，制成空心或实心孔洞胎模。

预留孔洞的胎模应有足够的刚度，其厚度应比模板上口尺寸小 5-10mm，并与结构钢筋固定牢靠。胎模出模后，应及时校对位置，适时拆除胎模，预留孔洞中心线的偏差不应大于 15mm。

（4）混凝土的脱模与养护

1）混凝土的脱模

为了减少滑模滑动时的摩阻力，在每次浇筑混凝土前，必须做好模板的清理和涂刷脱模剂等项工作。模板清理的是否彻底，将直接影响混凝土的脱模质量。滑动模板施工混凝土脱模的主要方法和要求如下：

①人工清理：清理模板时可采用特制的扁铲清掉粘在模板上的较大块混凝土，再用钢丝网刷或钢丝刷将模板版面清理干净。该项工作是经常性的、专人性的，随模板的滑升而不停地清理，保持模板表面的洁净，避免混凝土黏结模板；人块混凝土，再用钢丝网刷或钢丝刷将模板版面清理干净；

②当混凝土内部有大块混凝土黏结在模板上时，将在脱模后的混凝土表面出现较大的沟痕，影响混凝土的外观质量，模板内部的混凝土结块应及时清除：可以敲打模板外侧，使混凝土结块与模板脱离，随混凝土滑出。也可以局部模板空提，使结块露出，便于人工清理；

③为防止混凝土黏结模板，可以经常性地往模板表面洒水，保持模板表面湿润，便于

混凝土脱模，但洒水量不能太多，否则将影响混凝土的脱模质量；

④为保持模板表面湿润和清理模板表面的混凝土，可以采用清洗车辆所用的高压水枪，由于水枪的压力很大，对模板有良好的清洗效果，而其出水量很小，不会在模板内积水，不会影响混凝土的外观；

⑤当滑模施工到壁厚改变的部位时，需要改模，这时可以把模板分批分段拆下来，运到地面或在平台上对模板进行彻底的清理，刷脱模剂，可以保障后续滑模工作的顺利进行。

2）混凝土的养护

脱模的混凝土必须及时进行修整和养护。混凝土开始浇水养护的时间应视气温情况而定。夏季施工时，不应迟于脱模后 12h，浇水的次数应适当增加。当气温低于 +5℃时，可不浇水，但应用岩棉被等保温材料加以覆盖，并视具体条件采取适当的冬季施工方法进行养护。

（5）滑模施工的精度控制

滑模施工的精度控制主要包括滑模施工的水平度、垂直度和扭转控制等。

1）滑模施工的水平度控制

水平度的观测，可采用水准仪、自动水平激光测量仪等。

①水平度的观测

水平度的观测一般采用水准仪来进行。在模板开始滑升前，用水准仪对整个操作平台所有的千斤顶的高程进行观测、校平，并在每根支承杆上以明显的标志（红色三角）画出水平线。当模板开始滑升后，即以此水平线作为基点，不断按千斤顶的每次提升步距（20-30cm）将水平线上移和进行水平度的观测，每隔一定的高度，均须对滑模装置的水平度进行观测与检查、调整。一般每班均应对千斤顶支承杆进行抄平，每次操平的高度一般为 1 米。

②水平度的控制

滑模平台的抄平与控制，是控制建筑的标高，保证滑模质量的关键环节，也是配合纠正扭转和控制建筑物垂直度的重要环节。一般对千斤顶水平度控制主要有限位调平器控制法、限位阀控制法、截止阀控制法和激光自动调平控制法，较常用的方法是限位控制法（图7-3-11）。

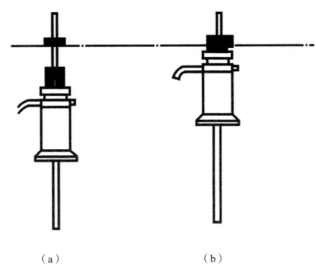

（a）　　　　　　　　　　　　　　　（b）

（a）叉形套未达限位挡体标高，千斤顶上升；（b）叉形套被限位挡体顶住，千斤顶停止工作。

图7-3-11　限位卡调平

2）滑模施工的垂直度控制

滑模施工的垂直度偏差，就是操作平台中心出现位移，从而带动建筑物中心出现位移，当中心位移过大时，将影响建筑物的外观和使用功能，甚至影响操作平台的稳定，最终迫使滑模停止。当中心位移达到2cm左右时，必须采取措施进行垂直度的纠偏，当中心位移达到5cm左右时，必须加大纠偏的力度，否则，由于偏差增大的惯性作用，将时平台的中心位移加速度增大，甚至失控。所以，当操作平台中心出现位移时，不能置之不理，应及时采取措施进行纠偏。一般的情况是，纠偏工作会贯穿整个滑模过程，直至滑模结束。

原因分析：操作平台上荷载不均匀，使各支承杆负荷不等，结构向荷载大的一方偏移。灌注砼时，砼入模的起点没变化，一般说来，操作平台将向先浇灌一方倾斜。同时还有风力影响等因素。

处理办法：在施工过程中，应尽量使操作平台上荷载布置均匀，及时改变砼浇方向，同时采取措施进行纠偏。

①垂直度的观测

垂直度观测采用的方法有：线锤、激光铅直仪、光学垂准经纬仪等。经常采用的方法是激光铅直仪法（图7-3-12）。当滑模操作平台的高度较低没有安装垂直度观测仪器时，一般采用大线锤进行直接观测。当内部采用激光铅直仪进行观测垂直度时，外部地面和操作平台外侧也要设置一定数量的观测点。在进行操作平台的扭转观测时，也可以推算或直接观测出建筑物的垂直度，观测墙体外角的垂直度和平直度。

激光铅直仪安装前应校正好光束的垂直度，安装时调整好经纬仪的底座的水平度，然后调整好激光的垂直度，调整望远镜焦距，使光斑直径最小。观测时，在滑模操作平台上安放好激光接收靶，激光铅直仪操作人员接通激光电源，光束射到接受靶上。将仪器正转一周，随光斑的移动用笔在接收靶上画出第一个圆。然后将仪器反转一周，随光斑的移动用笔在接收靶上画出第二个圆，取出两个圆的平均中心即为正确中心。把激光光斑的中心和激光接收靶的中心相比，就可以计算出滑模操作平台和建筑物的垂直度的数值和偏差方位。

垂直度的观测每班不得少于一次，必要时应增加观测的次数。观测的数值应记录，并交接给本班和下一班的工长、操作平台台长、班长和有关工程技术人员，采取相应的方法进行纠偏。

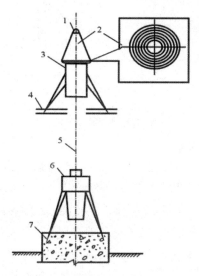

1—观测口；2—激光靶；3—遮光筒；4—操作平台；5—激光束；6—激光铅直仪；7—控制点位。

图7-3-12　激光靶及激光铅直仪示意图

②垂直度的控制

垂直度的控制常用的方法有平台倾斜法和顶轮纠偏控制法等，同时采用混凝土浇筑的方式的改变和荷载堆放位置的调整等方式进行配合垂直度的纠正。平台倾斜法适合所有的建筑物滑模垂直度纠偏，而塔楼、筒仓等筒壁内径没有收分的建筑物滑模垂直度纠偏常常采用平台倾斜法。

平台倾斜法又称调整高差控制法，其原理是：当建筑物出现向某侧位移的垂直偏差时，操作平台的同一侧，一般会出现负水平偏差。据此，可以在建筑物向某侧倾斜时，将该侧的千斤顶升高，使该侧的操作平台高于其他部位，产生正水平偏差，使操作平台倾斜。然后，将整个操作平台滑升一段高度，在平台的倾斜重力作用下，垂直偏差可逐步得到纠正。平台倾斜度的大小要根据垂直度偏差的大小来确定：当垂直度偏差较小时，操作平台的倾斜度调整就较小些，即可达到纠偏的目的。当垂直度偏差较大时，比如中心偏差达到5cm

以上时，就应该加大操作平台的倾斜度，操作平台千斤顶的高差将达到 10cm 以上，否则纠偏效果不明显。

调整操作平台的倾斜度时，应随模板的滑升而逐步增大，纠偏应缓慢进行，防止拉裂筒壁混凝土。应首先达到控制中心位移不再加大，然后逐步使中心偏差缩小，逐步使中心偏差达到合理范围内，例如中心位移控制在 2cm 以内。中心偏差达到合理范围内时，应逐步把操作平台调平。

对于千斤顶需要的高差，可预先在支承杆上做出标志，最好采用限位调平器对千斤顶的高差进行控制。

当采用平台倾斜法纠正中心垂直度偏差时，将使千斤顶和支承杆的受力不均，应及时对受力较大的支承杆进行加固，防止支承杆失稳变形。

3）滑模施工的扭转偏差控制

原因分析：滑模平台的扭转主要是由于平台结构不稳定所造成的，模板与砼壁摩阻力不均匀，模板组装不对称，提升架倾斜，砼浇筑方向（顺序）不对称等，风力影响及风向等都是促使平台扭转的因素。

处理方式：模板必须对称组转，提升架必须垂直安装，混凝土浇筑时应有计划地改变方向，以利于平台扭转的控制。扭转的纠偏方式主要有：千斤顶底座垫铁法、外力法等。

一般情况滑模的扭转偏差和垂直度偏差往往同时存在，而且互相影响，纠纷和垂直度纠偏可以同时进行，或以其中之一为主，或先纠正垂直偏差，在行纠纷；或先纠纷，再纠正垂直度偏差。当中心位移减少时，扭转往往同时减少，而扭转减少时，中心位移往往也同时减少，所以中心位移和扭转的纠偏工作相互影响的，纠偏也也可以同时进行。

①平台扭转的控制

A 千斤顶加垫铁法

当操作平台发生扭转时，在多个千斤顶底座与提升架横梁之间加垫铁，使千斤顶产生与扭转方向相反的倾斜，从而使支承杆倾斜，产生与扭转方向相反的水平分力，从而达到纠纷的目的。该方法简单，对较小的扭转效果明显、投资也少、操作方便。

使用该方法纠纷时，往往造成支承杆侧向变形，需要对支承杆进行加固，防止支承杆在混凝土内发生弓形弯曲，而达不到纠纷的目的。

使用该方法纠纷时，往往会造成提升架的侧向变形，当发现提升架侧向变形时，必须对提升架的变形进行纠正。否则，不但达不到纠纷的目的，往往会造成扭转加速增加。

B 外力法

当建筑物出现较大的扭转偏差，采用简单的纠纷方法难以奏效时，就需要采用外力法强制性进行纠纷，该方法的原理是：沿扭转的反方向施加外力，使平台在滑升过程中，逐渐向回扭转，直至达到要求为止。经过多次滑模实际操作，总结出两种方法，一种是设置在模板下端，另一种是设置在模板上端：下端斜拉在支承杆上，该支承杆加固，上端斜拉在提升架的横梁上。该两种方法均增加了操作平台的荷载，需要对支承杆和千斤顶进行受力复核，确保千斤顶有足够的负荷能力，必要时对支承杆进行加固。如下：

在筒体外壁均匀间隔提升架埋设预埋件，或根据需要设置。待预埋件滑出模板后，用 Φ12 圆钢做斜拉杆一端焊接连接在模板下围圈上，另一端焊接连接在预埋件上。斜拉杆中部设置一根倒链与拉杆连接（图 7-3-13）。

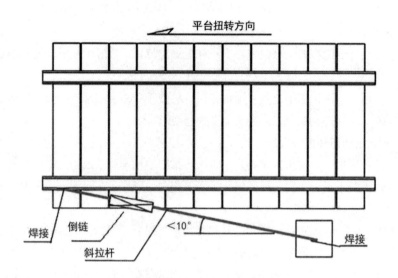

平台扭转方向

焊接　倒链　斜拉杆　<10°　焊接

图7-3-13　外力纠纷示意图

千斤顶顶升时，应一个一个的行程顶升，液压柜操作人员与斜拉杆操作人员应配合密切，通过倒链逐渐对斜拉杆加力，防止拉力过大拉断斜拉杆（当拉杆拉断时，回弹震动力将造成混凝土较大的损伤。当拉力过大时，容易造成预埋件脱落）。斜拉杆与水平方向的夹角应越小，对千斤顶的负荷就越小，所以拉杆应尽量长些，水平夹角应尽量小些。斜拉杆应均匀对称布置，使平台的回扭力切向均匀，防止对纠正中心偏移产生不利影响。

方法二：用 Φ12 圆钢做斜拉杆，下端斜拉在支承杆上，该支承杆加固，上端斜拉在提升架的横梁上，中间设置 Φ16 或 Φ18 的花篮螺栓（或倒链）。如下图 7-3-14：

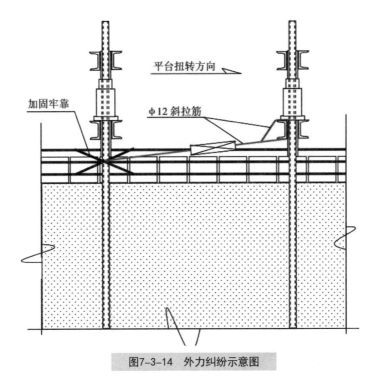

图7-3-14　外力纠纷示意图

千斤顶顶升时，应一个一个的行程顶升，液压柜操作人员与斜拉杆操作人员应配合密切，通过花篮螺栓逐渐对斜拉杆加力，防止拉力过大拉断斜拉杆，（当拉杆拉断时，回弹震动力将造成混凝土较大的损伤）。斜拉杆与水平方向的夹角应越小，对千斤顶的负荷就越小，所以拉杆应尽量长些，水平夹角应尽量小些。

斜拉杆可以间隔提升架设置，也可根据需要设置，斜拉杆应均匀对称布置，使平台的回扭力切向均匀，防止对纠正中心偏移产生不利影响。

在斜拉杆的作用下，平台的扭转将逐步得到纠正。该方法操作简单、效果明显、投资也小。在实际施工中，也起到了良好的纠纷效果，可以达到强制性纠纷的作用。

采用外力法纠纷时，动作不可过猛，受力不可过大，一次纠纷的幅度不可过大，应先控制，然后逐步使扭转减少。当提升架发生侧向变形时，应及时进行纠正；当模板不对称或侧向倾斜时，应及时予以纠正或重新安装模板。否则，由于平台的扭转力过大，支承杆会在混凝土内弯曲，不管采用什么方法，均到不到纠纷的效果。

当筒壁竖向钢筋均朝一个方向倾斜时（比如烟囱滑模），表明扭转增加过快，每一次提升扭转都会达到1cm左右，此时必须立即采取措施加固支承杆和纠正扭转，必要时停止滑升、改装模板。否则将造成平台失稳，发生重大安全事故。

（6）水平结构施工

楼板与墙体的连接

当墙体滑升至每层楼板标高时，沿墙体间隔一定的间距，预埋插筋及留设通常的水平嵌固凹槽（图7-3-15）。待预留插筋及凹槽脱模厚、扳直钢筋、修整凹槽，并与楼板钢筋连成一体，再浇筑楼板混凝土。凹槽的高度为楼板的厚度或按楼板厚上下加大50mm，以便操作。（2）先滑墙体楼板降模施工：是将墙体连续滑升到顶或滑升至8-10层作为一个降模施工层，在底层按每个房间组装好模板，用卷扬机或其他提升工具将模板提升至所需位置，再用吊杆悬吊在墙体预留孔洞中的横梁上并调整好标高后，即可进行该层楼板的施工。

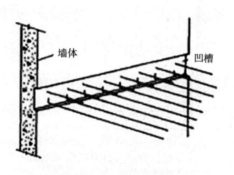

图7-3-15　楼板嵌固凹槽

（7）混凝土常见问题的处理

1）砼出现水平裂缝：

原因：模板设有倾斜度或产生反倾斜度，滑升速度慢，砼与模板黏结在一起等。

处理措施：纠正模板倾斜度，加快滑升速度，调整砼配合比和试加缓凝剂，以控制砼的凝固速度。

对水平裂缝，可用铁抹子压实；对较严重部分，可剔除其松动砼，补上高标号水泥砂浆。

2）墙角掉角

原因：墙角处摩阻力较大；模板倾斜度过小；滑升时间过长等。

处理方法：适当放大模板倾斜度，加强振捣。对棱角残缺处，可用同标号水泥砂浆修补。

3）蜂窝、麻面、露筋：

原因：局部钢筋过密；石子粒径过大；砼坍落度选择不当；砼振捣不密实等原因造成。

处理方法：施工时，必须选择适当的砼配合比和坍落度，选用粒径较小的石子、注意振捣质量。

对蜂窝、麻面、露筋部位，应将松动砼清除，用于同标号水泥砂将压实修补。

（8）滑模平台拆除

拆除方法采取模板滑空后分件拆除法，当滑升到顶后，且砼强度达 70% 以上即可进行装置拆除，拆除顺序如下：

操作平台清理→拆电线、电缆、灯具设备→拆油管→拆液压控制柜→解安全网→拆栏杆→门架围圈最下面一道→拆内吊架→穿脚手管→铺脚手板→拆外吊架→拆门架围圈→拆门架。

六、质量要求及安全措施

滑模工程的验收应按《混凝土结构工程施工质量验收规范》（GB50204—2002）进行。滑模施工工程结构的允许偏差见下表所示。

表7-3-2　滑模施工工程结构的允许偏差

项目			允许偏差（mm）
轴线间的相对位移			5
标高	每层		±10
	全高		±30
垂直度	每层	层高小于或等于5m	5
		层高大于5m	层高的0.1%
	全高	高度小于10m	10
		高度大于或等于10m	高度的0.1%，并不得大于30
墙、柱、梁、壁截面尺寸偏差			+10 −5
表面平整（2m靠尺检查）	抹灰		8
	不抹灰		5
门窗洞口及预留洞口的位置偏差			15
预埋件位置偏差			20

滑模施工的安全工作，除应遵循一般的安全操作要求外，还需根据滑模施工的特点，制定有效的安全与保护措施：

（1）模板上架设的电线和使用的电动工具，应采用 36V 的低压电源或采取其他有效的安全措施；

（2）高耸建筑施工时，应有防雷击措施；

（3）模板的预留孔洞、电梯井口等处应加盖或设置防护栏，必要时在洞口处设置安全网；

（4）装拆模板时，上下应有人接应，随拆随运转。并应把活动部件固定牢靠，严禁堆放在脚手板上和抛掷；

（5）装拆模板时，必须采用稳固的登高工具，高度超过 3.5 米时，必须搭设脚手架，高空作业时，操作人员应挂上安全带；

（6）塔体周围 1/8H 范围内为安全警戒范围，应用栏杆隔离。人员通道应搭设安全防护棚；

（7）滑模工程高空作业多，立体交叉作业多，高空作业必须佩戴安全带，并遵循"高挂低用"的原则，严禁高空抛物，交叉作业时，下面作业面必须有安全防护遮挡措施，防止高空落物；

（8）周转材料进场后或拆除后，应清理干净、堆放整齐，做到工完料尽场地清；

（9）加强工人安全教育，班前教育和三级教育，严格执行"安全技术措施"，加强安全检查制度。

第四节　V型墩施工

一、V型墩施工概况

（一）V撑施工方案选择

V撑施工采用搭设满堂脚手架，支撑 V 撑模板，承担施工过程中的部分水平分力，并作为施工操作平台。

（二）关键工序施工方法

1. 脚手架

在 V 撑施工过程中，仅在其顺桥的短边方向搭设脚手架，其他两个方向未搭设脚手架，在 V 撑长边俯面一侧模板上焊接水平向型钢及栏杆，作为操作平台。俯面一侧模板安装时，工人站在 V 撑钢筋骨架内辅助模板就位。

2. 劲性骨架制作、安装

劲性骨架在后场加工制作，船运至现场进行安装。由于 V 撑内安装有预应力束，如果先整体安装劲性骨架，后期钢绞线吊装困难、工作量大。所以，先安装三片劲性骨架主桁，后焊接平联及斜撑。

3. V 撑模板及其支撑体系

V 撑模板采用定型钢模板，其分段制作高度为 2.0m，并考虑翻模施工时，模板能周转使用。

由于 V 撑为外倾结构，其轴线与水平面夹角达 63°，砼浇筑时会产生较大的水平分力，为平衡此水平分力，每节模板设二层水平拉杆，将左右肢墩身拉结。每层拉杆横桥向为四根 JL32 精轧螺纹钢。另外模板顶部与劲性骨架连接牢固。

4. 混凝土的浇筑

为保证混凝土浇筑密实，在施工时，人必须进入到 V 撑内部进行振捣，特别是 V 撑的四个拐角要充分捣实，以保证混凝土施工质量。在砼施工过程中要注意两侧墩身混凝土浇筑的高度差，以使整个支撑体系受力平衡，确保墩身施工安全。

二、V 形墩结构形式和总体施工方案

V 形桥墩结构形式上分三部分：下部是斜腿，中部为顶帽和牛腿，上部为顶板，V 形的斜腿其截面为矩形。桥梁的荷载通过支座传递到牛腿，再经牛腿传到 V 形桥墩的斜腿，最后传到承台和基础，设计一般将 V 形桥墩的恒载作用下的合力接近基底中心。

根据其结构特点和受力条件，V 形桥墩分两步浇注完成，下部斜腿部分进行一次浇注，中部顶帽和牛腿、上部顶板进行一次浇注施工。

三、施工工序和方法

1. 施工准备和场地处理：V 形墩施工前，首先将基础顶面的混凝土浮浆凿除，冲洗干净，整修在基础承台上预埋的连接钢筋，并在承台顶面测量弹出 V 形墩的十字中线、水平高程，标出 V 形斜腿底面在承台上的位置。

考虑 V 形桥墩其 V 形斜腿施工的支撑条件，在承台外侧一定范围内做硬化处理和支撑平台。一般考虑在 V 形斜腿水平投影之外不小于 3m 的范围做平台、不小于 4m 范围做硬化；硬化采取基底碾压后做两步 15-20cm 的三七灰土，也可以根据施工现场条件，做两步碎石屑或混碴换填，每步厚度在 20cm 左右，经硬化处理后，地基承载力不小于 20T/m²，支撑平台采用 20cm 厚的 C20 混凝土做成，该平台主要用于 V 型墩斜腿浇注的模板支撑。

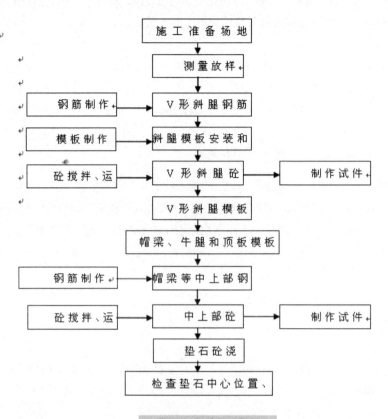

图7-4-1 施工流程图

2.V形墩模板及支架

考虑V形墩属于特殊结构，如采用厂制加工的装配式整体钢模板，能保证质量但无法周转和重复利用、极不经济。可采用施工现场加工钢木结合的模板，用塑面胶合板和角钢或槽钢加工而成。这样能较好地保证模板的刚度和表面光洁度。模板在正式投入使用前在现场进行试拼装，检查验收合格后方可进入施工现场。V形墩模板因为是加工的大块模板，不宜采用人工安装，应采用人工配合汽车吊整体吊装，模板拼装完成后要认真检查，模板支立允许偏差数值控制见下表。

表7-4-1　墩台模板支立允许偏差值（mm）

项目 ＼ 结构部位	桥台	墩柱
轴线位移	±10	10
结构断面尺寸	±5	±10
垂直度 %	1	1
高程	±2	±3
预埋件、预留洞位置	±3	±3
相临模板接缝平整度	±3	±2

3.V形墩钢筋和混凝土施工

钢筋采用现场加工，钢筋接长直径大于Φ16的采用闪光对焊机焊接，小于Φ16的采用交流电焊机焊接，墩各部分的钢筋均采用现场绑扎。

墩的混凝土采用集中拌和的混凝土，用混凝土输送车运输至现场，混凝土输送泵灌注，墩台混凝土采用塑料薄膜覆盖养护。墩身结构浇注完成应达到如下表之质量要求。

表7-4-2　墩身技术质量要求允许偏差表

项次	检查项目	允许偏差
1	相邻间距（mm）	±15
2	竖直度（mm）	0.3%H且不大于20
3	墩顶高程（mm）	±10
4	轴线偏位（mm）	10
5	断面尺寸（mm）	±15
6	外观光洁、颜色一致、无气泡、水泡、漏浆、黏膜现象	
7	混凝土强度符合设计规范要求	

四、施工要点

（一）V形桥墩下部结构施工

V形斜腿施工时，由于呈不稳定结构，所以模板必须有内外支撑，绑扎钢筋必须强制定位，方能保证桥墩的几何尺寸和设计精度。而其外侧模板承受很大的侧压力，应选择撑拉相结合的模板支撑方式，保证模板体系的稳定。利用支撑平台用 20×20cm 方木做外模的斜向支撑，此外，在墩斜腿外侧和内带木上梅花交错布设不小于 Φ12 拉筋，拉筋间距为 0.8m，使 V 形桥墩的内外模成为稳定结构后再进行混凝土浇筑。

V 形斜腿浇注混凝土，应注意坚持左右对称分层浇注，并在施工技术规则的规定范围内尽量延长浇注时间，以使下部混凝土在浇铸过程中逐步终凝，增长强度参与结构受力。因此，根据现场条件，可考虑用提升架提升灰斗车或汽车吊灰斗的方法取代混凝土泵车的输送方式，混凝土浇筑采用插入式振捣棒振捣密实。

（二）V 形桥墩顶板和牛腿的施工

该部分的钢筋绑扎、模板支撑和混凝土浇筑和一般桥台、桥墩及帽梁的施工大体一致。当 V 形斜腿混凝土浇筑至具有一定强度和稳定性后，方可进行上部顶板和牛腿部分的钢筋绑扎、模板立立和加固。顶板和牛腿模板仍采用钢木结合的模板，顶板支撑采用碗扣脚手架搭满堂支架进行支撑，牛腿部分模板应加对拉螺栓进行加固。混凝土的浇注用输送泵进行分层左右对称的连续浇注，插入式振动棒振捣密实，达到一定强度后进行拆模养护。

五、V 型墩施工质量通病及预防措施

（一）V 型斜腿、箱梁局部出现裂缝

本桥斜腿较长、箱梁箱壁较薄，在自身荷载、施工及车辆人群等荷载、温度及风荷载作用下受力较为复杂，施工中斜腿、箱梁容易出现局部裂缝，必须采取有效措施加以控制：

1. 严格按照设计图纸规定绑扎钢筋，设立钢筋保护层。防止间距不均匀、保护层过厚或过薄而引起混凝土表面局部开裂。必要时，在主筋外侧设置防裂网片钢筋。

2. 斜腿、梁体开设孔洞的位置周围应布加强筋，防止混凝土徐变过程中应力集中造成孔洞周围裂缝。

3. 在混凝土配合比设计时，初凝时间应在 8 小时左右，以防初凝时间过短。

4. 严格控制混凝土骨料质量，控制好水泥用量及用水量、充分均匀拌制、控制好混凝土坍落度，供应优质混凝土。

5. 模板设计时要保证其有足够的刚度，避免混凝土浇筑过程中模板变形产生裂缝。

6. 混凝土养护要及时，对 V 型斜腿应控制内外温差，防止温度应力产生裂缝。

7. 预应力施工，必须在混凝土达到规定强度后才能进行，避免混凝土强度不够造成墩身局部开裂。张拉时应计量准确，防止加力过大或过小，引起墩身应力变化造成裂缝。

8. 必须严格按照设计规定的张拉顺序，施加预应力，防止由于施张顺序不当，引起墩身应力变化，造成裂缝。

9. 预应力张拉后，管道要及时压浆，以使预应力尽早均匀分布，以防锚下预应力长期集中，造成锚下混凝土开裂。

10. 施工阶段之间的施工缝，必须认真凿毛，并在浇筑混凝土时充分湿润，湿润时间不少于24h，对混凝土充分振捣，以防施工缝结合不好，造成裂缝。

11. 施工时环境温度过高时，需采取如下措施：

（1）降低水灰比、减少用水量、减小坍落度、采取高效减水剂；

（2）碎石喷洒冷水降温；

（3）外侧覆盖草袋并浇水，以散热保温；

（4）测温并作为温度控制依据，防止浇筑混凝土后墩身内外温差过大引起裂缝。

（二）质量保证措施

1. V形墩属于特殊结构，在施工中所有技术质量人员、施工人员、管理人员必须予以思想上的高度重视，严格按施工工艺要求作业。

2. 支撑平台经处理后必须进行承载力试验，观察地基受压后的沉降情况，必要时按施工荷载进行预压，防止施工中支架下沉。做好防排水设施，防止雨季施工支架地基下沉。

3. 模板要有足够刚度及平整度，拼缝严密、表面光洁，涂有脱模剂，安装正确、联结密实，施工中不发生任何移位及变形。

4. V形斜腿混凝土浇筑施工时必须按工艺要求控制浇注速度和时间，确保下部混凝土能按工艺设计达到强度、参与施工荷载的受力。

5. 在整个施工过程中技术、质量和管理人员必须跟班作业，加强过程控制，使施工质量达到工艺要求，实现这一特殊结构的设计意图。

六、预应力钢筋砼施工技术措施

1. 塑料波纹管壁应具有一定的承压强度，振捣时不得直接振动塑料波纹管，以防变形。两根波纹管连接必须用配套的塑料套管连接或采用塑料管热熔对焊连接。

2. 加强检查保护套管和连接套管，浇筑混凝土前，如有破裂之处，一定要调换。

3. 张拉设备应有专人维护和定期配套校验。校验时，应使千斤顶活塞的运行方向与实际张拉工作状态一致。（即被动校验法）

4. 操作时应缓慢回油，勿使油表指针受到撞击，以免影响仪表精度。

5. 预应力筋的计算伸长值应按实际张拉力值扣除摩阻损失值进行计算，并加上混凝土弹性压缩值。

6. 量测伸长值时，为减少初应力对实测伸长值的影响，可先张拉钢筋，使之达到一定的初应力 δ_0（取 $10\%\delta$，作为初始应力值），然后分级量出相应的伸长值，用作图法求出总伸长值，总伸长值 $L = L_1 + L_2$。

7. 加强端部混凝土振捣，提高其密实性，防止出现疏松、蜂窝等质量缺陷。

8. 检查钢丝束锚固位置，保证锚固深度。

9. 防止孔道灌浆不通畅，应注意：

（1）确保灌浆排气孔与预应力筋孔道相通。

（2）每次灌浆完毕，必须把所有的设施清洗干净。灌浆前再次冲洗，以防被杂物堵塞。

（3）水泥必须过筛，并防止水泥袋的纸和线等杂物混入水泥浆。

10. 防止孔道灌浆不实，应注意：

（1）灌浆用水泥应采用标号不低于 42.5 级的普通硅酸盐水泥或矿渣水泥。

（2）灰浆水泥灰比宜控制在 0.3–0.4 之间，3h 后泌水率不宜大于 2%，最大值不得超过 3%。为减少灰浆收缩，可掺入 0.5–1‰ 的铝粉或 0.25% 的木质磺酸钙减水剂。但不得掺入氯化物或其他对预应力筋有腐蚀作用的外加剂。铝粉应先和干水泥拌匀使用。

（3）灌浆前用压力水冲洗孔道。灌浆压力以 0.06–0.1MPa 为宜，真空泵的真空度维持在 –0.08Mpa 为宜。灌浆顺序应先下后上，以免上层孔道漏浆把下层孔道堵住。

（4）灌浆时待抽真空端的透明塑料管有浆体通过时，才能关闭真空泵前端的真空阀，关闭真空机。并继续使用灌浆机加压到 0.5–0.6MPa，稳压 2min。

（5）每个孔道应一次灌成，中途不应停顿，否则需将已压灌部分水泥浆冲洗干净，从头开始灌浆。

（6）必要时可采用二次灌浆法。第二次灌浆应在第一次灌的水泥浆初凝后进行。

七、夏季高温施工措施

1. 高温天气施工采取"避中间，做两头"的原则，凡有高温气象预报时。无特殊情况，中午 12：00- 下午 2：00 让工人休息，尽量避开烈日下中午施工，施工现场设置现场休息凉棚，并备有茶水或清凉防暑饮料，配备简易木凳以供施工人员小憩，职工宿舍装电扇，保证职工休息好并注意职工身体状况，严禁带病上岗。后勤或医务人员备好暑降温药物，宣传"预防中暑"和"中暑急救"的科学知识，防止中暑发生，改善职工伙食，做好后勤保障工作，特别要保证人员连续作业，安排好换班和替班人员。

2. 高温季节施工要做好暴雨的突然袭击，预防工作，根据雨季施工规定，做好防范措施。对管道砼施工时模板、基础表面在浇筑前适当洒水湿润，要控制砼在高温天气的初凝时间，调整含水量，控制水灰比，为防烈日暴晒引起砼过早硬化，尽量缩短运输、摊铺、振捣、抹面等工序时间，并尽快覆盖、洒水养生，必要时搭设遮阳棚。

3. 氧气瓶、乙炔等容器不得在烈日下曝晒和接近热源，电焊及接触明火作业必须穿戴帆布工作服和防灼手套、脚盖，以防灼伤。

八、雨季施工技术措施

1. 混凝土浇捣前必须和气象站密切联系，有大雨和中雨均不得浇捣，若因工期关系在有小雨时亦必须浇捣，则必须准备足够的防雨设施和覆盖用的油布、塑料布等，并设法准备适量的大雨棚，以便在雨淋时应用。

2. 刚浇好的砼若遇雨，不宜用草包直接覆盖，最好下面用塑料薄膜上面再盖上草袋，否则草包受雨淋后有黄泛滥，影响砼面层色泽。

3. 雨季混凝土施工充分做好运输、劳力准备，使浇筑、振捣成活各工序间距要缩短。中间遇雨即盖上篷布继续施工，必须完成一个单元（梁或柱）后，方可停止，不得产生施工缝。

4. 雨后则及时检查，发现因雨损伤应立即报告监理工程师，并提出合理的处理意见，必须使砼整体施工得到监理工程师满意。

5. 底板混凝土完成以后应加强排水，防止混凝土泡水过早，降低砼强度。

6. 过路电线必须架空或埋入路面下 30cm；不能有接头，固定电箱必须离地 1.20M 并要有接地装置，流动电箱必须使用标准安全电箱，保护装置必须有效、可靠，并在每天使用前检查电源和电器设备是否符合安全要求，在开、关电器时严禁湿手接触，使用插入式电动平板振动器和手提式电器设备时，必须戴好绝缘手套。

九、大体积砼质量保证措施

板梁为大体积砼施工，大体积砼施工时除了上述措施外，还需增加以下技术措施：

1. 在混凝土中掺加缓凝剂，减缓浇筑速度，以利于散热。

2. 避开炎热天气浇筑大体积混凝土。如必须在炎热天气浇筑时，应采用冰水或搅拌水中掺加冰屑拌制混凝土；对骨料设简易遮阳装置或进行喷水冷却；运输混凝土速度加快，以降低混凝土搅拌和浇筑温度。

3. 浇筑薄层混凝土，每层浇筑厚度控制不大于 30cm，以加快热量的散发，并使温度分布均匀，同时便于振捣密实，以提高弹性模量。

4. 加强早期养护，提高抗拉强度。混凝土浇后，表面及时覆盖，并洒水养护。夏季适当延长养护时间。在寒冷季节，混凝土表面应采取保温措施，以防寒潮袭击。对薄壁结构要适当延长拆模时间，使之缓慢地降温。拆模时，块体中部和表面温差控制不大于20℃，以防止急冷却，造成表面裂缝，基础混凝土拆模后应及时回填。

5. 加强温度管理，混凝土拌制时温度要低于 25℃，浇筑时要低于 30℃。浇筑后控制混凝土与大气温度差不大于 25℃，混凝土本身内外温差在 20℃以内，加强养护过程中的测温工作，发现温差过大，及时覆盖保温，使混凝土缓慢地降温，缓慢地收缩，以有效降低约束应力，提高结构抗拉能力。

6.测温时在砼浇捣部分埋入温度计，绑扎在钢筋上，用电源接到电流感应器，由电流感应器通电后可反映出砼中温度，便于控制。

十、泵送砼施工技术措施

1.混凝土的供应，必须保证混凝土泵能连续工作；

2.泵送前应先用适量的与混凝土内成分相同的水泥浆或水泥砂浆润滑输送管内壁；

3.预计泵送间歇时间超过45min时，应立即用压力水或其他方法冲洗管内残留的混凝土；清洗泵机并保养，以保证输送泵的正常工作；

4.泵达混凝土时，泵的受料斗内应经常有足够的混凝土，防止吸入空气形成阻塞；

5.砼必须随机抽样作好测试工作；

6.砼应直接用软管送至浇捣面，下落高度不得大于1.5m，防止离析。

第五节　支座安设

一、适用范围

本标准适用于公路桥梁工程中板式橡胶支座、盆式橡胶支座、球型支座的安装。

二、施工准备

（一）材料

1.支座：进场应有装箱清单、产品合格证及支座安装养护细则，规格、质量和有关技术性能指标符合现行公路桥梁支座标准的规定，并满足设计要求。

2.配制环氧砂浆材料：二丁酯、乙二胺、环氧树脂、二甲苯、细砂，除细砂外其他材料应有合格证及使用说明书，细砂品种、质量应符合有关标准规定。

3.配制混凝土及补偿收缩砂浆材料。

（1）水泥：宜采用硅酸盐水泥和变通硅酸盐水泥。进场应有产品合格证或出厂检验报告，进场后应对强度、安定性及其他必要的性能指标进行取样复试，其质量必须符合现行国家标准《硅酸盐水泥、普通硅酸盐水泥》GB175等的规定。

当对水泥质量有怀疑或水泥出厂超过三个月时，在使用前必须进行复试，并按复试结果使用，不同品种的水泥不得混合使用。

（2）砂：砂的品种、质量应符合国家现行标准《公路桥涵施工技术规范》JTJ041的要求，进场后按国家现行标准《公路工程集料试验规程》JTJ058 的规定进行取样试验合格。

（3）石子：应采用坚硬的卵石或碎石，并按产地、类别、加工方法和规格等不同情况。按国家现行标准《公路工程集料试验规程》JTJ058 的规定分批进行检验，其质量应符合国家现行标准《公路桥涵施工技术规范》JTJ041 的规定。

（4）外加剂：外加剂应标明品种、生产厂家和牌号。外加剂应有产品说明书、出厂检验报告及合格证、性能检测报告，有害物含量检测报告应由有相应资质等级的检测部门出具。进场后应取样复试合格，并应检验外加剂的匀质性及与水泥的适应性。外加剂的质量和应用技术应符合现行国家标准《混凝土外加剂》GB8076 和《混凝土外加剂应用技术规范》GB50119 的有关规定。

（5）掺合料：掺合料应标明品种、生产厂家和牌号。掺合料应有出厂合格证或质量证明书和法定检测单位提供的质量检测报告，进场后应取样复试合格。掺合料质量应符合国家现行相关标准规定，其掺量应通过试验确定。

（6）水：宜采用饮用水。当采用其他水源时，其水质应符合国家现行标准《混凝土拌合用水标准》JGJ63 的规定。

4.电焊条：进场应有合格证，选用的焊条型号应与母材金属强度相适应、品种、规格和质量应符合现行国家标准的规定并满足设计要求。

5.其他材料：丙酮或酒精、硅脂等。

（二）机具设备

1.主要机械：空压机、发电机、电焊机、汽车吊、水车、水泵等。

2.工具：扳手、水平尺、铁錾、小铁铲、铁锅、铁锹、铁抹子、木抹子、橡皮锤、钢丝刷、钢楔、细筛、扫帚、小线、线坠等。

（三）作业条件

1.桥墩混凝土强度已达到设计要求，并完成预应力张拉。

2.墩台（含垫石）轴线、高程等复核完毕并符合设计要求。

3.墩台顶面已清扫干净，并设置护栏。

4.上下墩台的梯子已搭设就位。

（四）技术准备

1.认真审核支座安装图纸，编制施工方案。经审批后，向有关人员进行交底。

2.进行补偿收缩砂浆及混凝土各种原材料的取样试验工作，设计砂浆及混凝土配合比。

3.进行环氧砂浆配合比设计。

4.支座进场后取样送有资质的检测单位进行检验。

三、操作方法

（一）板式橡胶支座安装

1.垫石顶凿毛清理。人工用铁錾凿毛，凿毛程度满足本册"桥梁混凝土施工工艺标准"（VIII204）关于施工缝处理的有关规定。

2.测量放线：根据设计图上标明的支座中心位置，分别在支座及垫石上画出纵横轴线，在墩台上放出支座控制标高。

3.找平修补：将墩台垫石处清理干净，用干硬性水泥砂浆将支承面缺陷修补找平，并使其顶面标高符合设计要求。

4.拌制环氧砂浆

（1）将细砂烘干后，依次将细砂、环氧树脂、二丁酯、二甲苯放入铁锅中加热并搅拌均匀。

（2）环氧砂浆的配制严格按配合比进行，强度不低于设计规定，设计无规定将不低于40MPa.

（3）在黏结支座前将乙二胺投入砂浆中并搅拌均匀，乙二胺为固化剂，不得放得太早或过多，以免砂浆过早固化而影响黏结质量。

5.支座安装

（1）安装前按设计要求及国家现行标准有关规定对产品进行确认。

（2）安装前对桥台和墩柱盖梁轴线、高程及支座面平整度等进行再次复核。

（3）支座安装在找平层砂浆硬化后进行。黏结时，宜先黏结桥台和墩柱盖梁两端的支座，经复核平整度和高程无误后，挂基准小线进行其他支座的安装。

（4）当桥台和墩柱盖梁较长时，应加密基准支座防止高程误差超标。

（5）黏结时先将砂浆摊平拍实，然后将支座按标高就位，支座上的纵横轴线与垫石纵横轴线要对应。

（6）严格控制支座平整度，每块支座都必须用铁水平尺测其对角线，误差超标应及时予以调整。

（7）座与支承面接触应不空鼓，如支承面上放置钢垫板时，钢垫板应在桥台和墩柱盖梁施工时预埋，并在钢板上设排气孔，保证钢垫板底混凝土浇筑密实。

6.其他板式橡胶支座安装

（1）滑板式支座安装

1）滑板式支座的不锈钢板表面不得有损伤、拉毛等缺陷，不锈钢板与上垫板采用榫槽结合时，上垫板开槽方向应与滑动方向垂直。

2）滑板式支座安装时，支座与不锈钢板安装位置应视气温而定，不锈钢板滑动应留

有足够的长度，防止伸缩时支座滑出滑道。

（2）四氟板支座安装时，其表面应用丙酮或酒精擦干净，储油槽应注满硅脂。

（3）坡型板式橡胶支座上的箭头要与桥梁合成坡度的方向相对应。

（二）盆式橡胶支座安装

1. 螺栓锚固盆式橡胶支座安装方法

（1）将墩台顶清理干净。

（2）测量放线。在支座及墩台顶分别画出纵横轴线，在墩台上放出支座控制标高。

（3）配制环氧砂浆。配制方法见款拌制环氧砂浆的有关要求。

（4）安装锚固螺栓。安装前按纵横轴线检查螺栓预留孔位置及尺寸，无误后将螺栓放入预留孔内，调整好标高及垂直度后灌注环氧砂浆。

（5）用环氧砂浆将顶面找平。

（6）安装支座。在螺栓预埋砂浆固化后找平层环氧砂浆固化前进行支座安装。找平层要略高于设计高程，支座就位后，在自重及外力作用下将其调至设计高程。随即对高程及四角高差进行检验，误差超标及时予以调整，直至合格。

2. 钢板焊接盆式橡胶支座安装方法

（1）预留槽凿毛清理。墩顶预埋钢板宜采用二次浇筑混凝土锚固，墩、台施工时应注意预留槽的预留，预留槽两侧应较预埋钢板宽 100mm，锚固前进行凿毛并用空压机及扫帚将预留槽彻底吹扫干净。

（2）测量放线。用全站仪及水准仪放出支座的平面位置及高程控制线。

（3）钢板就位，混凝土灌注。钢板位置、高程及平整度调好后，将混凝土接触面适当洒水湿润，进行混凝土灌注，灌注时从一端灌入另一端排气，直到灌满为止。支座与垫板间应密贴，四周不得有大于 1.0mm 的缝隙。灌注完毕及时对高程及四角高差进行检验，误差超标及时予以调整，直到合格。

（4）支座就位、焊接。校核平面位置及高程，合格后将下垫板与预埋钢板焊接，焊接时应对称间断进行，以减小焊接变形影响，适当控制焊接速度，避免钢体过热，并应注意支座的保护。

3. 盆式橡胶支座安装要求

（1）盆式支座安装前按设计要求及现行《公路桥梁盆式橡胶支座标准》JT391 对成品进行检验，合格后安装。

（2）安装前对墩、台轴线、高程等进行检查，合格后进行下一步施工。

（3）安装单向活动支座时，应使上下导向挡板保持平行。

（4）安装活动支座前应对其进行解体清洗，用内酮或酒精擦洗干净，并在四氟板顶面注满硅脂，重新组装应保持精度。

（5）盆式支座安装进上、下各座板纵横向应对中，安装温度与设计要求不符时，活动支座上、下座板错开距离应经过计算确定。

（三）球型支座安装

1. 螺栓连接球形支座安装方法：

（1）墩台顶凿毛清理。当采用补偿收缩砂浆固定支座时，应用铁錾对支座支承面进行凿毛，凿程度满足本册"桥梁混凝土施工工艺标准"（Ⅷ204）关于施工缝处理的有关规定，并将顶面清理干净；当采用环氧砂浆固定支座时，将顶面清理干净并保证支座支承面干燥。

（2）清理预留孔。清理前检查校核墩台顶锚固螺栓孔的位置、大小及深度，合格后彻底清理。

（3）配制砂浆。环氧砂浆配制方法见本标准 3.2.1.4 款拌制环氧砂浆有关要求，补偿收缩砂浆的配制按配合比进行，其强度不得低于 35MPa.

（4）安装锚固螺栓及支座。吊装支座平衡就位，在支座四角用钢楔将支座底板与墩台面支垫找平，支座底板底面宜高出墩台顶 20–50mm，然后校核安装中心线及高程。

（5）安装模板。沿支座四周支侧模，模板沿桥墩横向轴线方向两侧尺寸应大于支座宽度各 100mm.

（6）灌注砂浆。用环氧砂浆或补偿收缩砂浆把螺栓孔和支座底板与墩台面间隙灌注，灌注时从一端灌入从另一端流出并排气，保证无空鼓。

（7）砂浆达到设计强度后撤除四角钢楔并用环氧砂浆填缝。

（8）安装支座与上部结构的锚固螺栓。

2. 焊接连接球形支座安装方法：参照本标准 3.2.2.2 款"钢板焊接盆式橡胶支座安装方法"施工。

3. 球形支座安装要求

（1）按设计要求和订货合同规定标准对球型支座进行检查，合格后安装。

（2）安装时保证墩台和梁体混凝土强度不低于 30MPa，对墩、台轴线、高程等进行检查，合格后进行下步施工。

（3）安装就位前不得松动支座锁定装置。

（4）采用焊接连接时，应不使支座钢体过热，保持硅脂和四氟板完好。

（5）支座安装就位后，主梁施工应做好防止水泥浆渗入支座的保护措施。

（6）预应力张拉前应撤除支座锁定装置，解除支座约束。

四、季节性施工

（一）雨期施工

1. 雨天不得进行混凝土及砂浆灌注。

2. 盆式支座及球形支座安装完毕后，在上部结构混凝土浇筑前应对其采取覆盖措施，以免雨水浸入。

（二）冬期施工

1. 灌注混凝土及砂浆应避开寒流。

2. 应采取有效保温措施，确保混凝土及砂浆在达到临界强度前不受冻。

3. 采用焊接连接时，温度低于 –20℃时不得进行焊接作业。

五、质量标准

（一）基本要求

1. 各种支座都要有产品合格证明，规格符合设计规定，经检验合格后安装。

2. 支座安装后应使上下面全部密贴，不得有个别支点受力或脱空现象。

3. 支座黏结材料产品应符合要求，粘结束层均匀不空鼓。

4. 支座锚固螺栓长度符合设计要求，安装锚固螺栓时，其外露螺母顶面的高度不得螺母的厚度。

5. 混凝土或砂浆要饱满密实，强度满足设计要求。

（二）允许偏差（mm）检验方法

支座高程 ±2 ±2 用水准仪测支座，计取最大值
支座位置 ≤ 3 ≤ 3 用全站仪测，纵、横各计 2 点
支座平整度 ≤ 2 ≤ 2 用铁水平检测对角线

（三）外观鉴定

1. 支座外观不得有影响使用的外伤。

2. 多余混凝土或砂浆应清理干净，外露面应拍实压平。

六、成品保护

1. 上部结构预制梁板就位不准确或梁板与支座不密贴时，必须吊起梁板重新就位或垫

钢板消除缝隙，不得用撬棍移动梁板。

2. 当支座钢体采用焊接时，要将橡胶块用阻燃材料予以适当覆盖遮挡，防止烧伤支座，并避免钢体受热。

3. 球型支座运营一年后应进行检查，清除支座附近的杂物及灰尘，并用棉纱仔细擦除不锈钢表面灰尘。

七、注意质量问题

1. 预制梁板就位后支座下沉。要求环氧砂浆配合比准确且有足够的固化时间。

2. 板式支座黏结不牢固。要求支座槽或垫石按要求充分凿毛且凿毛后彻底清理。

3. 支座受力不均匀：板式支座黏结应平整，且砂浆饱满。支座黏结完毕后，多余环氧砂浆应清理干净，支座周围不得有松散环氧砂浆。

4. 滑板支座活动不正常。应对滑板支座的储油槽进行彻底清洗并注满硅脂，夜间施工时要加强质量监督管理。

5. 支座四角高程误差超标。要求环氧砂浆搅拌均匀，以免受力后出现不均匀沉降，进而出现脱空现象。

八、安全、环保措施

（一）安全操作要求

1. 高处作业时要系好安全带。需设工作平台时，防护栏杆高地作业面不应小于1.2m，且用密目安全网封闭。

2. 安装大型盆式支座时，墩上两侧应搭设操作平台，墩顶作业售货员应待支座吊到墩顶稳定后再扶正就位。

3. 因乙二胺挥发性较强且属有毒物质，操作售货员要按要求佩戴口罩、眼罩、手套，并选择通风良好的位置进行环氧砂浆拌制。

（二）环保措施

1. 要防止人为敲打、叫嚷、野蛮装卸等产生的噪声，养活噪声扰民现象。

2. 对产生强噪声机械作业的工序，宜安排在白天进行。若安排夜间施工时，应采取隔音措施。

3. 支座处凿毛和清扫时应采取降尘措施，防止粉尘污染周围环境。

第八章　钢筋混凝土简支梁桥施工

第一节　模板与支架

一、概述

（一）排架类型

按照搭设位置不同分为：搭设在夯实碾压回填土上的外排架和搭设在楼地面砼面层上的内排架两种。

按照使用材料不同分为：用于外排架搭设的扣件式钢管脚手架和用于内排架搭设的满堂红钢管脚手架。

本站外排架属于双排、全封闭、封圈型扣件式钢管脚手架，内排架属于满堂红钢管脚手架。

（二）排架用途

外排架：主要用于安全防护，上下通道以及外墙装修和结构施工。

内排架：即满堂红脚手架，主要用于梁、板、柱的模板安装的支撑体系。

二、扣件式钢管脚手架

（一）施工准备

1.构配件

脚手架的构配件主要为：钢管、扣件（直角扣件、旋转扣件、对接扣件、防滑扣件）、底座（固定底座、可调底座）、垫板、立杆（外立杆、内立杆、角杆、双管立杆、主立杆、副立杆）、水平杆（纵向水平杆、横向水平杆）、扫地杆（纵向扫地杆、横向扫地杆）、连墙件（刚性连墙件、柔性连墙件）、横向斜撑、剪刀撑、抛撑、脚手板（冲压钢脚手板、竹串片脚手板）、爬梯（钢管爬梯）、安全维护（水平安全网、立面安全网、安全挡板）。

（1）钢管

1）脚手架钢管采用外径 Φ48mm，壁厚 3.5mm；横向水平杆最大长度 2200mm，其它杆最大长度 6500mm，且每根钢管最大质量不应大于 25kg。

2）钢管尺寸和表面质量应符合下列规定：

a.新钢管应有质量合格证、质量检查报告；钢管表面应平直光滑，不应有裂缝、结疤、分层、错位、硬弯、毛刺、压痕和深的划道，表面必须涂有防锈漆；钢管允许偏差见下表：

表8-1-1　钢管允许偏差

序号	项目	允许偏差	检查工具
1	焊接钢管尺寸（mm）外径 48 壁厚 3.5	-0.5	游标卡尺
2	钢管两端面切斜偏差	1.7	塞尺、拐角尺
3	钢管外表面锈蚀深度	≤ 0.50	游标卡尺
4	各种杆件的端部弯曲 L ≤ 1.5m	≤ 5	
5	立杆弯曲 3m<l ≤ 4m 4m<l ≤ 6.5m	≤ 12 ≤ 20	钢板尺
6	水平杆、斜杆的钢管弯曲 L ≤ 6.5m	≤ 30	

注：　b.旧钢管锈蚀检查应每年一次，锈蚀深度超过上表深度时不能使用；弯曲变形应符合上表规定；钢管上禁止打眼。

（2）扣件

1）扣件式钢管脚手架采用可锻铸铁制作的扣件，其材质应符合现行国家标准《钢管脚手架扣件》（GB15831）规定。采用其他材料制作的扣件，应经试验证明其质量符合该标准的规定后方可使用。

2）脚手架采用的扣件，在螺栓拧紧扭矩达 6.5N.M 时，不得发生破坏。

3）新扣件应有生产许可证、法定检测单位的测试报告和产品质量合格证。当对扣件质量有怀疑时，应按现行国家标准《钢管脚手架扣件》（GB15831）的规定抽样检测。

4）旧扣件使用前应进行质量检查，有裂缝、变形的严禁使用，出现滑丝的螺栓必须更换。

5）新旧扣件必须进行防锈处理。

2.经检验合格的构配件应按品种、规格分类，堆放整齐、平稳，堆放场地不得有积水。

3.应清除搭设场地杂物，平整搭设场地，并使排水畅通。

4.当脚手架基础下有设备基础、管沟时，在脚手架使用过程中不应开挖，否则须采取加固措施。

（二）地基与基础

1. 外脚手架的计算参数

搭设高度 H=7.5 米，步距 h=1.6 米，立杆纵距 la=1.5 米，立杆横距 lb=1 米，连墙件为 2 步 3 跨设置，脚手板为毛竹片，按同时铺设 4 排计算，同时作业层数 n1=1。

脚手架材质选用 $\phi 48 \times 3.5$ 钢管，截面面积 A=489mm²，截面模量 W=5.08×103 mm³，回转半径 i=15.8mm，抗压、抗弯强度设计值 f=205N/mm²，基本风压值 ω0=0.3 kN/m²，计算时忽略其他荷载等。

2. 荷载标准值

结构自重标准值：gk₁=0.1355 kN/m（双排脚手架）

竹脚手片自重标准值：gk₂=0.35 kN/m²（可按实际取值）

施工均布活荷载：qk=3 kN/m²

3. 单立杆竖向承载力：

N=1.2（NG1k+NG2k）+0.85×1.4∑NQk

=1.2（H·gk1+4·gk2·la·lb/2）+0.85·1.4·n1·qk·la·lb/2

=1.2（7.5×0.1355+4×0.35×1.65×1.5/2）+0.85×1.4×1×3×1.65×1.5/2

=7.7164 kN

4. 立杆地基承载力计算

p ≤ fg 即　　　　　　51.443 kN/m² ＜ fg=125 kN/m² 满足要求

式中　　　　p——立杆基础底面的平均压力：p=N/A；

　　　　　　N——上部结构传至基础顶面的轴向力设计值：取 N=17.31 kN；

　　　　　　A——基础底面面积：取 A=0.5×0.3=0.15m²；

　　　　　　fg——地基承载力设计值：fg=kc·fgk=0.5×250=125 kN/m²；

　　　　　　kc——地基承载力调整系数：对碎石土、砂土、回填土应取 0.4，对黏土应取 0.5；对岩石、砼应取 1.0；

　　　　　　fgk——地基承载力标准值：按现行国家标准《建筑地基基础设计规范》采用 250 kN/m²。

5. 脚手架基础经验收合格后，应按要求放线定位。

（三）搭设措施

1. 脚手架必须配合施工进度搭设，一次搭设高度不应超过相邻连墙件以上两步。

2. 每搭完一步脚手架后，应校正步距、纵距、横距及立杆的垂直度。

3. 底座安放应符合下列规定：

（1）底座、垫板均应准确地放在定位线上；

（2）垫板宜采用长度不小于 2 跨、厚度不小于 50mm 的木垫板，也可采用槽钢或方木。

4. 立杆搭设应符合下列规定：

（1）严禁将外径 48mm 与 51mm 的钢管混合使用；

（2）立杆接长除顶层顶步可采用搭接外，其他各层各步接头必须采用对接扣件连接；相邻立杆的对接扣件不得在同一高度内，且应符合下列规定：

1）两根相邻立杆的接头不应设置在同步内，同步内隔一根立杆的两个相隔接头在高度方向错开的距离不小于 500mm；各接头中心至主接点的距离不宜大于步距的 1/3；

2）搭接长度不应小于 1m，应采用不少于 3 个旋转扣件固定，端部扣件盖板的边缘至杆端距离不应小于 100mm。

（3）开始搭设立杆时，应每隔 6 跨设置一根抛撑，直至连墙件安装稳固后，方可根据情况拆除；

（4）当搭至有连墙件的构造点时，在搭设完该处的立杆、纵向水平杆、横向水平杆后，应立即设置连墙件；

（5）立杆顶端宜高出女儿墙上皮 1m，高出檐口上皮 1.5m。

5. 纵向水平杆搭设应符合下列规定：

（1）纵向水平杆宜设置在立杆内侧，其长度不宜小于 3 跨；

（2）纵向水平杆接长宜用对接扣件，也可采用搭接。对接、搭接应符合下列规定：

1）纵向水平杆的对接扣件应交错布置各接头至最近主接点的距离不宜大于纵距的 1/3；

2）搭接长度不应小于 1m，应等间距设置 3 个旋转扣件固定，端部扣件盖板的边缘至杆端距离不应小于 100mm；

3）纵向水平杆应作为横向水平杆的支座，用直角扣件固定在立杆上。

（3）在封闭型脚手架的同一步中，纵向水平杆应四周交圈，用直角扣件与内外角部立杆固定。

6. 横向水平杆搭设应符合下列规定：

（1）主接点必须设置一根横向水平杆，用直角扣件扣接且严禁拆除。主接点处两个直角扣件的中心距不应大于 150mm；

（2）作业层上非主节点处的横向水平杆，宜根据支承脚手板的需要等间距设置，最大间距不应大于纵距的 1/2；

（3）双排脚手架横向水平杆的靠墙一端至装饰面的距离不应大于 100mm。

7. 纵、横向扫地杆设置应符合下列规定：

脚手架必须设置纵、横向扫地杆，纵向扫地杆应采用直角扣件固定在距底座上皮不大于 200mm 处的立杆上。横向扫地杆也应采用直角扣件固定在紧靠纵向扫地杆下方的立杆上。当立杆基础不在同一高度时，必须将高处的纵向扫地杆向低处延长两跨与立杆固定，高低差不应大于 1m。

8.连墙件、剪刀撑、横向斜撑等的搭设应符合下列规定：

（1）连墙件布置最大间距应符合下表：

表8-1-2

脚手架高度		竖向间距（h）	水平间距（La）	每根连墙件覆盖的面积（㎡）
双排	≤ 50m	3 h	3 La	≤ 40

（2）连墙件布置应符合下列规定：

1）宜靠近主节点设置，偏离主节点的距离不应大于 300mm；

2）应从底层第一步纵向水平杆处开始设置，当该处设置有困难时，应采用其他有效措施固定；

3）宜优先采用菱形布置，也可采用方形、矩形布置；

4）对于高度在 24m 以下的双排脚手架，宜采用刚性连墙件与建筑物可靠连接，亦可采用拉筋和顶撑配合使用的附墙连接方式；

5）严禁使用仅有拉筋的柔性连墙件。

（3）连墙件的构造必须符合下列规定：

1）连墙杆或拉筋宜呈水平设置，当不能水平设置时，与脚手架连接的一端应下斜连接，不应采用上斜连接；

2）连墙件必须采用可承受拉力和压力的构造，采用拉筋必须配用顶撑，顶撑可靠地顶在砼圈梁、柱等结构部位。拉筋应采用两根以上直径 4mm 的钢丝拧成一股，使用时不应少于 2 股，亦可采用直径不小于 6mm 的钢筋；

3）当脚手架下部暂时不能设置连墙件时可搭设抛撑。抛撑应采用通长杆件与脚手架可靠连接，与地面的倾角应在 450-600 之间，联结点中心至主节点的距离不应大于 300mm，抛撑应在连接件搭设后方可拆除。

（4）连墙件轴向力设计值：

$$N_i=N_{lw}+N_0=1.13+5=6.13 \text{ kN}$$

式中　　　N_l——连墙件轴向力设计值（kN）；

N_{lw}——风荷载产生的连墙件轴向力设计值，$N_{lw}=1.4 \times \omega_k \times AW=1.13$；

ω_k——风荷载标准值，$\omega_k=0.3 \times \mu_z \times \mu_s \times \omega_o=0.025 \text{ kN/㎡}$

【μ_z 为风压高度变化系数，按《建筑结构荷载规范》（GB50009-2001）取 1.14；μ_s 脚手架风荷载体形系数，按《扣件式钢管脚手架规范》（JGJ130-2001）取 1.3φ，φ 为挡风系数，按（JGJ130-2001）取 0.08；ω_o 为基本风压，取 0.30 kN/㎡。

N_0——连墙件约束脚手架平面外变形产生的轴向力，双排脚手架取 5 kN；

AW——每个连墙件的覆盖面积内脚手架外侧面的迎风面积，按最大覆盖面积 $3 \times 1.8 \times 3 \times 2.0$=32.4 ㎡考虑。

连墙件轴向力设计值应小于扣件抗滑承载力设计值 RC。=8 kN；

N_1=6.13 kN<8 kN，满足要求。

9. 剪刀撑搭设应符合下列规定：

（1）每道剪刀撑宽度不应小于 4 跨，且不应小于 6m，斜杆与地面倾角宜在 45°–60°，且应满足下表：

表8–1–3

剪刀撑与地面倾角	45°	50°	60°
剪刀撑跨越立杆的最多根数	7	6	5

（2）高度在 24m 以下的双排脚手架必须在外侧立面的两端各设置一道剪刀撑，并应由底至顶连续设置；中间各道剪刀撑之间的净距不应大于 15m；

（3）剪刀撑斜杆接长宜采用搭接，搭接长度不应小于 1.0m，应采用不小于 3 个旋转扣件固定，端部扣件盖板的边缘至杆端距离不应小于 100mm；

（4）剪刀撑斜杆应用旋转扣件固定在与之相交的横向水平杆地伸出端或立杆上，旋转扣件中心线至主节点的距离不宜大于 150mm；

（5）剪刀撑、横向斜撑应随立杆、纵向和横向水平杆等同步搭设，各底层斜杆下端均必须支承在垫块或垫板上。

10. 横向斜撑搭设应符合下列规定：

规范规定：高度在 24m 以下的封闭型双排脚手架可不设横向斜撑，所以本工程不考虑搭设横向斜撑搭。

11. 扣件安装应符合下列规定：

（1）扣件规格必须与钢管外径相同；

（2）螺栓拧紧力矩不应小于 40N.m，且不应大于 65 N.m；

（3）在主节点处固定纵向和横向水平杆、剪刀撑、横向斜撑等用的直角扣件的中心点的相互距离不应大于 150mm；

（4）对接扣件的开口应朝上或朝内；

（5）各杆件端头伸出扣件盖板边缘的长度不应小于 100mm。

12. 作业层、斜道的栏杆和挡板的搭设应符合下列规定：

（1）栏杆和挡板均应搭设在外立杆的内侧；

（2）上栏杆的上皮高度应为 1.2m；

（3）挡脚板高度不应小于 180mm；

（4）中栏杆应居中设置。

13. 脚手板的铺设应符合下列规定：

（1）脚手板应满铺、离开墙面 120–150mm；

（2）脚手板的探头应用直径 3.2mm 的镀锌钢丝固定在支承杆件上；

（3）在拐角、斜道平台口处的脚手板，应与横向水平杆可靠连接，防止滑动；

（4）脚手板应设置在三根横向水平杆上，当脚手板长度小于2m时，可采用两根横向水平杆支撑，但应将脚手板两端与其可靠固定，严防倾翻；

（5）脚手板采用对接平铺时，接头处必须设置两根横向水平杆，脚手板外伸长度取130mm-150mm，两块脚手板外伸长度之和不应大于300mm；

（6）脚手板采用搭接铺设时，接头必须支在横向水平杆上，搭接长度应大于200mm，其伸出横向水平杆的长度不应小于100mm；

（7）作业层端部脚手板探头长度应取150mm，其板长两端均应与支撑杆可靠固定。

（四）搭设的其他要求

1. 主要搭设方案

（1）本工程外脚手架按照结构和装修两用考虑；

（2）外脚手架的形式确定为全封闭、双排、扣件式钢管脚手架；

（3）排架外侧立面封闭采用密目网式安全立网，作业层下方满挂设疏目式水平安全网；

（4）脚手架各类杆件采用外径48mm、壁厚3.5mm的钢管搭设；

（5）铺竹串片式脚手板；

（6）连墙杆与建筑物的连接（各连接点采用双扣件连接）采用扣件连接，连墙布置2步3跨；

（7）脚手架搭设尺寸为：立杆横距 Lb=1.7m，立杆纵距 La=1.65m，步距 h=1.7m，脚手架搭设高度限值 [H]=12m；

（8）立杆下面用截面300mm×500mm木垫板铺设；

（9）地基土为黏土并分层夯实，加强周边排水措施（若有关单位提出严格要求，可采取在地基土上浇筑C20素砼150mm厚，作为排架基础），地基承载力标准值 fgk=250 kN/ ㎡。

2. 搭设基本要求

（1）排架要有足够的牢固性和稳定性，保证在施工期间对所规定的荷载或在气候条件影响下不变形、不摇晃、不倾斜，能确保作业人员的人身安全；

（2）要有足够的面积满足堆料、运输、操作和行走的要求；

（3）满足排架的构造要求，搭设、拆除和搬运要方便，使用要安全，并能满足多次周转使用；

（4）要因地制宜，就地取材，量材施用，尽量节约用料；

（5）根据定位放线标识，首先进行选料摆料，然后根据立杆位置搭设，脚手架的立杆基础夯实、平整、硬化并能承受计算承载力；

（6）先在立杆底部下垫以50mm厚、200-300mm宽的通长木垫板；

（7）纵横向扫地杆应贴近地面连续布置，一般在距地面高度为100mm-200mm处设置，架底四周外围1.0m以外挖（或砌）排水沟，架底不得有积水；

（8）脚手架每隔水平三跨，竖向两步设一道拉结，里外用直径48mm钢管500mm长，夹紧拉在横杆与立杆交接处200mm为宜；

（9）必须按规定设置剪刀撑，剪刀撑采用满设布置，剪刀撑应跨5-7根立杆，角度成45°-60°且沿全高连续设置；

（10）脚手架防护栏杆及脚手板的铺设应符合规定要求，脚手板铺设宽度不得小于1.2m，外侧边缘应设180mm高踢脚板和密目网式安全网，以及施工层1.2m防护栏杆。铺设完毕投入使用前应由工地负责人和安全员、使用人共同验收，符合要求方可使用；

（11）横向水平杆必须设置在立杆与纵向水平杆交点处，靠墙一端外伸长度不应大于0.4倍脚手架宽度，且不应大于500mm；

（12）立杆的接长须对接，顶层立杆可搭接长1m二个扣件，纵向水平杆接长须对接，并四周交圈，立杆和横杆接长不得在挡距内出现两个或两个以上接头，剪刀撑杆件的接长须搭接，长度大于500mm，并用二个以上的扣件固定，所有杆件端部伸出扣件长度大于100mm；

（13）架体内实行封闭，架内首层水平安全网在3.2m高设一道，层间平网每小于10m设一道，操作层下满铺一道施工层平网，封闭严密；

3.脚手架须搭设上人梯，梯宽大于1.2m，坡度1:3，用木夹板订设密实，踏步板上钉防滑条，转角平台不少于6㎡，梯道的边缘设两道防护栏杆及挡脚板，外挂立网封闭。

4.本工程外脚手架搭设主要技术尺寸见下表：

表8-1-4

名称	钢管	立杆横距	立杆纵距	步距	杆件出扣件长度	扫地杆高度	防护栏高度
尺寸	外径48mm、壁厚3.5mm	1.7m	1.65 m	1.8 m	150mm	距地面150mm	1.2 m

（五）安全围护、挂牌使用

外脚手架搭设完成后，在排架外侧由上至下挂设安全网（防火型密网），外墙装修交叉作业时要求挂设水平网，安全网外侧挂上警示牌（通道口处必须挂设）和醒目的宣传标语。

脚手架全部搭设完成后由项目部安全专责会同监理人员共同验收，合格后挂上排架标识牌，方可使用。

三、模板支撑系统结构设计及计算

（一）支撑结构体系

满堂红钢管脚手架，主要用于模板支撑。

模板：采用酚醛覆膜胶合板。

柱：柱箍采用拉钩扁铁，内楞采用方木，中间不设对拉螺栓。

梁：梁侧外楞采用钢管或方钢，内楞采用方木，采用对拉螺栓加固；梁底方木或 φ48×3.25 钢管，支撑体系采用扣件式钢管架，钢管为 φ48×3.25，钢管底为地下混凝土底板。

（二）模板支撑系统计算

1. 柱模板加固计算

选取最大断面的柱（500×700）进行计算。

2. 柱模板基本参数

柱模板的截面：B×H=500×700mm，计算高度 L=5000mm，柱箍间距 d=500mm。柱箍采用拉钩扁铁。方木做竖楞，间距为 175mm。B 方向竖楞 5 根，H 方向竖楞 5 根。面板厚度 18mm，剪切强度 1.4N/mm²，抗弯强度 15.0N/mm²，弹性模量 6000.0N/mm⁴。

3. 柱模板荷载标准值计算

新浇混凝土侧压力计算公式为下式中的较小值：

$$F=0.22\,\gamma_c\,t\,\beta_1\beta_2\,\sqrt{V} \qquad F=\gamma_c H$$

其中　　γ_c——混凝土的重力密度，取 24.000 kN/m³；

　　　　t——新浇混凝土的初凝时间，取 4.5h；

　　　　T——混凝土的入模温度，取 25.000℃；

　　　　V——混凝土的浇筑速度，取 3.000m/h；

　　　　H——混凝土侧压力计算位置处至新浇混凝土顶面总高度，取 5m；

　　　　β_1——外加剂影响修正系数，取 1.200；

　　　　β_2——混凝土坍落度影响修正系数，取 1.150。

根据公式计算的新浇混凝土侧压力标准值 F_1=51.6 kN/m²，

实际计算中采用新浇混凝土侧压力标准值 F_1=51.6 kN/m²，

倒混凝土时产生的荷载标准值 F_2=2.000 kN/m²。

1）柱模板面板的计算

面板直接承受模板传递的荷载，应该按照均布荷载下的连续梁计算，计算如下

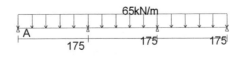

图8-1-1　面板计算简图

面板的计算宽度取柱箍间距 1.0m。

荷载计算值 q=1.2×51.6×1.0+1.4×2.000×1.0=65 kN/m

面板的截面惯性矩I和截面抵抗矩W分别为：

$$W=70 \times 1.80 \times 1.80/6=37.8cm^3;$$

$$I=70 \times 1.80 \times 1.80 \times 1.80/12=34.02cm^4;$$

a）抗弯强度计算

$$f=M/W<[f]$$

其中　　　f——面板的抗弯强度计算值（N/mm²）；

　　　　　M——面板的最大弯矩（N.mm）；

　　　　　W——面板的净截面抵抗矩；

　　　　　[f]——面板的抗弯强度设计值，取15.00N/mm²；

$M=0.100ql^2$

$M=0.100 \times 65 \times 0.175 \times 0.175=0.199$ kN.m

$f=0.199 \times 1000 \times 1000/37800=5.265$N/mm²

面板的抗弯强度验算 f<[f]，满足要求。

b）挠度计算

$$v=0.677ql^4/100EI<[v]=l/250$$

面板最大挠度计算值 $v=0.677 \times 65 \times 175 \times 175 \times 175 \times 175/（100 \times 6000 \times 340200）=0.2$mm

面板的最大挠度小于175/250，满足要求。

4. 柱箍的计算

竖楞方木传递到柱箍的集中荷载P：

$$P=（1.2 \times 51.6+1.4 \times 2.00）\times 0.175 \times 1=11.33$ kN

柱箍按照集中荷载下多跨连续梁计算。

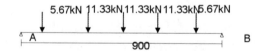

5.67kN　11.33kN　11.33kN　11.33kN　5.67kN

A　　　　　　　900　　　　　　　B

图8-1-2　柱箍计算简图

经过计算得到：M=7.452 kN.m，F=24.84 kN，V=0.482mm

柱箍的截面力学参数：W=78.40cm³；I=396.60cm⁴；

1）柱箍抗弯强度计算

抗弯计算强度 $f=7.452 \times 10^6/1.05/78400.0=90.52$N/mm²

柱箍的抗弯计算强度小于215.0N/mm²，满足要求。

2）柱箍挠度计算

最大变形 v=0.482mm

柱箍的最大挠度小于900.0/400，满足要求。

5.350×1000mm 大梁计算

1）梁侧模板加固计算

梁侧模板基本参数：

梁断面：350×1000mm。模板面板采用普通胶合板：内龙骨布置5道，内龙骨采用钢管；外龙骨间距800mm，外龙骨采用双钢管48mm×3.25mm。对拉螺栓布置2道，间距800mm，直径14mm。面板厚度18mm，剪切强度1.4N/mm²，抗弯强度15.0N/mm²，弹性模量6000.0N/mm⁴。

梁侧模板荷载标准值计算：

强度验算要考虑新浇混凝土侧压力和倾倒混凝土时产生的荷载设计值；挠度验算只考虑新浇混凝土侧压力产生荷载标准值。

新浇混凝土侧压力计算公式为下式中的较小值：

$$F=0.22\,\gamma_c t \beta_1 \beta_2 \sqrt{V} \qquad F=\gamma_c H$$

经计算得：新浇混凝土侧压力标准值 F_1=23.180 kN/m²

倒混凝土时产生的荷载标准值 F_2=2.000 kN/m²。

梁侧模板面板的计算：

面板为受弯结构，需要验算其抗弯强度和刚度，模板面板的按照连续梁计算。

面板的计算宽度取 0.8m。

荷载计算值 q=1.2×23.180×0.800+1.4×2.000×0.800=24.5 kN/m

面板的截面惯性矩 I 和截面抵抗矩 W 分别为：

$$W=80×1.80×1.80/6=43.2 cm^3；$$

$$I=80×1.80×1.80×1.80/12=38.9 cm^4；$$

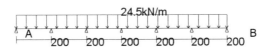

图8-1-3　计算简图

变形的计算按照规范要求采用静荷载标准值，受力图与计算结果如下：

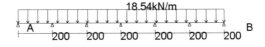

图8-1-4　变形计算受力图

经过计算得到从左到右各支座力分别为：N_1=1.68 kN，N_2=4.8 kN，N_3=4.08 kN，N_4=4.328 kN，N_5=4.08 kN，N_6=4.8 kN，N_7=1.68 kN

最大弯矩 M=0.076 kN.m，最大变形 V=0.046mm

抗弯强度计算：

经计算得：f=0.106×1000×1000/21600=4.91N/mm²<[f] = 15.00N/mm²，满足要求。

抗弯强度计算：

经计算得：f=0.076×1000×1000/21600=3.52N/mm²<[f] = 15.00N/mm²，满足要求。

挠度计算：

面板最大挠度计算值 v=0.046mm

面板的最大挠度小于 200/250，满足要求。

2）梁侧模板内龙骨的计算：

内龙骨直接承受模板传递的荷载，通常按照均布荷载连续梁计算。

强度计算均布荷载 q=1.2×0.20×23.18+1.4×0.20×2.00=6.125 kN/m

挠度计算荷载标准值 q=0.20×23.18=4.636 kN/m

按照三跨连续梁计算，最大弯矩考虑为静荷载与活荷载的计算值最不利分配的弯矩和，计算公式如下：

均布荷载 q=6.125 kN/m

最大弯矩 M=0.1ql2=0.1×6.125×0.80×0.80=0.392 kN.m

最大剪力 Q=0.6×0.800×6.125=2.94 kN

最大支座力 N=1.1×0.800×6.125=5.39 kN

截面力学参数为：

$$W=5.08cm^3；$$

$$I=12.19cm^4$$

抗弯强度计算：

抗弯计算强度 f=0.392×106/5080=77.2N/mm²

抗弯计算强度小于 205N/mm²，满足要求。

挠度计算：

最大变形 v=0.677×6.125×800.04/（100×206000×121900）=0.676mm

最大挠度小于 800.0/250，满足要求。

3）梁侧模板外龙骨的计算：

外龙骨承受内龙骨传递的荷载，按照集中荷载下连续梁计算。

外龙骨按照集中荷载作用下的连续梁计算。

集中荷载 P 取横向支撑钢管传递力。

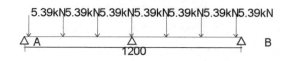

图8-1-5　支撑钢管计算简图

变形的计算按照规范要求采用静荷载标准值，受力图与计算结果如下：

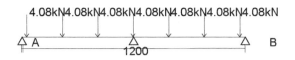

图8-1-6 支撑钢管变形计算受力图

经过计算得到：最大弯矩 M_{max}=1.867 kN.m，最大变形 v_{max}=1.467mm，支座力 Q=12.58 kN

抗弯计算强度 f=1.867×106/9576000.0=194.97N/mm²

支撑钢管的抗弯计算强度小于 205.0N/mm²，满足要求。

支撑钢管的最大挠度小于 600/150 与 10mm，满足要求。

4）梁底模支撑计算

计算参数

模板支架搭设高度为 5m，梁截面 B×D=350mm×1000mm，立杆的纵距 l=1000m，横距为 1.2m，立杆的步距 h=1.60m，梁底增加 1 道承重立杆。面板厚度 18mm，剪切强度 1.4N/mm²，抗弯强度 15.0N/mm²，弹性模量 6000.0N/mm⁴。梁底支撑顶托梁长度 1m，梁顶托上采用双 φ48×3.25 钢管做托梁，模板自重 0.35 kN/m²，混凝土钢筋自重 25.00 kN/m³，施工活荷载 4.00 kN/m²。扣件计算折减系数取 1.00。采用的钢管类型为 φ48×3.25。

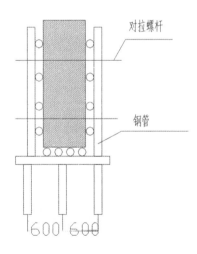

最大梁支撑示意图

图8-1-7

A、模板面板计算

钢筋混凝土梁自重（kN/m）：q_1=25.000×1.200×1.0=30.000 kN/m

模板的自重线荷载（kN/m）：q_2=0.350×1×（2×1.200+0.400）/0.500=1.96 kN/m

活荷载标准值 P_1=（2.000+2.000）×0.400×1=1.600 kN

均布荷载 q=1.20×30.000+1.20×1.96=38.35 kN/m

集中荷载 P=1.4×1.600=2.240 kN

面板的截面惯性矩 I 和截面抵抗矩 W 分别为：

$$W=100×1.80×1.80/6=54cm^3；$$

$$I=100×1.80×1.80×1.80/12=48.6cm^4。$$

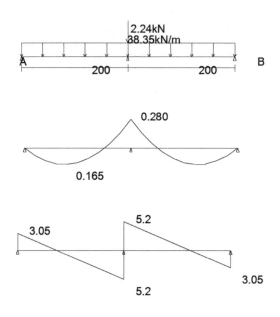

图8-1-8　计算简图

变形的计算按照规范要求采用静荷载标准值，受力图如下：

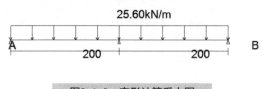

图8-1-9　变形计算受力图

经过计算得到从左到右各支座力分别为：N_1=2.883 kN，N_2=11.849 kN，N_3=2.883 kN。

最大弯矩 M=0.280 kN.m，最大变形 V=0.235mm

1）抗弯强度计算

经计算得到面板抗弯强度计算值 f=0.280×1000×1000/54000=5.185N/mm²<[f]＝

15.00N/mm²，满足要求。

2）挠度计算：

面板最大挠度计算值 v=0.235mm

面板的最大挠度小于 200.0/250，满足要求。

B、梁底支撑钢管的计算

按照三跨连续梁计算，最大弯矩考虑为静荷载与活荷载的计算值最不利分配的弯矩和，计算公式如下：

均布荷载 q=11.849/1=11.849 kN/m

最大弯矩 M=0.1ql2=0.1×11.849×1×1=1.185 kN.m

最大剪力 Q=0.6×1×11.849=7.109 kN

最大支座力 N=1.1×0.2×11.849=13.034 kN

钢管的截面力学参数为

$$W=5.08cm^3；$$

$$I=12.19cm^4。$$

1）钢管抗弯强度计算：

抗弯计算强度 f=1.185×106/5080/3=78 N/mm²

钢管的抗弯计算强度小于 205 N/mm²，满足要求。

2）钢管挠度计算：

均布荷载通过上面变形受力图计算的最大支座力除以跨度得到 13.034 kN/m

最大变形 v=0.677×13.034×10004/（100×206000×121900）=3.51mm

木方的最大挠度小于 1200.0/250，满足要求。

3）托梁的计算：

托梁按照集中与均布荷载下多跨连续梁计算。

均布荷载取托梁的自重 q=0.135 kN/m。

变形的计算按照规范要求采用静荷载标准值，计算结果如下：

经过计算得到最大弯矩 M=0.625 kN.m，最大支座 F=12.52 kN，最大变形 V=0.022mm

顶托梁的截面力学参数为：W=2x 5.08cm³；I=12.19cm⁴。

顶托梁抗弯强度计算：

抗弯计算强度 f=0.625×106/5080/2=61.52 N/mm²

顶托梁的抗弯计算强度小于 205 N/mm²，满足要求。

顶托梁挠度计算：

最大变形 v=0.022mm

顶托梁的最大挠度小于 400.0/250，满足要求。

4）立杆的稳定性计算

立杆的稳定性计算公式

$$\sigma = \frac{N}{\phi A} \le [f]$$

其中　　　N——立杆的轴心压力设计值，它包括：

横杆的最大支座反力 N_1=12.52 kN（已经包括组合系数）

脚手架钢管的自重 N_2=1.20×0.108×7=0.906 kN

$$N=12.52+0.906=13.42 \text{ kN}$$

　　φ——轴心受压立杆的稳定系数，由长细比 l0/i 查表得到；

　　i——计算立杆的截面回转半径（cm）；i=1.59

　　A——立杆净截面面积（cm^2）；A=4.57

　　W——立杆净截面抵抗矩（cm^3）；W=4.79

　　σ——钢管立杆抗压强度计算值（N/mm^2）；

　　[f]——钢管立杆抗压强度设计值，[f]=205.00 N/mm^2；

　　7——计算长度（m）；

如果完全参照《扣件式规范》不考虑高支撑架，由公式（1）或（2）计算

$$l0=k_1 uh \qquad （1）$$

$$l0=（h+2a） \qquad （2）$$

　　k_1——计算长度附加系数，按照表 1 取值为 1.185；

　　u——计算长度系数，参照《扣件式规范》表 5.3.3；u=1.750

　　a——立杆上端伸出顶层横杆中心线至模板支撑点的长度；a=0.30m；

公式（1）的计算结果：l0=1.185×1.750×1.700=3.361m

λ=3361/15.9=211.788 φ=0.163

σ=13.82×1000/（0.163×457）=185.5N/mm^2，立杆的稳定性计算 σ<[f]，满足要求。

公式（2）的计算结果：l0=1.700+2×0.300=2.300m

λ=2300/15.9=144.928 φ=0.333

σ=13820/（0.333×457）=90.81N/mm^2，立杆的稳定性计算 σ<[f]，满足要求。

如果考虑到高支撑架的安全因素，适宜由公式（3）计算

$$l0=k_1 k_2 （h+2a） \qquad （3）$$

　　k_2——计算长度附加系数，按照表 2 取值为 1.026；

公式（3）的计算结果：l0=1.185×1.026×（1.700+2×0.300）

$$=2.796m λ$$

$$=2796/15.9$$

$$=175.87 φ$$

$$=0.243$$

σ =13820/（0.243×457）=124.5N/mm², 立杆的稳定性计算 σ <[f]，满足要求。

6.其他梁模板面板采用酚醛薄膜胶合板，内龙骨采用方木，间距为 200mm；外龙骨采用双钢管 48mm×3.25mm，间距 1000mm。梁底支撑架立杆的纵距 l=1 m，横距为 1.2m，立杆的步距 h=1.60m，300×900 的梁底增加 1 道承重立杆，其他梁不需要。梁顶托上采用双钢管 48mm×3.25mm 做托梁。按照 300×1000 大梁做相应验算后，满足使用要求。

（三）一般规定

1.模板支架和满堂红脚手架的基础做法：场地必须平整坚实，并做好排水，回填土地面必须分层回填、逐层夯实，立杆底座置于面积不小于 0.1 ㎡ 的砼垫块或垫木上。本工程模板支架和满堂红脚手架搭设在砼地面，立杆底座下面铺设砼垫块或垫木上，并对楼板结构进行承载力验算。

2.可调底座调节螺杆伸出长度不宜超过 200mm，模板支架的高度调整宜采用可调顶托为主。

3.模板支架和满堂红脚手架构造的设计，宜让立杆直接传递荷载，当荷载作用于门架横梁上时，门架的承载力要乘以折减系数，当荷载对称作用于立杆与加强杆范围内时，取0.90；当荷载对称作用于加强杆顶部时，取0.70；当荷载集中称作用于横杆中间时，取0.30。

（四）搭设工艺及基本要求

1.脚手架搭设位置的楼地面必须清理干净，地基必须整平夯实并做好排水措施，脚手架不能直接立于楼地面上，必须设置横铺垫木。

2.脚手架自首层底部向上约200mm位置加设扫地杆，用 φ48 钢管连续设置，不可间断。

3.板底支撑架立杆的纵距 l=1 m，横距为 1.2m，立杆的步距 h=1.60m，支架内部应分别设置纵横两向竖直剪刀撑，间距为沿支架纵向每 4.5 米设一道，沿支架横向每 4.5 米设一道，每道竖直剪刀撑均为全高全长设置，本工程支架高度 5 米，只在扫地杆及封顶杆层设置水平剪刀撑，全平面设置。

（五）需注意的问题

1.防止砂浆等污物堵塞顶托螺纹。

2.规定荷载条件，严格控制局部超载，尽量避免偏心、振动等。

3.严禁高空抛掷门架及配件，避免造成门架下口宽度小于上口宽度的现象。

四、脚手架的检查与验收

（一）脚手架检查与验收

1. 验收阶段

（1）基础完工后及脚手架搭设前；

（2）作业层上施加荷载前；

（3）每搭设完 10~13m 高度后；

（4）达到设计高度后；

（5）遇有六级大风与大于后；

（6）停用超过一个月后。

2. 使用中定期检查项目

（1）杆件的设置和连接，连墙件、支撑、门洞桁架等的构造是否符合要求；

（2）地基是否积水、底座是否松动、立杆是否悬空；

（3）扣减螺栓是否松动；

（4）安全防护措施是否符合要求；

（5）是否超载。

3. 搭设技术要求、允许偏差与检查方法

表8-1-5

项次	项目		技术要求	允许偏差（mm）	检查方法与工具
1	地基基础	表面	坚实平整	—	观察
		排水	不积水		
		垫板	不晃动		
		底座	不滑动		
			不沉降	−10	
2	立杆垂直度	2m 高度	—	±7（水平偏差）	用经纬仪或吊线和卷尺
		10m 高度		±50（水平偏差）	
		20m 高度		±100（水平偏差）	
		完成高度		±100（水平偏差）	
3	间距	步距	—	±20	钢板尺
		纵距		±50	
		横距		±20	

续　表

项次	项目		技术要求	允许偏差（mm）	检查方法与工具
4	纵向水平杆高差	一根杆的两端	—	±20	水平仪或水平尺
		同跨内两根杆高差		±10	
5	双排脚手架横向水平杆外伸长度		外伸500mm	−50	钢板尺
6	主节点处各扣件中心点相互距离		≤150mm	—	钢板尺
7	同步立杆上两个相邻扣件的高差		≥500mm	—	钢卷尺
8	立杆上对接扣件至主节点的距离		≤三分之一步距	—	钢卷尺
9	纵向水平杆上的扣件至主节点的距离		≤三分之一纵距	—	钢卷尺
10	扣件螺栓拧紧扭力矩		40–65N.m	—	扭力扳手
11	剪刀撑斜杆与地面的倾角		45°–60°	—	角尺
12	对接脚手板外伸长度		130–150mm	—	卷尺
13	搭接脚手板外伸长度		≥100mm	—	卷尺

（二）扣件拧紧抽样检查数目及质量判定标准

安装后的扣件螺栓拧紧扭力矩采用扭力扳手检查，抽样方法按随机分布原则进行。抽样检查数目与质量判定标准按下表执行，不合格的必须重新拧紧，直至合格为止。

表8-1-6

项次	检查项目	安装扣件数量（个）	抽检数量（个）	允许的不合格数
1	连接立杆与纵（横）向水平杆或剪刀撑的扣件；接长立杆、纵向水平杆或剪刀撑的扣件	51–90	5	0
		91–150	8	1
		151–280	13	1
		281–500	20	2
		501–1200	32	3
		1201–3200	50	5

续 表

项次	检查项目	安装扣件数量（个）	抽检数量（个）	允许的不合格数
2	连接横向水平杆与纵向水平杆的扣件（非主节点处）	51～90	5	1
		91～150	8	2
		151～280	13	3
		281～500	20	5
		501～1200	32	7
		1201～3200	50	10

（三）脚手架检查评分表

表8-1-7

序号	检 查 项 目		扣分标准	应得分数	扣减分数	实得分数
1	证 项 目	施工方案	脚手架无施工方案扣10分； 施工方安不符合规范要求扣5分； 脚手架高度超过规范规定、无设计计算书或未经上级审批扣10分。	10		
2		架体基础	脚手架基础不平、不实、无垫木扣10分； 脚手架底部不加扫地杆扣5分。	10		
3		架体稳定	不按规定间距与墙体拉结的每有一处扣5分； 拉结不牢固的每有一处扣5分； 不按规定设置剪刀撑的扣5分； 不按规定高度作整体加固的扣5分； 门架立杆垂直偏差超过规定的扣5分。	10		
4		杆件、锁件	未按说明书规定组装，有漏装杆件和锁件的扣6分； 脚手架组装不牢、每一处紧固不合要求的扣1分。	10		
5		脚手板	脚手板不满铺，离墙大于10cm以上的扣5分； 脚手板不牢、不稳、材质不合要求的扣5分。	10		
6		交底与验收	脚手架搭设无交底扣6分； 未办理分段验收手续扣4分； 无交底记录扣5分。	10		
		小计		60		

续　表

序号	检查项目		扣分标准	应得分数	扣减分数	实得分数
7	一般项目	架体防护	脚手架外侧未设置1.2m高防护栏杆和18cm高的挡脚板扣5分； 架体外侧未挂密目式安全网或网间不严密扣7~10分。	10		
8		材质	杆件变形严重的扣10分； 局部开焊的扣10分； 杆件锈蚀未刷防锈漆的扣5分。	10		
9		荷载	施工荷载超过规定的扣10分； 脚手架荷载堆放不均匀的每一处扣5分。	10		
10		通道	不设置上下专用通道的扣10分； 通道设置不符合要求的扣5分。	10		
		小计		60		
检查项目合计				100		

五、脚手架的使用

1. 作业层每 1.0 m² 架面上的施工荷载不得超过以下规定值：结构脚手架小于 3 kN/m²；装修脚手架小于 2 kN/m²；

2. 架面上的材料应堆放整齐牢固，不影响施工操作和人员通行。严禁架上人员在架面上奔跑、退行，禁止在架板上加垫器物增加操作高度；

3. 在作业中，禁止随意拆除脚手架的基本构架杆件，交叉支撑紧固杆和连样件，确实操作需要拆除时，须经主管人员同意，采取相应弥补措施，并在作业完毕后及时恢复；

4. 工人在架上作业时，应注意自我安全保护和他人的安全，避免发生碰撞、闪失和落物，严禁在架上戏闹和坐在栏杆上等不安全处休息；

5. 人员上下脚手架必须走有安全防护的出入通（梯）道，严禁攀缘脚手架上下；

6. 每班工人上架作业时，应先检查脚手架有无安全隐患，如有隐患及时上报，处理后方可作业。在作业中如发现不安全情况或迹象时，应停止作业进行检查，必要时通知架上人员撤离，当问题解决后方可恢复作业。

六、脚手架的拆除

（一）拆除脚手架前的准确备工作应符合下列规定：

1. 应全面检查脚手架的扣件连接、连墙件、支撑体系等是否符合构造要求；

2. 应根据检查结果补充完善施工组织设计中的拆除顺序和措施，经主管部门批准后方可实施；

3. 应清除脚手架上杂物及地面障碍物；

4. 脚手架拆除时应划分作业区，周围设绳绑围栏或竖立警戒标志，地面设专人指挥，禁止非作业人员入内；

5. 拆架子的高处作业人员应戴好安全帽、系好安全带、扎裹腿、穿软底鞋方允许上架作业。

（二）拆除脚手架时，应符合下列规定：

1. 拆除作业必须由上而下逐层进行，严禁上下同时作业；

2. 连墙件必须随脚手架逐层拆除，严禁先将连墙件整层或数层拆除后再拆脚手架；分段拆除高差不应大于 2 步，如高差大于步，应增设连墙件加固；

3. 当脚手架拆至下部最后一根长立杆的高度（约 6.5m）时，应先在适当位置搭设临时抛撑加固后，再拆除连墙件；

4. 当脚手架采取分段、分立面拆除时，对不拆除的脚手架两端，应先加设连墙件及横向斜杆加固；

5. 拆除顺序应遵守由上而下，先搭后拆、后搭先拆的原则，即先拆栏杆、脚手板、剪刀撑、斜撑，而后小横杆、大横杆、立杆等。并按一步一清原则依次进行，要严禁上下同时进行拆除作业；

6. 拆立杆时要先抱住立杆再拆开最后两个扣，拆除大横杆、斜撑、剪刀撑时，应先拆中间扣，然后托住中间，再解端头扣；

7. 连墙件应随拆除进度逐层拆除，拆抛撑前，应用临时撑支住，然后才能拆除抛撑；

8. 拆除时要统一指挥、上下呼应、动作协调，当解开与另一人有关的结扣时，应先通知对方，以防坠落；

9. 大片架子拆除后所预留的斜道、上料平台、通道、小飞跳等，应在大片架子拆除前先进行加固，以便拆除后能确保其完整、安全和稳定；

10. 拆除时严禁撞碰脚手架附近的电缆线，以防止事故放生；

11. 拆除时严禁碰坏门窗、玻璃、落水管、房檐瓦片、地下明沟等物品；

12. 在拆除过程中，不得中途换人，如必须换人时，应将拆除情况交代清楚后方可离开。

（三）卸料时应符合下列规定：

1. 各构配件严禁抛至地面，拆下的材料，应用绳索拴住杆件利用滑轮徐徐下运；
2. 运至地面的构配件应及时检查、整修与保养，并按品种、规格随时码堆存放。

七、安全管理

1. 脚手架搭设人员必须是经过按现行国家标准《特种作业人员安全技术考核管理规则》（GB 5036）等考核合格的专业架子工。上岗人员应定期体检，合格方可持证上岗；

2. 搭设脚手架人员必须戴安全帽、系安全带、穿防滑鞋；

3. 脚手架的构配件质量与搭设质量，应按规定验收合格后方准使用；

4. 作业层上的施工荷载应符合设计要求，不得超载；不得将模板支架、缆风绳、泵送砼等到固定在脚手架上；严禁悬挂起重设备；

5. 当有六级及六级以上大风和雾、雨天气时应停止脚手架搭设与拆除作业；

6. 脚手架使用中，应定期检查杆件的设置的连接，连墙件、支撑、门洞桁架等的构造是否符合要求；地基是否有积水、底座是否有松动、立杆是否悬空；扣件是否松动；脚手架的垂直度偏差；安全防护措施是否符合要求；是否超载；

7. 在脚手架的使用期间严禁拆除主节点处的纵、横向水平杆、扫地杆及连墙件；

8. 不得在脚手架基础及相邻处进行挖掘作业，否则应采取安全措施；

9. 在脚手架上进行电、气焊作业时，必须有防火措施和专人看守；

10. 未经培训的不得从事脚手架搭拆作业，凡工地招用的外包脚手架搭拆人员或搭拆队伍，必须由项目负责人与分包队伍负责人及作业人员签订有效的施工合同，并持施工合同、工程安全技术交底及搭拆方案和上岗证件到公司安全科备案，否则按违章论处；

11. 脚手架搭拆前除分部分项和工种交底处，须向搭拆作业队伍进行安全技术交底，并按规定划定危险作业区，设危险警戒标志和设专人看护。脚手架搭设完毕，须经有关部门人员分段量化验收，并办理验收手续；

12. 严禁酒后作业，凡患有不适合高处作业疾病的登高架设人员不得从事架子工作业，作业人员应严格遵守本工种安全技术操作规程。未经工地负责人允许，任何人不得随意拆改脚手架；

13. 操作前应检查钢管、扣件的质量，对不符合质量要求，有锈蚀、弯曲、压弯、裂纹的钢管、扣件不得使用；

14. 脚手架的防雷：在脚手架的四个角方向的底部提前预设四处避雷接地引出线端头，引下线与建筑物的设计避雷带用镀锌扁铁焊接，待脚手架搭设至一定高度是在脚手架的角杆上方焊接避雷针并与下端避雷接地体引上线做电气连接。基本能够起到避雷效果，接地电阻应小于 4Ω；

15. 脚手架的防电：电线不能直接扎在脚手架上，如必须扎在脚手架上时，应有可靠的绝缘保护；

16. 脚手架的防火：防火以预防为主，首先尽可能不用易燃品作脚手架，用时清理脚手架上的易燃建材，在脚手架一定部位设置灭火器材。此外要限制在脚手架上动用明火。动用明火要审批，并有专人监护，禁止在脚手架上吸烟，杜绝火种来源；

17. 外脚手架搭设完成后，在门架外侧由上至下挂设安全网（防火型密网），外墙装修交叉作业时要求挂设水平网，安全网外侧挂上警示牌（通道口处必须挂设）和醒目的宣传标语；

18. 脚手架全部搭设完成后由项目部安全专责会同监理人员共同验收，合格后挂上排架标识牌，方可使用。

第二节　钢筋工程

钢筋在主体施工中是直接关系到整个施工进度及质量的关键工序；是施工管理的一个重要环节，为确保本工程安全、质量、工期及效益，必须在钢筋体系上采取各种有效措施，并加强施工技术管理。

一、前期准备工作

1. 按照流水施工的原则，合理对施工平面进行施工段划分，以便最大限度利用周材、劳动力，各个施工段同时平行流水施工，双等节拍、步距进行交叉穿插作业施工；

2. 组织现场管理人员及操作班组讨论熟悉主体钢筋工程主要施工工艺。制定适合该工程的钢筋体系及主要钢筋制作、安装、焊接方法；

3. 最大限度提高劳动生产率，将责任落实到施工班组。

二、现浇钢筋结构施工

（一）钢筋工程

1. 施工准备

（1）检查钢筋是否有出厂证明和复检报告；

（2）钢筋外表面如有铁锈的应在绑扎前清除干净，锈蚀严重侵蚀断面的钢筋不得使用；

（3）应将绑扎钢筋地点清扫干净；

（4）按图纸和操作工艺标准向班组进行安全、技术交底；

（5）钢筋制作实行挂牌制，按图纸要求及规范要求，按进场钢筋的实际长度进行配筋设计，合理的使用原料，所进行配筋设计的钢筋焊接接头位置、焊接长度、搭接长度、锚入支座的长度等都必须满足图纸及施工验收规范要求，钢筋按配筋设计进行配料、下料，焊接制作成型，半成品加工的顺序应满足现场绑扎的顺序，并按要求进行有序堆码，防止顺序混乱造成多次往返搬运损坏，影响工程的质量。

（二）钢筋加工

钢筋统一由业主方供货到现场，在钢筋加工房下料加工后，再由塔吊配合吊至各楼层工作面，减少人工搬运劳动强度，加快施工进度。制作工艺严格按四川省工程建设地方标准 DB51/T32.4–91 执行。

（三）钢筋接头

根据设计要求，本工程直径 ≥ 18 的钢筋优先采用机械滚轧，套筒挤压连接技术，其余钢筋接长，水平筋采用电弧焊，竖向筋优先采用电渣压力焊。按照设计要求，楼板钢筋采用绑扎接头；其次采用双面搭接焊接头。采用双面搭接焊接头钢筋事先预弯，以保证钢筋同心；柱纵向钢筋采用电渣压力焊对焊接头，层层焊接。以上焊接接头的质量标准应符合现行《混凝土结构工程施工及验收规范》（GB50204–92）和《钢筋焊接及验收规程》（JGJ18–86）的要求和进行接头试验。接头位置及接头数量严格按设计要求。

1. 钢筋电渣压力焊的施工

（1）现浇钢筋混凝土结构中 ≥ Φ16 的竖向钢筋的连接应采用电渣压力焊；

（2）电渣压力焊工艺过程应符合下列要求：

1）焊接夹具的上下钳口应夹紧于上、下钢筋上；钢筋一经夹紧不得晃动；

2）引弧应采用铁丝圈或焊条头引弧法，亦可采用直接引弧法；

3）引燃电弧后，应进行电弧过程。然后，加快上钢筋下送速度，使钢筋端面与液态渣池接触，转变为电渣过程，最后在断电的同时，迅速下压上钢筋，挤出熔化金属和熔渣；

4）接头焊毕，应停歇后，方可回收焊剂和卸下焊接夹具，并敲去渣壳；四周焊包应均匀，凸出钢筋表面的高度应 ≥ 4mm；

5）电渣压力竖焊两钢筋的同心度不得大于 0.1d 且小于 2mm，钢筋接头处的弯折角不得大于 3 度。

（3）在焊接生产中应进行自检，当发现偏心、弯折、烧伤等焊接缺陷时，应查找原因和采取措施，及时消除。

（4）安全防火，焊剂防潮

2. 钢筋闪光对焊的施工

（1）采用钢筋闪光对焊，其焊接工艺方法宜按下列规定选择：

1）当钢筋直径较小（Φ12），钢筋级别较低，可采用"连续闪光焊"；

2）当钢筋直径大于Φ12，且钢筋端面较平整，宜采用"预热闪光焊"；

（2）闪光对焊时，应选择调伸长度、烧化留量、顶锻流量。连续闪光焊时的应包括烧化留量、有电顶锻流量和无电顶锻流量；闪光——预热闪光焊时的留量应包括：一次烧化留量、预热留量、二次烧化留量、有电顶锻流量和无电顶锻流量。

（3）调伸长度的选择，应随着钢筋级别的提高和钢筋直径的加大而增大。

（4）烧化留量的选择，应根据焊接工艺方法确定。

（5）顶锻流量应为4-10mm，并应随着钢筋直径的增大和钢筋级别的提高而增大。

（6）在闪光对焊生产中，当出现异常现象或焊接缺陷时，应查找原因和采取措施，及时消除。

3.滚轧直螺纹钢筋接头

（1）材料：

1）被连接钢筋必须符合GB1499或GB13014的有关规定；

2）连接套筒必需宜选用45号优质碳素网或其他经型式检验确认符合要求的钢材，供货单位应提供质量保证书，并符合有关钢材的现行国家标准及JGJ107的有关规定。

（2）制造与加工

1）连接套筒质量与尺寸应满足产品设计要求；入场的套筒按批量必须提供型式检验报告；套同内螺纹尺寸与公差应满足GB/T197中6H精度要求；

2）丝头加工

①钢筋下料时不宜用热加工方法切断，钢筋断面宜平直并与钢筋轴线垂直；不得有马蹄形或扭曲，钢筋端部不得弯曲，出现弯曲时应调直。

②丝头有效螺坟长度应满足设计要求。

③丝头加工时应使用水性润滑液，不得使用油性润滑液。

④丝头中径、牙型角及丝头有效螺纹长度应符合设计要求。

⑤丝头加工完毕经检验合格后，应立即带上丝头保护帽，防止装卸钢筋时损坏丝头。

（3）钢筋连接施工

在进行钢筋连接时，钢筋规格应与套筒规格一致，并保证丝头与套筒内螺纹干净、完好无损。

（四）钢筋绑扎

分部分项钢筋绑扎严格执行DB51/T32.4-91绑扎程序。柱墙钢筋在就位处绑扎，梁、板钢筋在底模上绑扎。

1.柱钢筋绑扎

（1）工艺流程

套柱箍筋→电渣压力焊竖向受力钢筋→画箍筋间距线→绑箍筋。

（2）施工方法

1）套柱箍筋：按图纸要求间距，计算好每根柱箍筋数量，先将箍筋套在下层伸出的搭接筋上，然后立柱子钢筋；

2）画箍筋间距线：在立好的柱子竖向钢筋上，按图纸要求用粉笔划箍筋间距线；

3）柱箍筋绑扎：

①按已划好箍筋位置线，将已套好箍筋往上移动，由上往下绑扎，宜采用缠扣绑扎。

②箍筋与立筋要垂直，箍筋转角处与主筋交点均要绑扎，立筋与箍筋非转角部位相交点成梅花状交错绑扎。

③箍筋的弯钩叠合处应沿柱子竖筋交错布置，并绑扎牢固。

④柱箍筋弯头应弯成135度，平直部分长度不小于10d（d为箍筋直径），如箍筋采用90度搭接，搭接处应焊接，焊接长度单面焊缝不小于5d。

⑤柱上下两端箍筋应加密，加密区长度和加密区内箍筋间距应符合设计图纸要求。

⑥柱筋保护层厚度应符合规范要求，主筋外皮为25mm，垫块应绑在柱竖向筋外皮上，间距一般1000mm，以保证主筋保护层厚度准确。当柱截面尺寸有变化时，柱筋在板内弯折，弯后的尺寸要符合设计要求。

⑦梁钢筋绑扎

A工艺流程

画主次梁箍筋间距→放主梁次梁箍筋→穿主梁底层纵筋及弯起筋→穿次梁底层纵筋及弯起筋→穿主梁上层纵向架立筋→按箍筋间距绑扎→穿次梁上层纵向钢筋→按箍筋间距绑扎。

B施工方法

Ⅰ在梁侧模板上画出箍筋间距，摆放箍筋。

Ⅱ先穿主梁的下部纵向受力钢筋及弯起钢筋，将箍筋按已画好的间距逐个分开，穿次梁的下部纵向受力钢筋和弯起钢筋，并套好箍筋，放主次梁的架立筋，隔一定步距架立筋与箍筋绑扎牢固，调整箍筋间距使间距符合设计要求，绑架立筋、在绑主筋，主次梁同时配合进行。

Ⅲ梁、柱、墙外皮齐平时，梁外侧纵向钢筋应弯折入柱墙主筋内侧。

Ⅳ框架梁上部纵向钢筋应贯穿中间节点，梁下部纵向钢筋伸入中间节点锚固长度及伸过中心线的长度要符合设计要求，框架梁纵向钢筋在端节点同锚固长度也符合设计要求。

Ⅴ绑梁上部纵向筋的箍筋，宜用套扣法绑扎。

Ⅵ箍筋在叠合处的弯钩，在梁中应交错绑扎，箍筋弯头应弯成135度，平直部分长度为10d，如做成封闭箍时，单面焊缝长度为5d。

Ⅶ梁端第一个箍筋应设置在距离柱节点边缘50mm处，梁端与柱交接处箍筋应加密，其间距与加密区长度要符合设计要求。

Ⅷ在主次梁受力筋下均应垫块，保证保护层的厚度，受力筋为双排时，可用短钢筋垫在两层钢筋之间，钢筋排距应符合设计要求。

2. 板钢筋绑扎

1. 工艺流程

清理模板→模板上画线→绑扎板受力筋→绑负弯矩筋。

2. 施工方法

Ⅰ 清理模板上的杂物，用粉笔在模板上划好主筋、分布筋间距。

Ⅱ 按划好的间距，先摆好受力主筋，后放分布筋，预埋件、电线管、预留孔等及时配合安装。

Ⅲ 在现浇板中有板带梁时，应先绑扎板带梁钢筋，再摆放板钢筋。当梁底与板底相平时，板的下部钢筋伸入梁内时，应置于梁下部纵向钢筋之上。

Ⅳ 绑扎板筋时一般用顺扣或八字扣，除外围两根筋的相交点应全部绑扎外，其余各点可交错绑扎（双向板相交点须全部绑扎）；如板为双层钢筋，两层筋之间加钢筋马凳，以确保上部钢筋的位置，负弯矩钢筋每个相交点均要绑扎。

Ⅴ 在钢筋的下面垫好砂浆垫块，间距1.5m，垫块的厚度等于保护层的厚度，应满足设计要求。如设计无要求时，板的保护层厚度应15mm，钢筋搭接长度与搭接位置的要求与前述梁相同。

3. 楼梯钢筋绑扎

（1）工艺流程

划位置线→绑扎梁钢筋→绑主筋→绑分布筋→绑踏步筋。

（2）施工方法

Ⅰ 在楼梯底板上划主筋和分布筋的位置线。

Ⅱ 根据设计图纸中主筋、分布筋的方向，先绑扎主筋后绑扎分布筋，每个交点均应绑扎、如有楼梯梁时，先绑梁后绑板筋，板筋要锚固到梁内。

Ⅲ 板底筋绑完，待踏步模板吊绑支好后，再绑扎踏步钢筋，主筋接头数量和位置均要符合施工规范的规定。

质量标准：

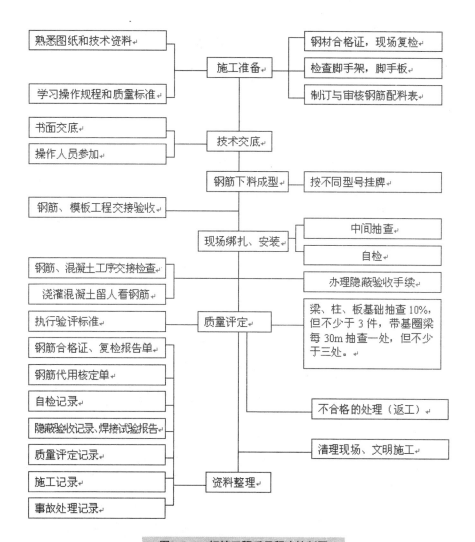

图8-2-1 钢筋工程质量程序控制图

第三节　混凝土

一、适用范围

适用于桥梁工程混凝土的施工，不含水下混凝土的灌注、真空脱水混凝土及喷射混凝土等的施工。

二、施工准备

（一）技术准备

1. 进行混凝土配合比设计。
2. 编制分项工程施工方案，并对班组进行培训及交底。

（二）材料要求

配置混凝土的各种原材料品种规格和技术性能应符合国家现行标准规定和设计要求。水泥、外加剂及掺合料等还应进行碱含量检测，砂、石子等应进行碱活性检测，碱含量或碱活性应符合设计要求和有关国家现行标准的规定。

1. 水泥

（1）配置混凝土所使用的水泥，一般采用普通硅酸盐水泥、硅酸盐水泥，有特殊要求时可采用其他品种水泥。

（2）水泥进场应有出厂合格证和出厂试验报告，并应按其品种、强度等级、包装或散装仓号、出厂日期等进行检查验收，进场后应进行复试，试验合格后方可使用。

2. 砂

（1）混凝土用砂，一般采用质地坚硬、级配良好、颗粒洁净、粒径小于 5mm 的砂。各类砂应按有关标准规定分批检验，各项指标合格方可使用。

（2）普通混凝土所用的砂应以细度模数 2.5–3.5 之间的中、粗砂为宜，其含泥量应小于 3%。

3. 石子

（1）混凝土用的石子，应采用坚硬的碎石或破碎卵石，并应按产地、类别、加工方法和规格等不同情况，按有关标准规定分批进行检验，确认合格后方可使用。

（2）石子最大粒径应按混凝土结构情况及施工方法选择，但最大粒径不得超过结构物截面最小尺寸的 1/4，且不得超过钢筋最小净距的 1/2。泵送混凝土时石子最大粒径除应符合上述规定外,对碎石不宜超过输送管径的1/3,对于破碎卵石不宜超过输送管径的1/2.5,同时应符合混凝土输送泵的使用规定。

4.外加剂:必须经有关部门检验并附有检验合格证明,使用前应进行复验,确认合格后方可使用,使用方法应符合产品说明书及现行国家有关标准的规定。

5.掺合料:可采用粉煤灰、矿粉等,进场时应附有产品出厂检验报告,进场后应按有关标准规定进行复试,确认合格后方可使用。

6.水:宜采用饮用水,当采用其他水源时,应按有关标准对其进行化验,确认合格后方可使用。

(三)机具设备

1.混凝土搅拌设备:混凝土搅拌机、装载机、计量设备、手推车等。

2.混凝土运输设备:混凝土运输车、机动翻斗车等。

3.混凝土浇筑设备:混凝土输送泵、汽车吊及吊斗、混凝土振捣器等。

4.其他设备:空压机、风镐、发电机、水泵、水车等。

5.工具:抹子、铁锹、串筒、漏斗、溜槽、锤子、铁錾等。

(四)作业条件

1.配制混凝土的各组成材料进场并经检验合格,数量或补给速度满足施工要求。

2.混凝土搅拌站已安装就位,并经验收合格。

3.混凝土浇筑作业面及搅拌站通水通电,混凝土运输道路畅通。

4.模板、钢筋及预埋件等经验收合格,具备混凝土浇筑条件。

5.混凝土浇筑施工方案已经有关部门及监理审批。

三、施工工艺

(一)工艺流程

混凝土搅拌→混凝土运输→混凝土浇筑→混凝土养护。

(二)操作工艺

1.混凝土搅拌

(1)开始搅拌前,应进行如下准备工作:

1)对搅拌机及上料设备进行检查并试运转。

2)对所有计量器具进行检查并定磅。

3)校对施工配合比。

4)对所用原材料的质量、规格、品种、产地及牌号等进行检查,并与施工配合比进行核对。

5）对砂、石的含水率进行检测，如有变化，及时调整配合比用水量。

（2）计量：各种衡器应定期校验，保持准确；骨料含水率应经常测定，雨天施工应增加测定次数。

1）砂、石计量：砂、石计量的允许偏差为 ±3%。

2）水泥计量：采用袋装水泥时，对每批进场的水泥应抽查 10 袋的重量，并计量每袋的平均实际重量。小于标定重量的要开袋补足，或以每袋的实际水泥重量为准，调整其他材料的用量，按配合比的比例重新确定每盘混凝土的施工配合比。采用散装水泥的，应每盘精确计量。不同强度等级、不同品种、不同厂家的水泥不得混合使用。水泥计量的允许偏差为≤ ±2%。

3）外加剂计量：对于粉状的外加剂，应按施工配合比每盘的用量，预先在外加剂存放的仓库中进行计量，并以小包装运到搅拌地点备用。液态外加剂要随用随搅拌，并用比重计检查其浓度。外加剂计量的允许偏差为≤ ±2%。

4）掺合料计量：对于粉状的掺合料，应按施工配合比每盘的用量，预先在掺合料存放的仓库中进行计量，并以小包装运到搅拌地点备用。掺合料计量的允许偏差为≤ ±2%。

5）水计量：水必须盘盘计量，其允许偏差为≤ ±2%。

（3）上料：现场拌制混凝土，一般是计量好的原材料先汇集在上料斗中，经上料斗进入搅拌筒。水及液态外加剂经计量后，在往搅拌筒中进料的同时，直接注人搅拌筒。原材料汇集到上料斗的顺序如下：

1）无外加剂、掺合料时，依次进入上料斗的顺序为石子、水泥、砂。

2）有掺合料时，其顺序为石子、水泥、掺合料、砂。

3）有干粉状外加剂时，其顺序为石子、外加剂、水泥、砂，或顺序为石子、水泥、砂、外加剂。

（4）混凝土应使用强制式搅拌机搅拌，混凝土最短搅拌时间可按表 8-3-1 采用。

表8-3-1　混凝土搅拌的最短时间（s）

混凝土坍落度（mm）	搅拌机出料量（L）		
	< 250	250-500	> 500
≤ 30	60	90	120
	90	120	150
> 30	60	60	90
	90	90	120

注：　1.混凝土搅拌的最短时间系指自全部材料装人搅拌筒中起，到开始卸料止的时间。2.当掺有外加剂时，搅拌时间应适当延长。

（5）首盘混凝土拌制时，先加水使搅拌筒空转数分钟，搅拌筒被充分湿润后，将剩余水倒净。搅拌第一盘时，由于砂浆粘筒壁而损失。因此，石子的用量应按配合比减10%。从第二盘开始，按给定的混凝土配合比投料。

（6）混凝土在拌和过程中，除对搅拌时间进行控制外，还应对混凝土拌合物的均匀性进行检查，保证混凝土颜色一致，不得有离析和泌水现象。

（7）混凝土搅拌完毕后，应按下列要求检测混凝土拌合物的各项性能：

1）混凝土拌合物的坍落度及和易性，应在搅拌地点和浇筑地点分别取样检测，评定时应以浇筑地点的测值为准，每一工作班至少两次。

如混凝土拌合物从搅拌机出料至浇筑人模的时间不超过15min时，其坍落度可以在搅拌地点取样检测。

2）在检测坍落度时，还应观察混凝土拌合物的粘聚性和保水性。

3）按有关规定制作混凝土试块。

2.混凝土运输

（1）混凝土的运输能力必须满足混凝土浇筑的连续性，并确保在混凝土初凝前浇筑完毕。

（2）当混凝土拌合物运距较近时，可采用无搅拌器的运输工具运输、但容器必须不吸水漏浆。

当采用搅拌运输车运输且运距较远时，途中应以每分钟约2–4转的慢速进行搅动，卸料前应快转2–3min，混凝土的装载量应为搅拌筒几何容量的2/3。

（3）混凝土运至浇筑地点后发生离析、严重泌水现象时不得使用。

（4）采用泵送混凝土应符合下列规定：

1）混凝土的供应必须保证混凝土输送泵能连续工作。

2）输送管线宜顺直，转弯宜缓，接头应严密。如管道向下倾斜，应防止混入空气产生阻塞。

3）泵送前应该先用适量的与混凝土成分相同的水泥砂浆润滑内壁。预计泵送间歇时间超过45min时，应立即用压力水或其他方法清理管内残留混凝土。

4）在泵送过程中，受料斗内应留有足够的混凝土，以防止吸入空气而产生阻塞。

3.混凝土浇筑

（1）混凝土浇筑前应对支架、模板、钢筋和预埋件等分别进行检查验收，符合要求后方能浇筑混凝土。模板内的杂物、积水和钢筋上的污垢应清理干净；模板内面应涂刷脱模剂。

（2）混凝土自高处倾落的自由高度不宜超过2m。倾落高度超过2m时，应通过串筒、溜槽等设施下落；倾落高度超过10m时，应设置减速装置。

（3）混凝土应按一定厚度、顺序和方向分层浇筑，分层浇筑时应在下层混凝土初凝前浇筑上层混凝土。上下层同时浇筑时，上层与下层前后浇筑距离应保持1.5m以上。

在倾斜面上浇筑混凝土时，应从低处开始，逐层扩展升高，保持水平分层。

混凝土分层浇筑厚度不宜超过表 8-3-2 的规定。

表8-3-2　混凝土分层浇筑厚度

捣实方法		浇筑层厚度（mm）
用插入式振动器		300
用附着式振动器		300
用表面振动器	无筋或配筋稀疏时	250
	配筋较密时	150

注：　　表列规定可根据结构物和振动器型号等情况适当调整。

（4）浇筑混凝土时，应采用振动器捣实，边角处可采用人工辅助振捣。用振动器振捣混凝土时，应符合下列规定：

1）使用插入式振动器时，移动间距不应超过振动器作用半径的 1.5 倍；与倒模应留有 50mm-100mm 的距离，插入下层混凝土 50mm-100mm；每一处振动完毕后应边振动边徐徐拔出振动棒；振动棒应避免碰撞模板、钢筋、芯管和预埋件，如靠近模板处钢筋较密，在使用插入式振动器之前先以人工仔细插捣。

2）表面振动器的移动间距，应保证振动器的平板能覆盖已振实部分 100mm 左右为宜。

3）附着式振动器的有效作用半径和振动时间应视结构形状、模板坚固程度及振动器的性能情况，通过试验确定。

4）每一振动部位的振捣延续时间，应使混凝土表面呈现泛浆和不再沉落为度。

（5）施工缝应按下列要求进行处理：

1）应凿除混凝土表面的水泥浆和软弱层，凿除时，混凝土强度应满足下列要求：水冲洗或钢丝刷处理混凝土表面时，应达到 0.5Mpa；用人工凿毛时，应达到 2.5Mpa。

2）经过凿毛处理的混凝土表面，应用压力水冲洗干净，使表面保持湿润但不积水。在浇筑混凝土前，对水平缝应铺一层厚为 10mm-20mm 的同配比减渣混凝土。

3）对于重要部位，有防震要求的混凝土结构或钢筋稀疏的结构，应在接缝处补插锚固钢筋或做桦槽；有抗渗要求的施工缝宜做成凹、凸形或设置钢板止水带。

4）施工缝为斜面时，应浇筑成或凿成台阶状。

5）施工缝处理后，须待下层混凝土达到一定强度后才允许继续浇筑上层混凝土。需要达到的强度不得低于 1.2Mpa，当结构物为钢筋混凝土时，不得低于 2.5Mpa。

混凝土达到上述抗压强度的时间宜通过试验确定，如无试验资料，可参考有关规范确定。

（6）混凝土浇筑过程中或浇筑完成时，如混凝土表面泌水较多，应及时采取措施。在不扰动已浇筑混凝土的条件下，将泌水排除；继续浇筑时，应查明原因采取措施减少泌水。

（7）结构混凝土浇筑完成后，对混凝土顶面应及时进行修整、抹平，待定浆后再抹第二遍并压光或拉毛。

（8）浇筑混凝土时，严禁在混凝土中加水改变稠度。

（9）大体积混凝土的浇筑宜在室外气温较低时进行，混凝土的浇筑温度不宜超过28℃，并应采取有效的措施降低混凝土水化热。

（10）混凝土在浇筑过程中，应随时检查模板、支架、钢筋、预埋件和预留孔洞的情况，如发现有变形、移位或沉陷等情况时应立即停止浇筑、查明原因，并在混凝土凝结前修整完好。

4. 混凝土养护

（1）浇筑完成的混凝土，应加以覆盖和洒水养护，并应符合以下规定：

1）混凝土应在终凝后及时进行覆盖养护，覆盖时不得损伤或污染混凝土表面。

2）混凝土养护的时间不得少于 7d，可根据大气的温度、湿度和水泥品种及掺用的外加剂等情况，酌情延长；对掺用缓凝型外加剂或有抗渗要求的混凝土不得少于 14d；预应力混凝土养护至预应力张拉。

3）洒水的次数应能保持混凝土表面经常处于湿润状态。

4）当气温低于 5℃时，应覆盖保温，不得向混凝土表面洒水。

5）混凝土养护用水应与拌合用水要求相同。

（2）对于大体积混凝土的养护，应根据气候条件采取温控措施，并按需要测定浇筑后的混凝土表面和内部温度，将温差控制在设计要求的范围内，当设计无具体要求时，温差不宜超过 25℃。

（3）采用蒸汽养护混凝土时应符合下列规定：

1）混凝土浇筑完毕后，应静放一段时间后再加温，静放时间为 2~4h，静放环境温度不宜低于 10℃；蒸养温度不宜超过 80℃。

2）升降温速度应符合表 8-3-3 的规定。

表8-3-3　加热养护混凝土的升降温速度

表面系数	升温速度（℃/h）	降温速度（℃/h）
≥ 6	15	10
< 6	10	5

注：　配筋稠密，连续长度较短（6m~8m）的薄型结构，升温速度为20℃/h。

（三）季节性施工

1. 雨期施工

（1）水泥等材料应存放于库内或棚内，散装水泥仓应采取防雨措施。

（2）雨期施工中，对骨料含水率的测定次数应增加，并及时对施工配合比进行调整。

（3）模板涂刷脱模剂后，要采取措施避免脱模剂受雨水冲刷而流失。

（4）及时准确地了解天气预报信息，避免在雨中进行混凝土浇筑，必须浇筑时，应采取有效措施确保混凝土质量。

（5）雨期施工中，混凝土模板支架及施工脚手架地基须坚实平整、排水顺畅。

2. 冬期施工

（1）室外日平均气温连续 5d 稳定低于 5℃时，混凝土施工应采取冬施措施。

（2）冬期施工混凝土的搅拌

1）应优先选用硅酸盐水泥或普通硅酸盐水泥，水泥强度等级不应低于 32.5 级，最小水泥用量不宜低于 300kg，水灰比不宜大于 0.6。

2）宜使用无氯盐类防冻剂，对抗冻性要求高的混凝土，宜使用引气剂或引气减水剂，其掺量应根据混凝土的含气量要求，通过试验确定。在钢筋混凝土和预应力混凝土中不得掺有氯盐类防冻剂。

3）混凝土所用骨料必须清洁，不得含有冰、雪等冻结物及易冻裂的矿物质。

4）混凝土的搅拌宜在保温棚内进行；应优先选用水加热的方法，水和骨料的加热温度应通过计算确定，但不得超过表 8-3-4 的规定。

表8-3-4　拌和水和骨料加热最高温度（℃）

项目	拌和水	骨料
强度等级 < 42.5 的普通硅酸盐水泥、矿渣硅酸盐水泥	80	60
强度等级 ≥ 42.5 的普通硅酸盐水泥、矿渣硅酸盐水泥	60	40

水泥不得直接加热，宜在使用前运入保温棚存放。

当骨料不加热时，水可加热到 100℃，但投料时水泥不得与 80℃以上的水直接接触。投料顺序为先投入骨料和已加热的水，然后再投入水泥。

5）混凝土拌制前，应用热水或蒸汽冲洗搅拌机，拌制时间应取常温的 1.5 倍。混凝土拌合物的出机温度不宜低于 10℃，入模温度不得低于 5℃。

（3）冬施混凝土拌合物除应进行常温施工项目检测外，还应进行以下检查：

1）检查外加剂的掺量。

2）测量水和外加剂溶液以及骨料的加热温度和加入搅拌机时的温度。

测量混凝土的出机温度和入模温度。

以上检查每一工作班应至少测量检查 4 次。

4）混凝土试块除应按常温施工要求留置外，还应增设不少于 2 组与结构同条件养护的试件，分别用于检验受冻前的混凝土强度和转入常温养护 28d 的混凝土强度。

（4）混凝土运输车应采取保温措施，宜采用混凝土罐车运输，采用混凝土输送泵进行混凝土浇筑时，对泵管应采取保温措施。

（5）及时准确地了解天气预报信息，浇筑混凝土要避开寒流及雪天，必须浇筑时，应采取有效措施确保混凝土质量。

（6）混凝土浇筑成型后，应及时对其进行保温养护。

四、质量标准

（一）基本要求

1. 所用的水泥、砂、石、水、外掺剂及混合材料的质量和规格，必须符合有关技术规范的要求，按规定的配合比施工，使用预拌混凝土需有预拌混凝土出厂合格证。

2. 混凝土强度必须符合设计要求。强度的检验一般是做抗压试验，设计有特殊要求时，应做抗折、抗拉、弹性模量、抗冻、抗渗等试验。

3. 混凝土应振捣密实，不应有蜂窝、孔洞、裂缝及露筋现象。

4. 钢筋混凝土结构在自重荷载下，不允许出现受力裂缝。

5. 预应力筋的孔道必须通顺、洁净。

（二）实测项目

执行桥梁工程中相关施工技术规范、标准。

（三）外观鉴定

1. 混凝土表面应平整，施工缝应平顺。

2. 结构外形应轮廓清晰，线条直顺。

3. 封锚混凝土应密实、平整。

五、成品保护

1. 在已浇筑的混凝土未达到 1.2MPa 以前，不得在其上踩踏或进行施工操作。

2. 在拆除模板时不得强力拆除，以免损坏结构棱角或清水混凝土面。

3. 不应在清水混凝土面上乱涂乱画，以免影响美观。

4. 在模板拆除后，对易损部位的结构棱角（如方柱的四角）应采取有效措施予以保护。

六、应注意的质量问题

（一）蜂窝、麻面与孔洞

1. 要求模板拼缝严密不漏浆，以免水泥浆流失而造成麻面甚至蜂窝。

2. 模板表面应光滑，均匀涂刷脱模剂并避免脱模剂流失，以免粘模而造成脱皮麻面。

3. 一次下料厚度不得过大，以免振捣不实或漏振而造成蜂窝甚至孔洞。

4. 钢筋较密时混凝土坍落度不宜过小，骨料粒径不宜过大，以免混凝土被卡而造成蜂窝甚至孔洞。

5. 混凝土振捣应适度，漏振易形成蜂窝甚至孔洞，过振易形成麻面。

（二）露筋

1. 按施工方案要求的间距将钢筋保护层垫块绑扎牢固，不得出现漏放及松动位移现象，垫块应具有足够的强度。

2. 混凝土浇筑时应分层振捣密实。

（三）缝隙及夹层

1. 施工缝处杂物应清理干净。在浇筑混凝土前，对水平缝宜铺一层厚为10mm–20mm同强度等级的减渣混凝土。

2. 墩台混凝土浇筑前，应在基础顶浇筑减渣混凝土，并保证混凝土供应的连续性。

（四）烂根

1. 墩台、基础及现浇护栏等结构混凝土浇筑前，要认真用高强度等级砂浆将底口封严，并采取措施避免模板上浮。

2. 箱梁混凝土浇筑应先浇底板后浇腹板，浇筑腹板混凝土时，应采取措施防止底板及埂斜处的混凝土上涌。

3. 箱梁、盖梁及预制梁等结构的侧模与底模的拼缝应严密不漏浆。

（五）混凝土强度不足

1. 严格控制原材料质量，进场后应按有关规定抽样试验，试验合格方可使用。

2. 按混凝土配合比施工，严格原材料的计量，混凝土应搅拌均匀。

3. 混凝土经运输出现离析等质量问题时不得使用。

4. 混凝土的养护应及时、养护措施得当、养护期满足规范要求。

5. 冬期施工的混凝土，应严格控制其人模温度，成型后视气温情况应采取保温措施，确保混凝土在达到临界强度前不受冻。

（六）裂缝

1. 首先要求配合比设计要合理，水灰比不宜过大，单方石子用量不宜过小。

2. 严格控制砂石杂质含量及针片状含量在规范允许范围内，级配应合理，并避免使用细度大的水泥。

3. 混凝土浇筑前，对混凝土的质量进行严格检查，不合格品严禁进行浇筑。

4. 混凝土要振捣均匀，避免出现过振现象，以防局部出现塑性收缩裂缝和干缩裂缝，并严禁用振捣棒赶料。

5.严格控制混凝土表面温差，不得超过25℃，以免出现表面温差裂缝。

6.模板拆除不宜过早，以免混凝土水分大量散失形成收缩裂缝。

七、环境、职业健康安全管理措施

（一）环境管理措施

1.必须在搅拌机前苔及运输车清洗处设置排水沟、沉淀池，废水经沉淀后方可排人市政污水管道。

其他污水也不得直接排入市政污水管道内，必须经沉淀后方可排入。

2.加强人为噪声的监管力度，要防止人为敲打、叫嚷、野蛮装卸噪声等现象，最大限度减少噪声扰民。

3.搅拌机、空压机、发电机等强噪声机械应安装在工作棚内，工作棚四周应严密围挡。

4.对施工场地内的临时道路要按要求硬化或铺以炉渣、砂石，并经常洒水降尘。

5.水泥和其他易飞扬的细颗粒散体材料，应安排在库内存放或严密遮盖。

6.运输水泥和其他易飞扬的细颗粒散体材料和建筑垃圾时，必须封闭、包扎、覆盖、不得沿途泄漏遗洒。

（二）职业健康安全管理措施

1.高处作业时，上下应走马道（坡道）或安全梯。

2.采用吊斗浇筑混凝土时，吊斗升降应设专人指挥。落斗前，下部的作业人员必须躲开，不得身倚栏杆推动吊斗。

3.浇筑墩台等结构混凝土时，应搭设临时脚手架并设防护栏，不得站在模板或支撑上操作。

4.使用溜槽浇灌基础等结构混凝土时，不准站在溜槽帮上操作，必要时应设临时支架。

5.使用内部振动器振捣混凝土时，振倒手必须戴绝缘手套并穿胶鞋。

6.高压电线下施工时必须满足安全距离。

第九章 预应力混凝土梁的预制

第一节 先张法预应力混凝土简支梁的制造工艺

一、准备情况

1. 台座

为确保安全、操作方便，先张法预应力张拉台座采用长线墩式台座，共设置张拉台座四个，每个台座长 67m，每个台座预制 3 片梁。张拉采用框架式张拉架，用 C25 钢筋砼浇筑而成；为提高梁板在张拉时的承载能力，底模用 C20 混凝土浇筑，顶面贴 3mm 钢板，以提高台座的重复使用能力；张拉所用固定横梁与移动横梁均用 I56 工字钢与钢板焊接而成。

2. 张拉设备

为保证张拉采用先单张后群张法。按 20m 板梁最大张拉力选用张拉设备，20m 板梁使用 φs15.2 的低松弛钢绞线（抗拉标准值 fpk=1860MPa），张拉控制应力为 1302Mpa（0.7fpk）。选用 25000 kN 的千斤顶 2 台，另配 1 台 240 kN 小千斤顶初张用。张拉设备（千斤顶、油压表）事先送计量部门标定，按标定曲线及回归方程使用，使用时间超过 6 个月或 200 次以及在使用过程中出现不正常现象或检修后要重新校验，工具锚采用柳州 OVM 锚具。

二、施工工艺流程

台座与张拉架制作→钢筋与预应力钢绞线制作下料→预应力钢绞线安装→单根张拉预应力至 5%→钢筋安装→张拉预应力至 100%→持载→底板及腹板钢筋绑扎→侧模模板安装→浇筑底板砼→安装内芯模→顶板钢筋绑扎→端模安装→腹板与顶板砼浇筑→拆模→养生→放张→封端→移至存梁场。

三、施工方法

（一）模板清理、涂脱模剂

将模板清理干净，接缝严密，均匀涂刷新机油或变压油。

（二）绑扎底、侧部钢筋，布钢绞线及安装侧模

为了保证混凝土保护层的厚度，对底、侧部钢筋垫灰色锚爪形塑料垫块，普通钢筋、预埋钢筋采用焊接方式连接，以免振捣砼时产生位移。底模梁底三角楔块内侧留缓坡，以免放张时造成梁体破坏。钢绞线下料时，按顺序旋转开捆，严格按所需长度下料，用砂轮锯截取，在距刀口两侧各 3-5cm 处用钢丝扎紧，从一侧逐根顺直布线并穿入张拉横梁中，大致拉直。准确套好失效管，失效管与钢绞线用胶带密封牢固。特别注意钢绞线在存放和搬运过程中避免机械损伤和有害的锈蚀，存放时用枕木垫起并用苫布覆盖。钢绞线安装完成时，侧模应及时安装完毕，侧模采用定型钢模，便于快速安装及拆卸。

（三）张拉钢绞线

1. 张拉程序

按规范先张法预应力筋张拉程序如下（使用夹片式锚具、低松弛钢绞线）：0 初应力（按 10%δcon）20%δcon 100%δcon。锚固时用钢楔块打紧。张拉采用应力值、伸长值和回缩量三控制。张拉力按标定曲线计算出的油压表读数控制，伸长值、回缩值实际量取。当实测伸长值与理论伸长值相差超过 6% 或回缩值超过 6mm 时，查出原因，重新张拉。δcon 为控制应力。在张拉过程中，大千斤顶的行程一次达不到施工要求，需倒千斤顶时用钢箱钢楔垫上打紧防止钢绞线回缩。

2. 伸长值的量取、计算和回缩值的量取

（1）伸长值的量取和计算

先用小千斤顶逐根张拉到初应力 10%δcon 夹紧，用大千斤顶也张拉到 10%δcon，在张拉端固定横梁处边缘各根钢绞线上画量伸长值的起始线；再张拉到 20%δcon，画线量取伸长值 L_1（用 10%-20% 段代替 0-10% 段的伸长值）；继续张拉至 100%δcon，持荷 2min，画线并量取从 10%δcon 到 100%δcon 段的伸长值 L_2。实际的总伸长值 $L_{实}$=L_1+L_2，理论伸长值 $L_{理}$，按《公路桥梁施工技术规范》中的公式计算，$L_{实}$ 与 $L_{理}$ 的差值控制不超过 6%。

理论伸长值 $L_{理}$=PP*L/AP*EP。

PP—预应力筋的平均张拉力

AP—预应力筋的截面积。

EP—预应力筋的弹性模量

L—预应力筋的长度

（2）回缩值的量取

张拉到 100%δcon 时持荷 2min 后。在张拉端固定横梁内边缘画量回缩值的起始线，油泵回油，千斤顶卸荷、钢绞线回缩、夹片夹紧锚固后，再画线量取回缩值，回缩值控制在 6mm 之内。

3.张拉后的检查

张拉后检查断丝不超过 1%，钢绞线位置偏差不超过 5mm，即可进行下道工序。为安全和施工方便，张拉前先绑好底板及腹板钢筋笼。

4.张拉注意事项

（1）张拉前，应对台座、横梁及各项张拉设备进行详细的检查。

（2）张拉过程中做好张拉伸长值和油压表读数的记录。

（3）两个千斤顶张拉要同步，以防止张拉横梁偏移。

（4）千斤顶的中心要和所有钢绞线的中心在同一平面内，使所有钢绞线受力均匀，以防止横梁上移，发生危险，或下沉增大摩擦阻力，使张拉力不准确。

（5）同一构件内断丝根数不超过钢绞线总数的 1%。

（6）锚具内缩量不大于 5mm。

（7）施工时张拉温度不小于 10℃。

（四）浇筑底板

张拉完成后，及时浇筑底板砼，必须保证振捣密实。

（五）安装内模

底板浇筑完成后，以最快速度安装内模。内模用小木条组成外包塑料膜，内用钢筋焊接成伞形活动支撑结构，在现场事先分段制好后，抬到预制场安装严密。

（六）绑扎内模固定及顶部钢筋

内模安妥后，把固定钢筋绑牢，在把顶部钢筋绑好。要求绑扎顶板钢筋以 12 人为一小组，在 2 小时以内必须完成内模安装及顶板钢筋绑扎。

（七）安装端模

端模采用内封式异型钢模，可小范围（0-15cm）调整板梁长度，满足各类桥不等长板梁预制要求。为保安全张拉完 8 小时后进行安内模及立侧、端模等工作。模板安装牢固、接缝采用密封条密贴，保证浇筑砼时不变形、不漏浆，模板安装后用空压机吹净底模上的杂物。

（八）砼的浇筑

1. 检查支座钢板、铰接缝预埋筋、防撞护栏预埋筋及吊环等是否按设计无漏，铰接缝预埋筋上部密贴侧模。

2. 模板侧模采用定型钢模板，涂变压油。端模采用内封式异型钢模，可小范围（0–15cm）调整梁板长度，满足各类桥不等长板梁预制的要求。

3. 砼浇筑

砼由拌和站按配合比进行拌和，由试验员控制拌和质量，用小汽车载斗运输，用汽车吊吊运料斗控制砼入模；用插入式振捣棒振捣。砼浇筑过程做试块标养压强度，留试块与梁同养以压强度定放张。

（九）养生

浇筑完成后对顶板进行拉毛，待表面收浆后尽快覆盖再生棉洒水润湿养生，时间不少于 7 天。

（十）放张

对现场与大梁砼同等养生条件下的砼试块试压，达到设计强度的 90% 时，且混凝土龄期不小于 3 天才能放松预应力筋，采用双千斤顶整体放松，放松时对称、均匀、分次完成。严控千斤顶鼎力，以能松动支撑钢楔快为限，分级完成放张。放张后用砂轮锯切平钢绞线，用红丹漆作防锈处理。放张完成后，及时施工封头砼，封头采用 C15 砼。在梁板预制时在设计位置预留孔，内模用木模（放在设计位置），端部用钢模封住，从预留孔灌入砼，用振捣棒振捣密实。

（十一）板梁的转运与存放

板梁放张经检查、质评、记录上拱值和编好板号后，用汽车吊和平板车配合转运至已铺好枕梁的场地上存放，板间用枕木垫于支点，板底距地面 50cm 以上，存三层为限，存放期间经常观测，量上拱值，存放不超过 60 天。

另外，绘出梁板平面布置示意图，作为预制形象进度记录，按不同的板长编好号，预制完成一片、记录一片、对号入座，防止施工中混淆。

四　、原材料的检验

为保证预制梁的质量。我们对进场的材料进行严格的抽检制度，我单位采用商品混凝土，所以主要材料就是钢筋及钢绞线，钢筋、钢绞线每 60t 抽检一次。发现不合格的材料及时清理。

五、安全措施

1.加强安全教育，贯彻落实国家有关的安全方针、政策，做到以预防为主、施工必抓安全。

2.建立以项目经理为首的安全保证网络，安全监察部代表项目部主抓安全工作，配备专职安全员，施工队设兼职安全员。

3.在预制梁场两端砌两道1.5米高的砖墙防钢绞线脱滑伤人，并在固定横梁修建防护网。

4.在制梁区设立安全警示标志，张拉过程派专人负责安全巡视，防止老百姓及非施工人员进入张拉区。

5.张拉前，先绑扎板梁钢筋或为保证安全在传立柱上每隔3-4米压一道钢管，防止钢绞线弹起伤人。

6.施工现场必须配备足够的灭火器材等消防设备。

7.禁止私拉乱扯、禁止酒后上班、禁止穿拖鞋上班、禁止打架斗殴。

六、文明施工

1.现场各种标牌统一制作，做到整齐、有序、规范。

2.在预制场一侧设置醒目、整洁的项目简介板，写明工程名称、建设单位、施工单位、监理单位及有关负责人姓名。

3.所有材料堆放整齐，并悬挂名称、品种、规格等标牌。对成品进行严格的保护措施，严禁污染、损坏成品。

4.钢筋钢绞线按型号堆放，底层离开地面30cm，做好防潮工作，防止钢筋及钢绞线生锈。

5.施工现场的管理人员、作业人员一律佩带工作卡、戴安全帽，遵守现场的各项规章制度。安全帽与胸卡颜色一致，领导层、管理层和操作层有区别，以便与管理。

第二节　后张法预应力混凝土简支梁的制造工艺

一、技术要求

（一）材料规格和要求

1. 所有原材料应有合格证明书及复验报告单，不合格者不得使用。

2. 水泥

采用强度等级不低于 42.5 的硅酸盐水泥或普通硅酸盐水泥，其技术要求符合 GB175-99 的规定。

3. 粗骨料

采用碎石或卵碎石，其颗粒最大粒径为 25mm，其技术要求符合 TB10210 的规定。

4. 细骨料

采用硬质洁净的天然砂，其技术要求符合 TB10210 的规定。

5. 当骨料经检验具有碱——硅酸反应活性时，混凝土最大碱含量限值为 $3.0kg/m^3$，当骨料经检验具有碱——碳酸反应活性时，不应选做混凝土骨料。

6. 水

符合 TB10210 的规定。

7. 外加剂

混凝土内可掺用减水剂等外加剂，其技术要求符合 GBJ119 的规定。禁止在混凝土中掺用能引起预应力筋锈蚀的外加剂。

8. 钢材

（1）预应力钢绞线采用 1×7 标准型公称直径为 15.20mm，强度级别为 1860MPa、Ⅱ级松驰钢绞线，其技术条件应符合 GB/T5224《预应力混凝土用钢绞线》的规定。

（2）非预应力钢筋采用热轧光面圆钢筋及热轧带肋钢筋，其技术要求应符合 GB13013-91《钢筋混凝土用热轧光圆钢筋》、GB/T701-1997《低碳钢热轧园盘条》和 GB1499-98《钢筋混凝土用热轧带肋钢筋》的有关规定。

9. 制造钢配件采用 Q235 普通碳素钢，其技术条件应符合 GB700-88《碳素结构钢》技术条件的规定。

10. 锚具采用 45 号优质碳素结构钢和 20CrMnTi 合金结构钢，其技术条件应符合 GB/T14370-93 和 GB/T699-1999 的规定。

（二）生产工艺

1. 钢配件

（1）横隔板锚固钢筋采用Ⅱ级钢筋时应采用热弯工艺，如采用Ⅰ级钢筋应加设标准弯钩。

（2）支座板与支座螺栓不应直接焊接。

2. 模板

（1）模板应具有足够的强度、刚度、稳定性和正确的结构形状和尺寸。

（2）模板应考虑预应力对后张梁的影响，设置反拱和压缩量。

3. 预应力钢绞线按设计图要求布置，确保顺直不扭转。

4. 混凝土的配制和灌筑

（1）每立方米混凝土中的水泥用量一般不大于 500kg。

（2）水灰比，当掺用减水剂时，不得大于 0.40；未掺用时，不得大于 0.45。

（3）梁体混凝土为一次成型，采用斜向分段，水平分层的方法连续灌筑。

（4）梁体混凝土采用侧振和插入式捣固联合震动工艺。

（5）当昼夜平均气温低于 5℃或最低气温低于 −3℃时，应按冬季施工处理。

5. 混凝土养护

（1）自然养护时，梁体混凝土终凝后，即应洒水养护。洒水次数以能使混凝土表面保持充分潮湿为度。

（2）当采用蒸汽养护时，养护过程分静养、升温、恒温、降温四个过程。恒温应控制在 60℃以下，切除保温设施时，模板表面温度与环境温度不应超过 20℃。

6. 预加应力

（1）当梁体混凝土达到设计强度和相应的弹性模量时，并无影响承载能力的缺陷时，方可进行终张拉。

（2）施加预应力时应分级进行，两端同步，张拉吨位以油表读数为主，以钢绞线伸长值作校核。实测伸长值与理论值相差不得超过 6%。

7. 管道压浆

（1）管道压浆必须在钢绞线束整体终张拉完后，三天之内组织压浆。压浆前，须经检查有无滑丝、脱锚及其他异常情况。确认无问题后，才允许压浆，否则待处理后再压浆。

（2）水泥浆自调制至压入管道的间隔时间，不得超过 40 分钟。

（3）管道压浆应确保压入之水泥浆饱满、密实。

8. 梁体封端混凝土强度不得低于梁体混凝土设计强度的 80%或按图纸要求。

（三）质量要求（见表9-2-1）

表9-2-1

序号	项目		质量指标	附注
1	静载弯曲抗裂试验		抗裂安全系数 Kf ≥ 1.2 ψ × f/L ≤设计值 × 1.05	
2	梁体砼强度	移出台座前张拉	符合设计要求	
		移出台座后张拉及28天强度	符合设计要求	砼龄期大于10天
3	封端砼强度	28天强度	≥设计值	交库≥30MPa
4	梁体砼弹模	移出台座后张拉	终张拉时，梁体砼弹模满足设计要求	
5	压浆强度	28 天强度	≥ 35MPa	交库≥20MPa
6	梁体外观	空洞	长≥ 70mm，深≥ 50mm，单项超差可增到1.5 倍	外观有缺陷的经修补后验收，对影响承载能力的缺陷需作静载试验鉴定
		平整	长≥ 50mm，深≥ 10mm，凸起或凹下（包括错位）	
		蜂窝麻面	长≥15mm，深≥50mm，每4米段作为一个单元，每m³10个以上即构成一个缺陷	
		石子堆垒	长度≥ 100mm	
		硬伤掉角	长≥ 70mm，深≥ 10mm，单项超差可增到1.5 倍	
		露筋	不允许	
		排水	排水畅通，无残渣，无裂纹，每米不平度≥ 7mm	
7	表面裂纹	非预应力部分	桥面保护层、挡碴墙、隔墙、内边墙和封端允许有宽度在0.2mm以下裂纹	
		预应力部分	不允许出现裂纹（梁体表面收缩裂纹除外）	

序号	项目		质量指标		附注
8	成品外形	桥梁全长	跨度＞16mm	±30mm	检查最大偏差处
			跨度≤16mm	±12mm	
		桥梁跨度	±20mm		
		支座中心至梁端	跨度＞16mm	±15mm	
			跨度≤16mm	±6mm	
		下翼缘宽度	+20mm — 0		
		腹板厚度	+15mm — 0		
		桥面内外侧偏离设计位置	跨度＞16mm	+20mm — 10	
			跨度≤16mm	+10mm — 5	
		梁高	+15mm — 5mm		检查两端
		挡碴墙厚度	+20mm — 0		检查最大偏差处
		上拱度	跨度＞16mm	1 0/00 跨度	
			跨度≤16mm	≤ 20	
		表面垂直度	4 0/00 梁高		
9	预埋件	U型螺栓 偏离设计位置	±12mm		
		外露长度	±10mm		
		两肢中心距	±1mm		
		联接角钢 偏离设计位置	±20mm		上下两端偏差
		不垂直度	20mm		上下两端偏差
		表面	无灰浆		

续　表

序号	项目		质量指标	附注
	横向预留孔	偏离设计位置	±5mm	
		垂直度	≤ 4 0/00 梁高	
		孔道直径	+10mm − 5mm	
	支座板	每块边缘高差	≤ 2mm	水平尺靠量
		螺栓	垂直梁底板	
		螺栓中心位置偏差	≤ 2mm	
		外露底面	平整、无损、无飞边、清渣、涂油，无空腹声	
	外露螺栓		正直无伤、丝扣完整、清渣涂油戴帽、垫	
	其它件	泄水管及盖	齐全、完整、安装牢固、流水畅通	
		金属桥牌	标志正确、安装牢固	
10			按 TB/T2965–1999 及专桥 8161 图规定	

二、试验方法

1. 后张梁外观质量和各部尺寸用刻度 1mm 的钢尺、游标卡尺及其他专用工具测量。

2. 砂、石碱活性试验按 TB/T2922 的规定进行。

3. 混凝土抗压强度应按 TB10425 的规定进行。

4. 后张梁静载弯曲抗裂性试验和挠度试验应按 TB2092 规定进行。

三、检验规则

1. 按批准图纸和本标准生产的后张梁应由质检部门逐片检查验收，并签发技术证明书。

2. 在下列情况下，应进行静载抗裂性试验：

（1）正常生产条件下，每批（30孔）抽检一片；

（2）采用新结构、新材料、新工艺进行试生产时；

（3）生产条件有较大变动时；

（4）出现影响承载能力的缺陷时；

（5）交库技术资料不全，或对资料发生怀疑时。

3. 产品质量符合，为合格品，方可出厂。

四、施工方法

（一）明挖基础施工

1. 开挖

（1）测量放出开挖边线，基础底轮廓 +5cm 为基坑底开挖轮廓，黏土层按 1:0.3 放坡，石质地层采用垂直开挖。开挖前在开挖边线外侧挖设排水沟。

（2）土质基坑采用挖掘机开挖，石质基坑采用风镐及浅孔爆破法开挖，自卸车运输，部分需人力配合。

明挖基础施工工艺流程见"明挖基础施工工艺流程图"。

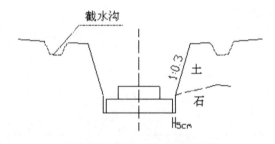

图9-2-1　基坑开挖示意图

2. 浇筑基础混凝土

基坑挖至设计标高，清除底部虚碴、积水并整平，对照设计地质检查基底承载力，自检合格后，经监理工程师验收合格，立即浇筑基础混凝土。

底层基础混凝土采用满灌法，不立模。两层混凝土接合部埋设接茬钢筋和接茬片石，上层基础采用组合钢模。当混凝土的自由下落高度超过 2 米时，利用溜槽将混凝土滑至底部。混凝土初凝后用草袋覆盖，洒水养生。

3. 混凝土拌和

大桥混凝土配合比见表，每天监测两次骨料含水率，并及时调整设计混凝土配合比，混凝土拌和时间 ≮ 3min，保证自动计量设备始终处于良好状态。

4. 基坑回填

经监理工程师同意，混凝土终凝 3 天后进行拆模并及时回填，位于基岩内的基坑采用 M5 浆砌片石回填至基顶，并不得少于 2-3 米。余用土分层夯填密实至地面，并且两侧对称回填。

（二）挖孔桩基础施工

1. 开挖方法

采用人工开挖，人工手摇辘轳出碴。控制好每筐装碴的数量，组织三班制循环作业，采用彩条布作雨棚，保证施工的连续性。土质段边挖边护壁，护壁伸入石质段不小于2m，石质段风动凿岩机打眼，进行浅孔爆破。对于较深的桩孔，采用压入式通风机进行施工通风和排烟。

挖孔过程中经常检查孔径和孔位，挖孔与护壁连续作业，挖孔达设计深度后及时进行孔底检查处理。

2. 钢筋骨架制作安装

为了加快施工进度，挖孔桩的钢筋骨架在孔外制作后吊入孔内。钢筋骨架在钢筋加工场整体或分段制作，运至现场后吊入孔内，需接长的在孔口焊接接长。焊接采用单面搭接焊，焊缝长度满足施工技术规范要求，并将接头错开100cm以上。为使钢筋骨架有足够的刚度，保证在运输和吊装过程中不产生变形，每隔2米用Φ20钢筋设置的加强箍内设十字钢筋支撑。在箍筋上设穿心圆式混凝土垫块，以保证钢筋保护层的厚度。

钢筋绑扎时要严格检查：钢筋的规格、尺寸、数量、轴线位置是否达到设计要求，各焊接、绑扎接头是否达到规范要求？钢筋保护层是否符合设计及规范要求？自检合格后将自检、隐检表向监理工程师报验，经监理工程师认可后，进行下道工序作业。

3. 灌注混凝土

当孔底及附近孔壁渗入的地下水上升速度小于6mm/min时，直接灌注混凝土桩。

采用混凝土输送泵进行浇筑作业，插入式振捣棒分层振捣，30-40cm一层。混凝土坍落度控制在12-16cm，采用导管灌注混凝土，导管对准中心，开始灌注时，孔底积水深度不得超过5cm，灌注的速度尽可能加快，使混凝土对孔壁的压力尽快地大于渗水压力。

灌注到桩顶以后，将表面已经离析的混合物和水泥浮浆等清除干净。

当孔底及附近孔壁渗入的地下水上升速度大于6mm/min时采用导管法灌注水下混凝土。灌注前向孔内注水，使水位与护筒顶面齐平。

（三）承台施工

1. 挖基

开挖过程同明挖扩大基础，基底挖至略低于承台底面10cm，以备铺筑碎石垫层。若遇石方，在接近基底标高和基桩附近区域要采用人工开挖或弱爆破，避免扰动基底或破坏桩基混凝土。

2. 绑扎钢筋、立模

在碎石垫层上绑扎承台钢筋，钢筋与垫层间用预制好的砂浆垫块垫起，确保钢筋保护层的厚度。准确定出承台与墩身接茬钢筋的位置。钢筋绑扎好后，开始立承台模板。

3. 混凝土灌注

在承台混凝土灌注前，用水将桩头冲洗干净。混凝土灌注时要充分振捣。在承台顶面墩底轮廓范围内预埋接茬钢筋和接茬石以利承台墩身连接。

4. 拆模、养生

混凝土终凝后即可拆除承台模板，用草袋覆盖，洒水养护。

（四）墩台身

1. 立模

立模前测量定位，对模板进行整修、涂抹脱模剂。人工配合 16T 汽车吊进行模板拼装。墩身外侧架设施工平台。托盘、顶帽模板一次组装到顶，利用揽风绳调整模板纵横轴线。

2. 灌筑墩身混凝土

灌筑墩身混凝土前，先将墩底基础顶面凿毛，冲洗干净，在墩底模板四周洒一层砂浆。混凝土采用泵送方式运送到墩顶，再通过漏斗、串筒滑到墩底。随着灌筑混凝土工作面的上升，及时拆卸串筒和爬梯运送至墩顶。当混凝土灌筑到墩颈下缘 40 厘米，及时调整混凝土配合比。混凝土浇筑过程中，及时准确地将桥墩的通讯支架、围吊篮等预埋件预埋到位，严格按图绑扎顶帽钢筋笼，确保钢筋保护层厚度。

在混凝土灌筑过程中，经常观测悬挂在模板外侧的重锤是否偏离记号点？若有偏离及时松紧缆风绳调整模板。

3. 混凝土拌和

同基础混凝土拌和。

4. 拆模、养生

当墩身混凝土强度达到设计强度的 70% 时，开始拆模。人工配合汽车吊拆卸模板，并随时用塑料布覆盖，洒水养生。

（五）桥梁附属工程施工

1. 台背填土

台背用渗水料回填夯实，分层厚度为 15 厘米左右，压实度达到 95% 以上，用蛙式打夯机或手扶式振动碾夯实。

2. 锥体护坡

放样（适当加宽）后回填夯实，锥体护坡与台背填土一起分层夯填。护坡片石砌筑挂线施工，保证边坡圆顺平直。浆砌片石砌筑做到砂浆饱满、无通缝、瞎缝，片石大小均匀，厚度不小于设计要求。

3. 检查台阶

严格按照设计要求尺寸砌筑检查台阶，台阶基底密实度达到路基填土密度要求，台阶一律采用条石，挤浆法砌筑、勾凹缝，当砂浆强度达到设计强度 70% 时，方可行人。

（六）桥面系施工

龙溪河 2 号右线大桥全长 273.30 延长米。提前进行桥面系钢结构构件的加工制作及人行道步板等混凝土构件的预制，当梁架设完毕后进行安装。

首先进行护栏及其托架安装，做到外观整齐美观、颜色一致、支撑构件整齐牢固；然后进行人行道板铺设，做到板面平顺，外缘顺直；排水设施安装做到排水通畅。

第十章　桥梁的悬臂施工

第一节　桥梁的悬臂施工概述

（一）总体划分

1. 就地浇筑法

在桥位处搭设支架，在支架上浇筑桥体混凝土，当混凝土达到一定强度后拆除模板、支架，这种桥梁施工方法称之为就地浇筑法。

就地浇筑法的优点是无须预制场地，而且不需要大型起吊、运输设备，梁体的主筋可不中断，桥梁整体性好。其主要缺点是工期长，施工质量不容易控制；对预应力混凝土梁由于混凝土的收缩、徐变引起的应力损失比较大；施工中的支架、模板耗用量大，施工费用高；搭设支架影响排洪、通航，施工期间可能受到洪水和漂流物的威胁。

2. 预制安装法

预制安装法是在预制工厂或运输方便的桥址附近设置预制场进行梁的预制工作，然后采用一定的架设方法进行安装的一种施工方法。预制安装法施工一般是指钢筋混凝土或预应力混凝土简支梁的预制安装，它分为预制、运输和安装三部分。

预制安装法的主要特点是：1）由于是工厂化生产，构件质量容易控制，有利于确保构件的质量和尺寸精度，并尽可能多的采用机械化施工；2）上下部结构可以平行作业，因而可缩短现场工期；3）能有效地利用劳动力，因而可以降低工程造价；4）由于施工速度快，可适用于紧急施工工程；5）将构件预制后由于要存放一段时间，因此，在安装时已有一定龄期，可减少混凝土收缩、徐变引起的变形。

（二）具体划分

1. 固定支架就地浇筑法

固定支架就地浇筑法是在桥位处搭设支架，在支架上浇筑桥体混凝土，达到强度后拆除模板、支架。

2. 悬臂施工法

悬臂施工法是从桥墩开始，在两侧对称进行现浇梁段或将预制节段对称进行拼装。前者称为悬臂浇筑施工法，后者称为悬臂拼装施工法，有时也将两种方法结合使用。

3. 转体施工法

转体施工法是将桥梁构件先在桥位处岸边或路边及适当位置进行预制，待混凝土达到设计强度后旋转构件就位的一种施工方法。转体施工其静力组合不变，它的支座位置就是施工时的旋转支承和旋转轴，桥梁完工后，按设计要求改变支撑情况即可。转体施工可分为平转、竖转和平竖结合转体施工。

4. 顶推施工法

顶推施工法是在沿桥纵轴方向的台后设置预制场地，分节段预制，并用纵向预应力筋将预制节段与施工完成的梁体连成整体。然后通过水平千斤顶施力，将梁体向前顶推出预制场地，之后继续在预制场地进行下一节段梁的预制，循环操作直至施工完成。

5. 逐孔施工法

逐孔施工是中等跨径预应力混凝土连续梁的一种施工方法，它使用一套设备从桥梁的一端逐孔施工，直到对岸。逐孔施工法有用临时支撑组拼预制节段的逐孔施工法、移动支架逐孔现浇施工法、以及整孔吊装或分段节段施工法等几种。

6. 横移施工法

横移施工是在拟待安置结构的位置旁预制该结构，并横向移运该结构物，将它安置在规定的位置上。横移施工的主要特点是在整个操作期间与该结构有关的支座位置保持不变，即没有改变梁的结构体系。在横向移动期间，临时支座需要支承该结构的施工重量。

7. 提升与浮运施工法

提升施工是在未来安置结构物下的地面上预制该结构并把它提升就位。浮运施工将桥梁在岸上预制，通过大型浮运至桥位，利用船的上下起落安装就位的施工方法。

第二节　悬臂施工法

悬臂施工法是以桥墩为中心向两岸对称地逐节悬臂接长的施工方法。悬臂施工法通常分为悬臂浇筑和悬臂拼装两类。根据资料统计，国内外 1952 年以来 100m 以上大跨径混凝土桥梁中，采用悬臂浇筑施工者占 80% 左右，采用悬臂拼装施工者占 7% 左右。

悬浇施工方法特别适合于宽深河流和山谷，施工期水位变化频繁不宜水上作业河流，以及通航频繁且施工时需留有较大净空等河流上桥梁的施工。

一、悬臂浇筑法

（一）悬臂浇筑法的定义

悬臂浇筑法简称悬浇法，指的是在桥墩两侧设置工作平台，平衡地逐段向跨中悬臂浇筑水泥混凝土梁体，并逐段施加预应力的施工方法。

（二）悬臂浇筑法的特点

悬臂浇筑法施工的优点是无须建立落地支架，无须大型起重与运输机具，主要设备是一对能行走的挂篮。挂篮可在已经张拉锚固并与墩身连成整体的梁段上移动、绑扎钢筋、立模、浇筑混凝土、预施应力都在挂篮上进行。完成本段施工后，挂篮对称向前各移动一节段，进行下一对梁段施工，如此循序渐进，直至悬臂梁段浇筑完成。

悬臂浇筑法在施工中除了具有以上优点外，也具有不足之处：梁体部分不能与墩柱平行施工，施工周期较长，而且悬臂浇筑的混凝土加载龄期短，混凝土收缩和徐变影响较大。

悬臂浇筑法适用于大跨径的预应力混凝土悬臂梁桥、连续梁桥、T型刚构桥、连续刚构桥等结构。

（三）梁体悬臂浇筑的程序

1.悬浇梁体分段

悬臂浇筑施工时，梁体一般要分四大部分进行浇筑，如图10-2-1所示。A为墩顶梁段，即0号段，B为由0号段两侧对称分段悬臂浇筑部分，C为边孔在支架上浇筑部分；D为主梁在跨中浇筑合拢部分。主梁各部分的长度视主梁形式和跨径、挂篮的形式及施工周期而定。0号段一般为5m-10m，悬浇分段一般为3m-5m。支架现浇段一般为2-3个悬臂浇筑分段长，合拢段一般为2m-3m。

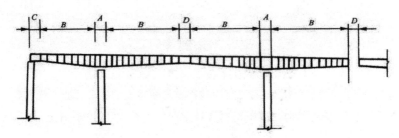

A 墩顶梁段；B 对称悬浇梁段；C 支架现浇梁段；D 合拢梁段

图10-2-1　悬臂浇筑分段示意图

2.悬浇程序（墩梁铰接）

（1）在墩顶托架上浇筑0号段并实施墩梁临时固结系统。

（2）在0号段上安装悬臂挂篮，向两侧依次对称地分段浇筑主梁至合拢前段。

（3）在临时支架或梁端与边墩间的临时托架上支模浇筑现浇梁段。当现浇段较短时，可利用挂篮浇筑。当与现浇段相接的连接桥是采用顶推法施工时，可将现浇段锚在顶推梁前端施工，并顶推到位，此法无须现浇支撑，省料省工。

（4）主梁合拢段可在改装的简支挂篮托架上浇筑。多跨合拢段浇筑的顺序按设计或施工要求进行。

（四）梁体悬浇的施工工艺

悬臂浇筑主要有用挂篮悬臂浇筑和衍式吊悬臂浇筑两类方法。下面主要介绍挂篮悬浇施工法。

挂篮是梁体悬臂专用设施，因为挂篮是施工梁段的承重结构，又是施工梁段的作业现场。随着施工技术的不断进步，挂篮已由过去的压重平衡式发展成现在通用的自锚平衡式。挂篮的承重结构可用万能杆件或贝雷钢架拼成，或采取专门设计的结构，它除了要能承受梁段自重和施工荷载外，还要求自重轻、刚度大、变形小、稳定性好、行走方便等。图10-2-2为一种析架势挂篮的结构简图，图10-2-3为一种斜拉式挂篮的结构简图。

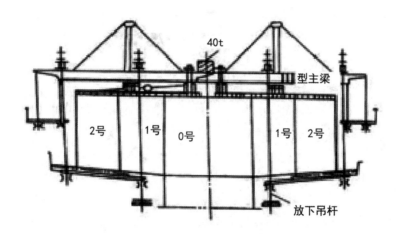

图10-2-2 平行桁架式挂篮

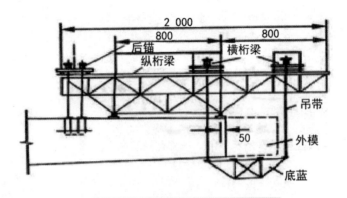

图10-2-3 三角组合式常用挂篮

悬臂浇筑一般采用由快凝水泥配制的 C40–C60 混凝土。在自然条件下，浇筑后 30–38 小时，混凝土强度就可达到30MPa左右，即接近标准强度的70%，这样可以加快挂篮的移位。目前每段施工周期约为 7–10 天，视工作量、设备、气温等条件而异。最常采用悬臂浇筑法施工的跨径为 50–120m。

二、悬臂拼装法

（一）悬臂拼装法定义

悬臂拼装法指的是在桥墩两侧设置吊架，平衡地逐段向跨中悬臂拼装水泥混凝土梁体预制件，并逐段施加预应力的施工方法。

悬臂拼装法适应于预制场地及运吊条件较好，特别是工程量大和工期较短的梁桥工程。

（二）悬臂拼装法的特点

1. 梁体的预制可与桥梁下部构造施工同时进行，并行操作缩短了建桥工期。

2. 预制梁段的混凝土龄期比悬浇成梁的长，从而减少悬拼成梁后混凝土的收缩和徐变。

3. 预制场或工厂化的梁段预制生产利于整体施工的质量控制。

悬臂拼装法的不足：需要占地较大的预制场地且接缝的施工比较麻烦。

（三）悬臂拼装法的施工工艺

在悬臂拼装施工中核心是梁的吊拼，梁段的预制是悬拼的基础。

1. 梁段预制

梁段预制方法有短线法和长线法两类，如图 10-2-4 和图 10-2-5 所示。预制块件的长度取决于运输、吊装设备的能力，实践中已采用的块件长度为 1.4 至 6.0m，块件重量为

14 至 170t。但从桥跨结构和安装设备统一来考虑，块件的最佳尺寸应使重量在 35-60t 范围内。

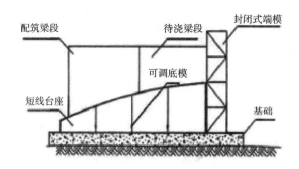

图10-2-4 短线法台座

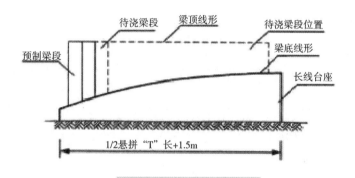

图10-2-5 长线法台座

2. 梁段的吊拼

悬拼按起重吊装的方式不同分为：浮吊悬拼，牵引滑轮组悬拼、连续千斤顶悬拼、缆索起重机悬拼及移动支架悬拼等。

预制块件的悬臂拼装可根据现场布置和设备条件采用不同的方法来实现。当靠岸边的桥跨不高且可以在陆地或便桥上施工时，可采用自行式吊车、门式吊车来拼装。对于河中桥孔，也可采用水上浮吊进行安装。如果桥墩很高或水流湍急而不便在陆上、水上施工时，就可利用各种吊机进行高空悬拼施工。

3. 梁段的接缝

悬臂拼装时，预制块件间接缝可采用湿接缝、胶接缝和半干接缝等几种形式。要将伸出钢筋焊接后浇混凝土的称为湿接缝，（图 10-2-6 a）所示。湿接缝宽度约为 0.1-0.2m，采用湿接缝可使块件安装的位置易于调整。在悬臂拼装中采用最为广泛的是应用环氧树脂等胶结材料使相邻块件黏结的胶接缝。胶接缝能消除水分对接头的有害作用，因而能提高结构的耐久性，除此以外，胶接缝能提高结构的抗剪能力、整体刚度和不透水性。胶接缝可以做成多齿型（图 10-2-6 b）、单阶型（图 10-2-6 d）、单齿型（图 10-2-6 e）和平面型（图 10-2-6 f）等形式。（图 10-2-6 c）表示半干接缝的构造，已拼块件的顶板和底板作为拼接安装块件的支托，而在腹板端面上有形成骨架地伸出钢筋，待浇筑混凝土后使块件结合成整体，这种接缝可用来在拼装过程中调整悬臂的平面和立面位置。悬臂拼装的经验指出，在每一拼装悬臂内设置一个半干接缝来调整悬臂位置是合理的。

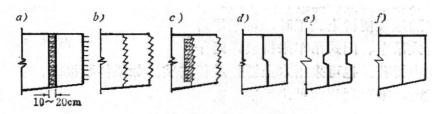

图10-2-6 梁段的接缝形式

（四）临时固结措施

用悬臂施工法从桥墩两侧逐段延伸来建造预应力混凝土悬臂梁桥时，为了承受施工过程中可能出现的不平衡力矩，就需要采取措施使墩顶的零号块件与桥墩临时固结起来。

图 10-2-7 示出了几种临时固结的做法。（图 10-2-7a）是当桥不高，水又不深而易于搭设临时支架时的支架式固结措施，在此情况下，拼装中的不平衡力矩完全靠梁段的自重来保持稳定。（图 10-2-7b）是利用临时立柱和预应力筋来锚固上下部结构的构造。预应力筋的下端埋固在基础承台内，上端在箱梁底板上张拉并锚固，以使立柱在施工过程中始终受压，以维持稳定。在桥高水深的情况下，也可采用围建在墩身上部的三角形撑架来敷设梁段的临时支承。并可使用砂筒作为悬臂拼装完毕后转换体系的卸架设备，（如图10-2-7c）所示。

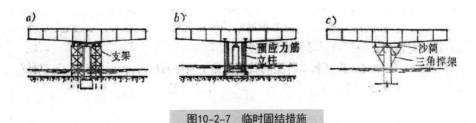

图10-2-7 临时固结措施

三、两种悬臂施工法的比较

悬臂浇筑法和悬臂拼装法都具有各自的优缺点，我们可以从以下几个方面对这两种施工方法进行比较：

1.在施工进度方面：采用悬拼方法时梁体地预制和安装可以与桥梁下部结构同时进行，这样就大大地节省了施工工期，施工进度较快。

2. 在结构的整体性方面：采用悬臂浇注法施工时，梁体钢筋采用焊接，并对已建梁体表面混凝土进行了凿毛等类似工作缝的处理，结构整体性较好。采用悬拼时，虽然单个梁体的施工质量得到保证，但是组拼时块件间的接缝、预应力束的穿束连接张拉，使结构整体性相对差一些。

3. 在施工变形控制方面：悬臂浇筑时可采用计算机程序对梁体逐段进行高程的控制和调整。但是悬拼时，因为梁段已经预制好，能调整的余地很小，再加上施工中很多的不可预见因素，造成施工变形控制难度较大。

4. 在施工适应性方面：悬臂浇筑时混凝土的浇筑要考虑到气候、温度等因素，适应性相对悬拼较差。

5. 在起重能力方面：悬臂浇筑的起重能力要求不高，仅起吊钢筋骨架和混凝土，因此，相对而言悬拼的起重能力要求较高。

结　语

随着社会经济的发展，道路作为我国服务经济建设的最主要基础设施，近几年来也建设的越来越多、路网也越来越密。因此，对道路桥梁的运输能力提出了更高的要求，道路桥梁的设计与施工直接决定着道路桥梁工程的整体质量，为保证道路桥梁工程质量，需要重视道路桥梁设计与施工中存在的问题，并提出保证道路桥梁质量的综合措施。加强在整体设计与施工中的重要环节监控，努力使道路桥梁设计与施工得到很好的展现。